W9-BFO-716

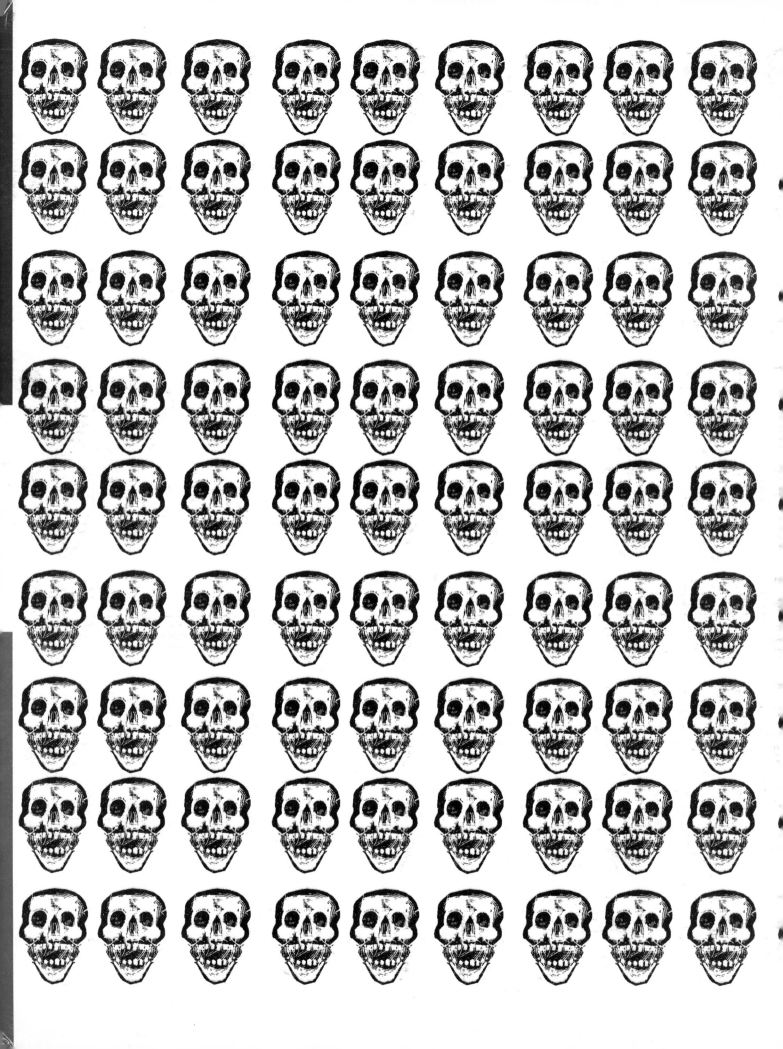

México
Lo que todo ciudadano quisiera
(no) saber de su patria

Denise Dresser y Jorge Volpi

México
Lo que todo ciudadano quisiera
(no) saber de su patria

Con la colaboración de Karina Álvarez, Jorge Cárdenas,
Yuriria Fanjul, Georgina Guillén, Diana Isabel Jaramillo,
Jaina Pereyra e Isabel Treviño

NUEVO
SIGLO

AGUILAR

A los ciudadanos indignados.

No están solos... ¿O sí?

NUEVO SIGLO AGUILAR

D.R. © 2006 Denise Dresser y Jorge Volpi

De esta edición:
D.R. © Santillana Ediciones Generales S.A. de C.V., 2006.
Av. Universidad 767, Col. del Valle
México D. F., 03100. Teléfono (55) 54207530
www.editorialaguilar.com

Argentina
Av. Leandro N. Alem, 720
C1001AAP Buenos Aires
Tel. (54 114) 119 50 00
Fax (54 114) 912 74 40
Bolivia
Av. Arce, 2333
La Paz
Tel. (591 2) 44 11 22
Fax (591 2) 44 22 00
Colombia
Calle 80, nº10-23
Bogotá
Tel. (57 1) 635 12 00
Fax (57 1) 236 93 82
Costa Rica
La Uruca
Del Edificio de Aviación
Civil 200 m al Oeste
San José de Costa Rica
Tel. (506) 220 42 42 y
220 47 70
Fax (506) 220 13 20
Chile
Dr. Aníbal Ariztía, 1444
Providencia
Santiago de Chile
Tel. (56 2) 384 30 00
Fax (56 2) 384 30 60

Ecuador
Av. Eloy Alfaro, N33-347 y
Av. 6 de Diciembre
Quito
Tel. (593 2) 244 66 56 y
244 21 54
Fax (593 2) 244 87 91
El Salvador
Siemens, 51
Zona Industrial Santa Elena
Antiguo Cuscatlan - La Libertad
Tel. (503) 2 505 89 y
2 289 89 20
Fax (503) 2 278 60 66
España
Torrelaguna, 60
28043 Madrid
Tel. (34 91) 744 90 60
Fax (34 91) 744 92 24
Estados Unidos
2105 NW 86th Av.
Doral, FL 33122
Tel. (1 305) 591 95 22 y
591 22 32
Fax (1 305) 591 91 45
Guatemala
7ª Av., 11-11
Zona nº 9
Guatemala CA
Tel. (502) 24 29 43 00
Fax (502) 24 29 43 43

Honduras
Colonia Tepeyac Contigua
a Banco Cuscatlan
Boulevard Juan Pablo, frente
al Templo Adventista 7º Día,
Casa 1626
Tegucigalpa
Tel. (504) 239 98 84
México
Av. Universidad, 767
Colonia del Valle
03100 México DF
Tel. (52 5) 554 20 75 30
Fax (52 5) 556 01 10 67
Panamá
Av. Juan Pablo II, nº 15.
Apartado Postal 863199,
zona 7
Urbanización Industrial
La Locería - Ciudad de Panamá
Tel. (507) 260 09 45
Paraguay
Av. Venezuela, 276
Entre Mariscal López y
España
Asunción
Tel. y fax (595 21) 213 294
y 214 983

Perú
Av. San Felipe, 731
Jesús María
Lima
Tel. (51 1) 218 10 14
Fax (51 1) 463 39 86
Puerto Rico
Av. Rooselvelt, 1506
Guaynabo 00968
Puerto Rico
Tel. (1 787) 781 98 00
Fax (1 787) 782 61 49
República Dominicana
Juan Sánchez Ramírez, nº 9
Gazcue
Santo Domingo RD
Tel. (1809) 682 13 82 y
221 08 70
Fax (1809) 689 10 22
Uruguay
Constitución, 1889
11800 Montevideo
Uruguay
Tel. (598 2) 402 73 42 y
402 72 71
Fax (598 2) 401 51 86
Venezuela
Avda. Rómulo Gallegos
Edificio Zulia, 1º. Sector Monte
Cristo. Boleita Norte
Caracas
Tel. (58 212) 235 30 33
Fax (58 212) 239 10 51

Primera edición: abril de 2006
Tercera reimpresión: noviembre de 2006
ISBN: 970-770-401-2

Diseño gráfico: Alejandro Magallanes, Ma. Eugenia Lucero, Jorge Garnica / LMT.
Ilustración: José Quintero / Buba Estudio.
Iconografía: Germán Gómez López.
Diseño de cubierta: Alejandro Magallanes.
Fotografía de Denise Dresser en la solapa: John Fleming.
Edición a cargo de Karina Simpson.

Impreso en México.

Advertencias

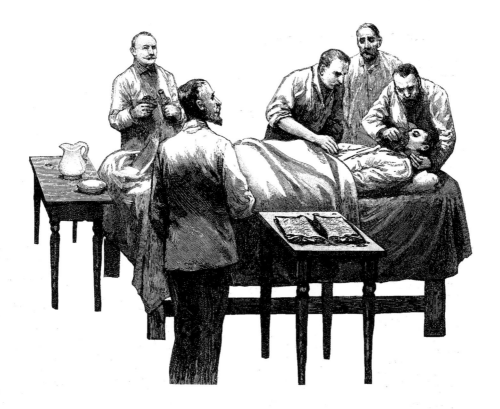

a) Con excepción de este texto, el resto del libro es broma (en serio).

b) Si eres un miembro de la clase política y no apareces en este libro, eres nadie.

c) Si apareces más de una vez, algún día puedes ser candidato presidencial.

d) Si eres ciudadano y te indigna la historia oficial, continúa leyendo.

e) Si eres ciudadano y te ofende el contenido de este libro, te mereces el país que tienes.

f) Si eres expresidente y te sientes aludido, misión cumplida.

g) Si eres candidato presidencial (con posibilidades), exige que este libro remplace a los libros de texto gratuitos y recibirás parte de las regalías.

h) Si eres candidato presidencial (sin posibilidades), no puedes aliarte con este libro. No vendemos curules.

i) Si eres empresario beneficiario del régimen, por favor no nos saques de tus puntos de venta (Vips, Sanborns y El Globo). Apuéstale a las fuerzas del libre mercado por primera vez.

j) Si eres migrante, úsalo como tabique para saltar el muro.

k) Si eres locutor de televisión no te ofendas... ser comparado con Gatúbela o Roberto Palazuelos te conviene.

l) Si eres un mexicano que no quiere cambiar, no leas este libro (sólo se aceptan devoluciones en Los Pinos).

Índice

En este capítulo:

- Aprenderás la historia de México en 3 cuartillas (lo demás es relleno).
- Entenderás por qué los mexicanos son apáticos y resignados, con la H. excepción tuya y de tu familia.
- Comprenderás que, aunque tu situación personal es terrible, no es tan mala como la del país.
- Te darás cuenta de que la raza cósmica no es tan cósmica ni tan raza.
- Aceptarás que la democracia es un proceso largo, largo, laaargo, laaaargo, muy, muy largo.
- Pondrás a prueba tu mexicanidad en un *test* diseñado por mexicanos de a de veras.

En este capítulo:

- Verás ilustraciones a todo color del *homo chilanguensis* y sus descendientes.
- Conocerás a dioses maravillosos con nombres impronunciables pero llenos de significado.
- Aprenderás, estudiando el periodo colonial, a echarle la culpa de todo a los extranjeros.
- Entenderás por qué hay puente el 16 de septiembre.
- Cabecearás mientras revisas cada uno de los pleitos políticos que tuvieron lugar durante el fascinante siglo XIX.
- Aprenderás a odiar a Estados Unidos por encima de todas las cosas cuando te enteres de que Houston alguna vez fue parte de México.

En este capítulo:

- Estudiarás a los personajes más sobresalientes del periodo prerevolucionario, revolucionario, posrevolucionario, superrevolucionario, híperrevolucionario y revolucionario plus.
- Escenificarás la Decena Trágica como una batalla al estilo Santo contra Blue Demon.
- Te preguntarás una y otra vez por qué no se pudieron poner de acuerdo en la Convención de Aguascalientes.
- Entenderás por qué la Constitución de 1917 es taaaaaan eficiente y sigue estando taaaaaan vigente.
- Darás un paseo surrealista desde el gobierno de Lázaro Cárdenas hasta el de Vicente Fox y aprenderás cómo se llaman todos los presidentes de en medio.
- Te regocijarás con el innovador candidato del cambio y su inseparable consorte.

[*] La única persona que en 10 000 años seguirá usando el huipil.

Prólogo

Cuando las autoras y los autores de este libro me pidieron que escribiera el prólogo, me quedé atónito. ¿Cómo? ¿Yo, Benito, había sido bendecido con tal honor? Pero si yo de niño pastoreaba ovejas. Luego recordé que hay como 32 814 calles con mi nombre y que todos los presidentes de México colocan un retrato mío cada vez que dan un discurso sobre "El Estado de Derecho". Aunque llevo un montón de años muerto, todo mundo se acuerda de que yo sí llevé a cabo las reformas que el país necesitaba. Hoy, con eso de la reconciliación con la Iglesia, nadie se acuerda, pero yo le quité todos sus bienes. Los males quedaron pendientes en manos de Dios y del "Peje".

Hace mucho que no me reía tanto como cuando leí este libro. Ni con las leyes de Reforma o el fusilamiento de Maximiliano me la pasé tan bien. Este libro dice la verdad, la verdad y nada más que la verdad; lo juro con mi mano sobre la Biblia que me prestó Diego Fernández de Cevallos.

Me acordé de los buenos tiempos en el siglo XIX cuando todos nos peleábamos con todos, y espero que eso no les suceda a los autores. Porque este libro hay que leerlo, analizarlo y distribuirlo en versión pirata frente al Palacio Nacional. Recuerden que "el respeto al derecho ajeno es la paz".

También aprovecho esta oportunidad para hablar sobre un concepto con el cual se me relaciona mucho: la ley. A todos los mexicanos les gusta hablar de ella, aunque en realidad pocos la respetan. En México sólo hay una ley que prevalece: la Ley de Herodes, "o te chingas o te jodes", ¿o no? Otra cuestión que quiero aclarar es que no tengo nada que ver con las muertas de Juárez, con eso de que andan buscando culpables. Y también quiero protestar porque estoy en los billetes de veinte pesos y no en los de mil. De niño pastoreaba ovejas y acabé siendo presidente; merezco aparecer en un dólar por lo menos.

Pero suficiente sobre mí. Volviendo al libro, se los recomiendo de veras. Se ha convertido en mi lectura de cabecera al lado de la Constitución de 1857 y *Los hombres son de Marte y las mujeres son de Venus*. Cuando no puedo dormir recurro al texto clásico de Josefina Vázquez Mota: *Dios mío, hazme viuda por favor* , (aunque le he prohibido a Margarita que lo lea). Éste definitivamente se lo voy a prestar. Me

parece mucho más instructivo que esos libros que diseñó Pepe Vasconcelos en los treinta del pasado siglo y el papel y los dibujitos son de mejor calidad.

¿Quién lo diría? El país no ha cambiado nada: los de abajo siguen siendo los de abajo, los de arriba siguen siendo los de arriba, los de al lado siguen siendo los de al lado, los de en medio cada vez son menos, y yo sigo siendo el héroe nacional por excelencia. Quizá debería cobrar por éste prólogo, pero me parecería demasiado a Bernardo de la Garza. En lo que a construcción de un candidato se refiere, el país ha cambiado mucho. Antes necesitabas irte a la guerra con un país extranjero y ahora sólo necesitas mucho dinero y el beneplácito de una televisora. Por suerte, en mi época no había televisión, porque dicen que te engorda como diez kilos.

Pero vuelvo a mi punto original. Este país ha tenido una historia gloriosa y el libro la retrata fielmente. Aquí están los héroes como el Niño Verde y Jorge Kahwagi; aquí están los visionarios como el doctor Simi y Martha Sahagún; aquí están los sacrificados como Carlos Salinas y Arturo Montiel; aquí están las bellezas como Marcelo Ebrard y el segundo piso; aquí están todos los hombres y mujeres que nos han dado patria (pero con minúscula). A ellos les debemos lo que somos y lo que seremos. ¡Viva México! ¡Arriba y adelante! ¡Al infinito y más allá! ¡A la bio, a la bao, a la bim-bom-ba... México, México, ra, ra, ra!

Love,
Benny

PD. Díganle a los políticos que el infierno sí existe.

Ahí está el detalle...

CAPÍTULO I

Orígenes
del ser mexicano

En este Libro de Texto Gratuito™, lo primero que tienes que aprender como chiquillo o chiquilla es que México es un país imaginario. Desde hace por lo menos 70 años, la principal labor de los maestros sindicalizados ha consistido en mostrar a sus alumnos y alumnas el exquisito y antiguo arte de la hipocresía, practicado ya por nuestros antepasados aztecas. El mexicano es tan soñador e imaginativo, que jamás podrá conformarse con los hechos (no los de TV Azteca); por eso acomoda todo como cuando se estaciona en un camellón, ve los semáforos en rojo como opción y paga impuestos cuando le da la gana. Al ser confrontado por la realidad, prefiere ocultarla como dólar bajo el colchón, dulcificarla como churro o ablandarla como masa para tortillas.

La historia de México, como lo revela este libro, es en realidad un fantástico paseo virtual por un parque temático habitado por hombres machos y mujeres sumisas, héroes mancos y sólo tres heroínas (sor Juana, doña Josefa y Chepina Peralta). Según la versión oficial creada por los que ganaron, vivimos en un país donde los malos siempre son extranjeros (de preferencia gringos), y donde a pesar de que hemos peleado en desventaja, perdemos (siempre) con el honor intacto y el humor también.

Así, a golpes de injusticia hemos logrado forjar las expresiones cotidianas que nos dan patria: "Ya cerramos"; "Le falta un sello, dos copias al carbón y la firma de su abuelita materna"; "Porque es la hora de la comida"; "P'al chesco"; "Uuy no, joven"; "¿De a cómo nos arreglamos?"; "Ahí lo dejo a su criterio"; "En la delegación va a salir más caro"; "La última y nos vamos"; "Mañana te pago"; "Por lo menos el aeropuerto de la ciudad de México es mejor que el de otros países"; "Más vale malo por conocido que bueno por conocer"; "Ahí se va..."; "Un político pobre es un pobre político".

Estas frases nos desnudan, nos exponen, nos enorgullecen, nos revelan. Son parte de la gloriosa herencia histórica

Fig. 1.1. Cómo nos vemos los mexicanos: listos para el futuro, al día y a la vanguardia.

que dicen que tenemos; ¿quiénes?, pues los autores de la "historia oficial", redactada al calor de unos pulques por un grupo de intelectuales famosos. Ellos pensaron, en la década de los treinta, que México tenía que verse a sí mismo de otra manera y salía más barato cambiar la historia que cambiar al país. Entonces lo hicieron y crearon esos libros de altísima calidad, papel bond, imágenes inolvidables y fantasías maravillosas. Lo hicieron tan bien que algunos posteriormente fueron contratados por Walt Disney. Los que se quedaron fundaron algo que ni a él se le hubiera ocurrido: un partido para repartirse el país, el PRI.

Con frecuencia se dice que el PRI creó al México posrevolucionario y su forma de hablar y de actuar. Se dice que al PRI le debemos todo, absolutamente todo, la paz social, la estabilidad política, las instituciones democráticas y la clorofila que permite que las plantas tengan buen aliento. Esta visión, por supuesto, minimiza sus contribuciones. Los PRIistas no sólo inventaron la ideología de la Revolución mexicana y la Roqueseñal; también debemos estarles agradecidos por la SEP, la UNAM, Tlatelolco, el IMSS, el ISSSTE y las urnas embarazadas. Y aún hay más: el PRI inventó cómo repartirse el pastel de la manera más inequitativa y lo logró gracias a mecanismos ingeniosos, como todo lo que hacemos los mexicanos. Queda claro que los "carruseles", los "mapaches" y los "ratones locos" son probablemente su logro más distintivo, sin olvidar, por supuesto, la llamada "caída del sistema" o los 946 monumentos al Programa Nacional de Solidaridad.

México en cifras

DATOS GENERALES RELEVANTES	
Población	106 millones en México y otros diez millones y tantos en Estados Unidos.
Esperanza de vida	18 si eres mujer en Ciudad Juárez, 110 si eres líder de la CTM, promedio de 76 años para los otros mortales.
Edad de jubilación	75 años (político del PRI y otros cargos son vitalicios).
Sistema de medidas	Algo parecido al métrico con las unidades "ahí se va" y "pilón".
Significado de tiempo	Es sólo tiempo: subjetivo, abstracto, etéreo y maleable a conveniencia.
Analfabetismo adulto	110 millones menos uno: tú.
Suicidios políticos	Uno, el de Santiago Creel.

DATOS RELEVANTES DE GEOGRAFÍA Y TERRITORIO	
Altitud máxima	Depende del peyotazo.
Zonas patrimonio de la humanidad	El rancho San Cristóbal.
Áreas naturales protegidas	La fortuna de Carlos Slim.
Litorales	11 122 km de playas contaminadas.
Longitud de frontera con EUA	¿Cuál?
Área	1.9 millones de km², más lo correspondiente a los territorios de Illinois, Texas y California.
Inmuebles religiosos	Casa de Carlos Abascal.
Entidades federativas ingobernables	32.
Viviendas construidas	Por hijos de Martha Sahagún: ?
Yacimientos de agua potable	Plantas de embotellamiento de Coca Cola.

DATOS RELEVANTES DE COMUNICACIONES Y TRANSPORTES	
Muertes por videoescándalo	Ninguna (aún); se esperan cambios conforme se acerque julio de 2006.
Número de archivos de información que el IFAI puede hacer públicos	3 (su deuda con Hacienda, número de veces que ha votado y su CURP). El resto son clasificados.
Líneas telefónicas intervenidas	10.5 millones (cifra oficial del PRD).
Telefonía celular disfuncional	5 compañías.
Territorio Telcel sin señal	90 por ciento.
Carreteras	365 119 km de baches, hoyos, chapopote diluido y, ocasionalmente, un par de vacas en el camino.
Parque vehicular	68% de automóviles (98% de éstos en el DF), 21% de autobuses (metrobús y peseros no considerados), 9% de bicicletas, patines, patinetas y carretas, 1% de burros y caballos.
Vías férreas	Consulta mapa de 1900 y sigue la ruta de ciclopistas del DF.
Estaciones de radio	1 349. De éstas, 1 344 dan reportes del tráfico, las demás no tienen señal. Dos de ellas no tienen más tiempo aire en comerciales que en programación y ambas son AM.
Estaciones de televisión	584 concesiones monopólicas; no cuenta el canal del Congreso.
Periódicos publicados	113; leídos por Fox: cero.
Ciclopistas en la Ciudad de la Esperanza	Una, en otros estados no son necesarias.

Fig. 1.2. El glorioso país construido por los gobiernos posrevolucionarios.

A todos estos éxitos los opacan incluso otros: un presidente elegido por "dedazo" durante 7 sexenios consecutivos, un Congreso que nunca rechazó una sola iniciativa presidencial entre 1929 y 1997, una Suprema Corte que sólo le rendía cuentas a Dios, 31 gobernadores que vivían arrodillados, cientos de presidentes municipales obedientes, decenas de medios amordazados, concursos de yo-yo amañados *and a partridge in a pear tree*. Esta lista revela un sistema que trabajaba como una aplanadora bien aceitada, de esas que hoy hacen tanta falta en el periférico.

Gracias al PRI, México inauguró el turismo legislativo y las primeras tortillerías en Los Ángeles (producto del Tratado de Libre Migración). Gracias a 71 años de partido dominante, todo México se convirtió en un triángulo de las Bermudas donde la legalidad desaparecía al sobrevolarlo. Gracias a Manuel Bartlett, el sector eléctrico sigue siendo nuestro y a precios totalmente mexicanos (o sea, 10 veces más caros que en el resto del mundo). Y no cabe duda que hemos vivido momentos apasionantes de la mano de este gran partido. El país gozó la niñez, la infancia, la adolescencia, la edad adulta, la vejez, la decrepitud y la vida en formol de Fidel Velázquez. Tuvo la oportunidad de presenciar cómo la familia Hank hizo su fortuna y la compartió con sus mejores amigos. Experimentó la emoción de crisis económicas cíclicas desde 1976. Envidió los 27 pasaportes de Raúl Salinas y sus cuentas en Suiza y suspiró de alivio con la demostración posterior de su inocencia. Rió, lloró, gritó. ¿Qué más se puede pedir? A ningún otro partido hegemónico se le ha exigido tanto.

Pero como todo lo bueno tiene que acabar, el priismo también se acabó, o por lo menos se semiacabó. Y después de sexenios excitantes llegó la democracia donde no pasa nada. O lo que pasa sigue siendo muy similar a lo que pasaba antes, o pasan algunas cosas que eran inevitables, como la muerte de Leonardo Rodríguez Alcaine, las cirugías plásticas de las esposas de los funcionarios y el enriquecimiento ilícito de los hijos de las esposas de los funcionarios. Bueno, hay más pluralidad, hay un Instituto de Acceso a la Información, que casi nadie conoce pero finalmente ahí está. Todos podemos burlarnos del presidente y ponerle cuernos sin acabar por ello en el Campo Militar número 1. El Congreso que antes pasaba todas las leyes ahora no pasa ninguna. Sufrimos menos y nos reímos más. Nuestra calidad de vida no ha aumentado pero nuestro sentido del humor sí.

FIG. 1.3. Léase: Para Robar Indiscriminadamente.

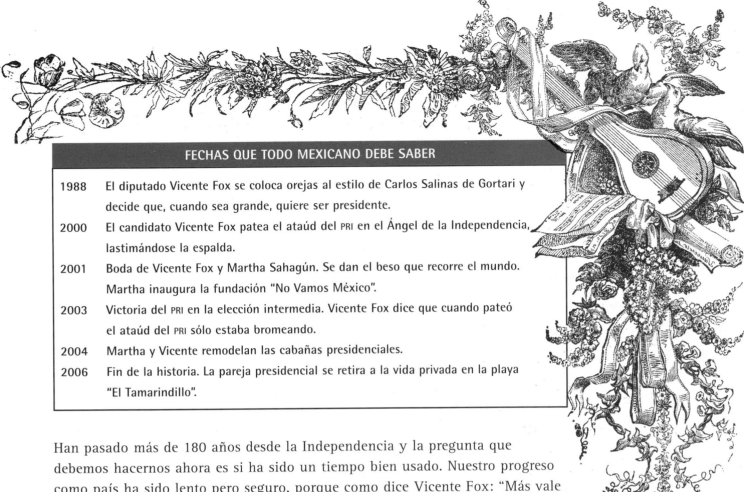

FECHAS QUE TODO MEXICANO DEBE SABER

1988	El diputado Vicente Fox se coloca orejas al estilo de Carlos Salinas de Gortari y decide que, cuando sea grande, quiere ser presidente.
2000	El candidato Vicente Fox patea el ataúd del PRI en el Ángel de la Independencia, lastimándose la espalda.
2001	Boda de Vicente Fox y Martha Sahagún. Se dan el beso que recorre el mundo. Martha inaugura la fundación "No Vamos México".
2003	Victoria del PRI en la elección intermedia. Vicente Fox dice que cuando pateó el ataúd del PRI sólo estaba bromeando.
2004	Martha y Vicente remodelan las cabañas presidenciales.
2006	Fin de la historia. La pareja presidencial se retira a la vida privada en la playa "El Tamarindillo".

Han pasado más de 180 años desde la Independencia y la pregunta que debemos hacernos ahora es si ha sido un tiempo bien usado. Nuestro progreso como país ha sido lento pero seguro, porque como dice Vicente Fox: "Más vale paso que aguante que trote que canse". Claro que han existido grandes logros y este libro, aunque le duela, se va a morir en la raya defendiéndolos. La Colina del Perro que construyó José López Portillo encabeza la lista. O qué decir del "fraude patriótico". O del Niño Verde con sus chamacas y sus chamaqueadas. Incluso la finca del Encanto ha servido para algo (fue útil para encontrar una osamenta sembrada). Todas estas innovaciones han ayudado a crear lo que hoy es el *Homo Mexicanensis*, ese espécimen único, irrepetible, incomparable y exportable. Tanto así que hay 10 millones en plena reconquista del territorio arrebatado por Estados Unidos. Hagamos un recorrido, pues, a través de la gesta sin par del pueblo mexicano.

A lo largo de este recorrido surgen todos los mitos que los mexicanos usan para vivir tranquilos y dormir bien por las noches. Allí están a todo color y disponibles también en versión pirata. El mito del país mestizo, incluyente, tolerante (mientras no seas indio, homosexual o mujer). El mito del país que no es racista con los negros (porque por suerte sólo hay cuatro, incluyendo al "Negro" Durazo). El mito del país que abolió la esclavitud y con ello eliminó la discriminación (excepto hacia las mujeres, los extranjeros, los discapacitados y los vendedores de chicles). El mito del país progresista donde la Secretaría de Salud distribuye la "píldora del día siguiente" (pero el partido en el gobierno la condena). El mito del país con instituciones sólidas que vigilan el interés público (bueno, por lo menos tenemos el IFE).

20 000 a.C.
Cae el primer asteroide. Masacre de dinosaurios. Sobreviven Fidel Velázquez y Cervera Pacheco.

3 500 a.C.
Abren las primeras compañías de viviendas de interés social.

1 200-600 a.C.
Juego olmeca: ¿dónde quedó la cabeza?

1321 (aprox.)
Primer Plan Nacional de Desarrollo: encontrar predio con águila en nopal devorando una serpiente.

1325
Nace la Ciudad de la Esperanza.

6 500 a.C.
Comienza el reparto agrario para cultivo de chiles.

2 300 a.C.
Primera cruda registrada por mezclar pulque con mezcal.

250-900 d.C.
El salto al cenote es el deporte más popular entre las jóvenes mayas.

1521
Primera concertacesión; Hernán Cortés y Moctezuma.

La raza cósmica conoce a sus ancestros.

 = Crisis política

LA TRAGICOMEDIA DEL SIGLO

Porfirio Díaz: "Más vale malo por conocido que bueno por conocer". Surge el argumento de la súper telenovela *El vuelo del águila.*

1911
Francisco I. Madero, primera víctima de envenenamiento por toloache.

1917
Constitución: primer papelito que sólo habla (y nada más).

Nace Televisa, soldado del PRI.

1968
Zabludovsky dice que fue un día soleado.

Hank González acuña la frase: "Un político pobre es un pobre político".

El dedazo celebra su IX aniversario.

Primera aparición de la palabra "tecnócrata" en el Diccionario de la Real Academia de la Lengua.

1910
Otra vez nos hacemos bolas.

1934
Cárdenas: el mejor político es el que más da.

1928
Nacimiento ideológico del PRI: sufragio in-efectivo. O te chingas o te jodes.

1985
Las casas y ventanas se tiran solas.

1978
López Portillo defiende el peso como un *french poodle.*

1988
Se cayó el sistema.

para imaginar tu futuro

1521-1800
Violaciones, evangelización e inquisición... y ahora con ustedes... (tambores por favor): démosle un aplauso a la morenaza... ¡Guadalupeeee!

1821
Se tira la primera casa por la ventana. Siguen gritando los que quedan.

1824
Se promulga el primer guión de telenovela mexicana.

Humillados por los gringos.

1850
Primer error de diciembre. ¡Bye, bye Texas!

Primera gran restructuración de la deuda.

1861
Batalla de Puebla: primera Roqueseñal.

Maximiliano: Quetzalcóatl bis.

Santa Anna presidente 1.

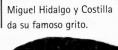

Santa Anna recargado.

Santa Anna 3ª temporada: la última y nos vamos (a la chingada).

Santa Anna versión 4: dictador.

1861
Vuelven los franceses (para quedarse por más tiempo).

1810
Miguel Hidalgo y Costilla da su famoso grito.

1855-1857
Juárez presidente: ¿ya ven que no somos racistas?

1898
Entran las aguas negras a México.

Salinas, en la portada de Newsweek, hasta guapo se ve.

Marcos luce galán en la portada de Vanity Fair.

ERA DEL SOSPECHOSISMO Y LOS MEJORES COMPLÓS

1995
A corretear el bolillo.

2003
Fin del sexenio, comienzan las precampañas políticas.

2005
Sale a la venta el DVD Caminando con los Dinosaurios.

1989
Rosa Salvaje alcanza audiencia sin precedentes en Europa.

1994
Entra en vigor el TLCAN (También Los Canadienses Aman Nacolandia).

1994
Jaime Serra declara: "¡No se preocupen! ¡No habrá devaluación!"

2000
Segundo gran envenenamiento por toloache.

Los videoescándalos tienen más rating que las telenovelas.

1988-1994
Rumbo al primer mundo.

1994
Otro mártir.

1997
Cárdenas: el Mesías se sonríe.

Gobierno del intercambio: ilusión por desilusión.

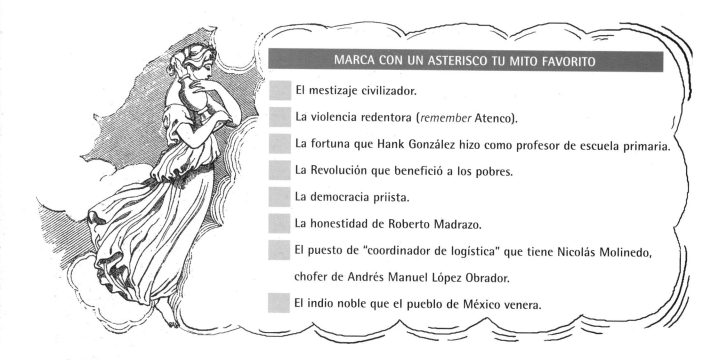

El mestizaje civilizador.

La violencia redentora (*remember* Atenco).

La fortuna que Hank González hizo como profesor de escuela primaria.

La Revolución que benefició a los pobres.

La democracia priista.

La honestidad de Roberto Madrazo.

El puesto de "coordinador de logística" que tiene Nicolás Molinedo, chofer de Andrés Manuel López Obrador.

El indio noble que el pueblo de México venera.

¿Sabías que...

...durante más de 60 años en las elecciones los muertos votaban hasta 3 veces?

Al sitio donde se educa a los mexicanos para que memoricen estos mitos se le conoce como escuela primaria y secundaria. Las escuelas públicas mexicanas son algunas de las instituciones que precedieron a los programas de Big Brother™ y La Academia™. En ellas, aprendemos un sinnúmero de formas de entretenimiento y distracción. Aprendemos que Hidalgo fue súper buena onda, que Porfirio Díaz fue súper mala onda, que Lázaro Cárdenas fue a todo dar y ya. La historia oficial acaba con la expropiación petrolera, que fue nuestra única victoria del siglo xx. Nos enseñan también a colorear figuras de héroes mexicanos muertos.

La finalidad de la educación en México está señalada en el artículo 3° de la Constitución Política de los Estados Unidos Mexicanos, donde se indica que tenderá a "desarrollar a un país de agachados y fomentará, a su vez, el amor a la patria tal y como está". El objetivo es crear un canon nacionalista y revolucionario que le permita a los de arriba gobernar sin la interferencia de los de abajo (macheteros, cañeros, microbuseros y anexos). Se trata de lograr que la gente piense lo menos posible, critique lo menos posible, participe lo menos posible y duerma lo más posible.

Desde niños nos educan para decir "sí" cuando pensamos "no", nos enseñan a besarnos en la mejilla y apuñalarnos en la espalda (¿de dónde creen que Roberto Madrazo sacó la idea?). Nos enseñan a estar orgullosos de nuestros buenos modales y gentileza, que se demuestran no denunciando los fraudes electorales y teniendo fe en la fundación Vamos México.

La historia oficial está diseñada para que nos acostumbremos a que "así es México", a vivir la anormalidad como algo común y corriente. ¿Qué tiene de malo que 42% de los mexicanos jamás vivirían junto a un extranjero? ¿Qué tiene de raro que más de 48% de la gente no quiera vivir en la misma casa que un homosexual? ¿Acaso es extraordinario que 38% de las personas rechace a quien piense diferente? ¿A poco es alarmante que uno de cada cuatro hombres no crea necesario educar a una mujer porque ésta terminará casándose?[1]

Esta educación quiere que los mexicanos amen feroz y desesperadamente a sus mártires, a sus víctimas, a todos aquellos que han enfrentado la persecución injusta. Allí está Madero, allí está Villa, allí está Zapata, allí está Chespirito. Venerados por pelear contra la injusticia y evidenciarla... pobrecitos, después de sufrir tanto. Ponerles una calle con su nombre es lo mínimo que podíamos hacer.

Los libros de texto gratuito nos enseñan que en México el poder se conquista con narrativas de injusticia y redención. La reputación se consolida a golpes de machete, para ver quién resiste más y llora menos. También ayuda que el presidente te quiera desaforar porque eso revive la pugna ancestral del pueblo mexicano: los ricos contra los pobres, los buenos contra los malos, los caudillos que han luchado por México y los traidores que lo han saboteado. Hidalgo *vs* la colonia española; Juárez *vs* Maximiliano; Madero *vs* Porfirio Díaz; Cárdenas *vs* los intereses petroleros. Los mexicanos buenos *vs* los gringos malos. Gloria Trevi *vs* el sistema judicial. El rayo de esperanza *vs* el complot de la cúpula.

Con esta educación, el Estado mexicano tiene un objetivo claro: evitar que los pobres se vuelvan a rebelar, que los campesinos se lancen de nuevo a la bola, que las clases medias rezonguen porque tienen que pagar seguridad privada y, sobre todo, que Paris Hilton ande con el Niño Verde y estropee el linaje de la "raza cósmica".

FIG. 1.4. La visión del mártir nunca cambia.

Para ser un buen mexicano hay que sufrir, llorar, vociferar. Pero nunca, nunca hacer algo al respecto. Como lo dice el niño Fidencio, ancestro de Andrés Manuel López Obrador: "Aquellos que sufren tienen la gracia de Dios; con el sufrimiento se alcanza la salud, y está bien que así sea, porque todo aquel que quiere el bienestar debe ser fortificado con pesares y dolor". Así se aprende a ser mexicano. A golpes de dolor. Ya lo advertía Netzahualcóyotl, el poeta-rey azteca que inspira todos los discursos de Vicente Fox: "Yo vi, como mexicano, que nuestro señorío iba a ser destruido. Yo, bañado en lágrimas, advertí que teníamos que agacharnos y ser aniquilados. Yo dije que el segundo piso iba a ser una porquería, pero a mí nadie me hace caso".

FIG. 1.5. Nota obtenida del *Diario secreto de la emperatriz*, publicado en 1880 por la prensa de Francia.

Razones del orgullo mexicano

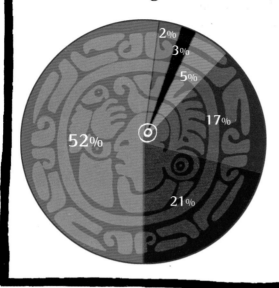

- Cuando viajas, decir que eres del mismo país que Salma Hayek y Gael García.
- Por lo menos es mejor que ser afroamericano.
- El tequila te vuelve políglota.
- Porque no tenemos monarquía pero si Corona™.
- Porque nuestros hombres no necesitan comer huevos de tortuga para ser potentes.
- Porque somos gordos pero felices.

Fig. 1.6. La encuesta fue realizada a una población de 100 millones de habitantes en México. El margen de error es de 0.005 por ciento.

El siguiente cuadro resume los motivos de celebración en las fiestas patrias.

DATOS RELEVANTES DE ECONOMÍA	
PIB *per cápita*	6 260 USD en promedio. Para PIB de funcionario público duplicar la cifra; si es de la Suprema Corte de Justicia, triplicar la cantidad; si es un consejero del IFE, cuadruplíquela; para el Niño Verde, ver video. Para campesinos y obreros esta medida no se considera.
Tiempo de pago de rescate bancario	3 generaciones (90 años).
Mejor inversión del gobierno del DF	Las mesas de póker de Las Vegas.
Mayor inversión no redituable	Financiamiento a campañas políticas.
Remesas enviadas por emigrantes	5 910 USD *per cápita* (restar comisión de Western Union).
Micro changarro más apoyado por el gobierno	Taquerías y puestos de aguas frescas para los guaruras de los legisladores.

La impartición de la educación tiene como elemento principal que la persona adquiera y aprenda valores para "ser mexicano", vivir en la sociedad (detrás de una cerca electrificada cada vez más alta), rechazar sus deberes y desconocer sus derechos.

Fig. 1.7. Carlos Jonguitud Barrios, exdirigente del Sindicato Nacional de Trabajadores de la Educación, "viviendo la vida loca".

La guía de padres que se reparte con los libros de texto gratuito busca enseñar los valores y la filosofía que han inspirado a "este gran país" (en palabras de su autora, Radindra Nath Sahagún de Fox).

¿Sabías que...

...los gastos del presupuesto federal anual se destinan al pago de los caciques del SNTE, el chofer de Elba Esther Gordillo, el guardarropa de Elba Esther Gordillo, la casa en San Diego de Elba Esther Gordillo, las cirugías plásticas de Elba Esther Gordillo (que no salen tan caras porque después de cada diez le regalan una)? Con lo que resta se paga la deuda del FOBAPROA, los espectaculares de Roberto Madrazo, los viajes al extranjero de Arturo Montiel y los bonos anuales de los consejeros del IFE.

Fig. 1.8. Inspiradora imagen donada por la fundación Vamos México. Fresco original en el *lobby* de sus oficinas en Torre Mayor.

Raíces filosóficas del ser mexicano

	CHUCHO "EL ROTO"	CANTINFLAS	LA MALINCHE	LOS NIÑOS HÉROES	LA LLORONA
Filosofía política	"Él robó a los ricos para dar a los pobres." "La justicia por encima de la legalidad."	"Bueno, pues ahí está el detalle, porque si usted me pregunta pues le puedo yo decir, pero si usted quisiera la respuesta tendría que preguntarme de mejor modo porque, más que nada, si a mí no me importa, ¿por qué a usted le importa lo que a mí no me importa?"	"Todos se acomodan."	"Más vale aquí corrió que aquí quedó" (lástima por las prisas).	"Yo no fui, fue Teté, pégale, pégale que ella merita fue."
Frase célebre	"¡Abramos los archivos del FOBAPROA!"	"Algo malo debe tener el trabajo, o los ricos ya lo habrían acaparado."	"¿De a cómo?"	"Sálvese quien pueda."	"Buuuuu, todo fue un compló."
Discípulos	AMLO, Zapata, Villa, Martha Sahagún (en su etapa Elton John).	"¿Y yo por qué?" Vicente Fox. "Ya estuvo bueno con el sospechosismo." Santiago Creel. "Las relaciones con Estados Unidos, ni nos perjudican, ni nos benefician, sino todo lo contrario." Luis Echeverría.	Santa Anna, Porfirio Díaz, Carlos Salinas.	Carlos Cabal Peniche, Javier Moreno Valle, Carlos Ahumada (aunque es de origen argentino). Quienes practican *bungee jumping*.	Rosario Robles, Marcelo Ebrard, Cuauhtémoc Cárdenas, AMLO.
Dato curioso	Inspiró la ideología priista de "robar a todos para darnos a nosotros".	Autor del manual para los voceros de Los Pinos.	Le heredó su guardarropa a Martha Sahagún.	En realidad estaban haciendo una prueba de vestuario con la bandera.	Ha sido la principal inspiradora de 7564 de las 7564 protagonistas de telenovelas.

La educación ha sido una de las grandes preocupaciones de los gobiernos de México. Claro, todos han querido asegurarse de que los mexicanos no tengan las herramientas con las cuales cuestionarlos. Desde los educadores de la época porfirista hasta nuestros días, se ha buscado promover una educación que se parezca lo menos posible a la realidad. Durante muchos años el concepto de "nación", por ejemplo, fue aquél que el PRI definió: "Una nación es un grupo de políticos unido por múltiples complicidades a través de fuertes intereses económicos que le dan una identidad y le permiten aprovecharse de los demás grupos que existen". Como verás, en la historia de México todo es una cuestión semántica. Ahí donde decía "tlatoani" se puso la palabra "presidente"; ahí donde decía "elecciones" se puso la palabra "dedazo"; ahí donde decía "democracia" se puso la palabra "pricracia". Es decir, se hizo una simple y sencilla sustitución de titularidad. La propiedad de la nación sería del presidente y de su familia (los Echeverría, los López Portillo, los Salinas, los Sahagún).

Dentro de nuestra nación se dice que hay varias culturas. Hay una que gobierna (los blancos), otra que se enriquece (los mestizos) y otra que vive en la miseria (los indios). La Constitución mexicana afirma que la nación tiene una composición multicultural. Esto significa que a la mayoría no le preocupa que los tzeltales y los tzotziles vivan con menos de veinte pesos al día, con tal de que sólo se subleven cada 500 años.

Cuando se habla de "democracia" como forma de gobierno en México, en realidad se está describiendo un sistema que permite la exclusiva participación de la elite en la toma de decisiones. En este país debemos entender como democracia el derecho de las cúpulas partidistas, las cúpulas empresariales, y las cúpulas de las iglesias en Puebla, a tomar decisiones que les convienen. Por ejemplo, nuestra carta magna establece que la "democracia" es uno de los valores que la educación debe promover, y queda muy claro que la ha promovido. Basta con leer la siguiente cita: "La educación será democrática, considerando a la democracia no solamente como una estructura cleptocrática y un régimen elitista, sino como un sistema de vida fundado en la constante manipulación del pueblo".[2]

FIG. 1.9. Nuestro origen étnico común es uno de los elementos que nos permiten ser nación. Por ejemplo, éste es el padre de Roberto Madrazo. Cortesía de la fundación Roberto Madrazo.

2 Repite esta frase ante el espejo tantas veces como sea necesario para que no parezca descarado.

29

La Ley General de Educación, en su artículo 7°, fracción V, dice: "Infundir el conocimiento y la práctica de la democracia como la forma de convivencia que permite a todos participar en la toma de decisiones y el mejoramiento de la sociedad".

El siguiente cuadro explica cómo se ha vivido el artículo 7° en México:

	IMPERIO AZTECA	VIRREINATO	MAXIMILIANO Y CARLOTA	JUÁREZ
Día típico	Llevar a cabo sacrificios humanos, tirar vírgenes a cenotes.	Obra pública: construir segundos pisos encima de ruinas prehispánicas.	Llenar de talco las pelucas.	Desquitarse con la Iglesia.
Tipo de guerra favorito	Una guerra sangrienta pero noble.	Exterminio de indígenas.	Las de pastelería.	Una con muchos fusiles donde murieran muchos conservadores.
Desayuno típico	Tripas asadas.	Gazpacho con tortilla española acompañando la paella.	Salchichas con *chukrut*, *Sacher Torte* y Mimosas.	Quesillo oaxaqueño, tlayudas oaxaqueñas, tamales oaxaqueños, mole oaxaqueño.
La manera más probable en que morirás	Cayéndote de una pirámide.	Por la inquisición o alguna enfermedad traída de Europa.	Fusilado.	Sin santos óleos.
¿Por qué te encarcelan?	Por usar el taparrabos demasiado corto y no pagar tu tributo ni verificar tu chalupa a tiempo.	Por embarazar a alguien que no fuera de tu casta y adorar a un dios emplumado.	Por decir que no eres ni conservador ni liberal, sino ciudadano independiente.	Por güerito o por creyente.
Canción favorita	"Pinche Malinche", de Botellita de Jerez.	"El rey de chocolate", de Cri Cri.	"Entrégate", de Luis Miguel.	"Like a Virgin", de Madonna.

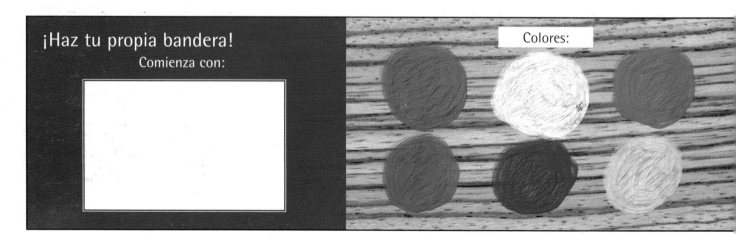

¡Haz tu propia bandera!
Comienza con:

Colores:

PORFIRIO DÍAZ	SALINAS	ZEDILLO	FOX
Renegociar deudas en tiendas de raya.	Fantasear con el ingreso al primer mundo, comprar en Costco™.	Vender máscaras de plástico de Carlos Salinas, después de perder el amparo.	En terapia, tratando de entender qué pasó con el "voto útil".
La que asegure orden y progreso.	Contra la "nomenclatura".	Contra la familia Salinas.	Mediática y con muchos *spots*.
Pan francés.	*Hot cakes* y agua Evian™.	All Bran™ con leche descremada.	Pechugas presidenciales.
A punta de pistola, si eres un indígena bocón o un "demócrata".	Si eres perredista, porque no te oyeron ni te vieron y moriste en un accidente desafortunado.	De aburrimiento.	Por depresión o aplastado por una pestaña de Martha Sahagún.
Por medir las hectáreas del latifundio.	Por encontrar boletas electorales quemadas de 1988.	Por no pagar tu contribución al rescate bancario.	Por ser amigo de Olga Wornat.
"Sunday, Bloody Sunday", de U2.	El tema de *El padrino*.	La célebre canción de 4 letras: "P**o!", de Molotov.	"The Impossible Dream", de Frank Sinatra.

Símbolos:

La experiencia de los mexicanos con la democracia
Edades de la democracia mexicana: una guía

1. Embrión democrático (1968)
¡Felicidades! Comienzas a cuestionar la represión económica y política del PRI y decides celebrar el despertar de la conciencia con tu picnic en la Plaza de las Tres Culturas. Aunque intentan descuartizarte y algunos amigos cambian de residencia al Campo Militar número 1 sin avisarte, decides que la lucha vale la pena. Descubres que hay dos caminos en la vida; unirte al gobierno o a la Liga 23 de septiembre. No te preocupes, de cualquier manera estamos orgullosos de ti.

2. El parto (1985)
¡Terremoto! Descubres que si el gobierno no actúa, tú puedes hacerlo. Mientras te preguntas si Miguel de la Madrid está entre los escombros, comienzas a retirarlos tú mismo. Empiezas a preguntarte si el PRI será tan bueno como dice. ¡Arriba y adelante!

3. Infancia (1988)
¡Chin...! Y después de todo eso se cayó el sistema (aunque Manuel Bartlett diga que sólo se fue la luz). Oyes hablar de un tal Cuauhtémoc Cárdenas aunque nunca lo hayas visto en televisión. En ese año el mejor abono está hecho de boletas y urnas calcinadas. En vez de tomar Palacio Nacional por asalto, te pones una camiseta del Frente Democrático. Empiezas a dudar de la existencia de Santa Claus, de la generosidad de los Reyes Magos y del progreso bajo el PRI.

4. Preadolescencia 1 (1994)
Sufres tu primera crisis de identidad, te das cuenta de que:
1. hay indígenas;
2. aún son explotados;
3. te sientes mal por eso;
4. Marcos no es indígena pero está guapo; y,
5. cuando ya estabas dispuesto a pagar el seguro social a tu empleada doméstica, matan a Colosio, te asustas y votas por la paz. Tus papás dicen que no te preocupes porque Zedillo boleaba zapatos cuando era niño.

5. Preadolescencia 2 (1997)
Con tu primera credencial de elector sonríes y Cuauhtémoc Cárdenas demuestra que él también sabe cómo hacerlo. El PRD se transforma de partido de nube negra a partido del sol. Tus papás están indignados porque les confiscan sus tarjetas de crédito después de la crisis de 95. Voto de bolsillo mata a priista.

6. Adolescencia (2000)
Quieres el cambio ¡hoy, hoy, hoy! Quieres a alguien que te hable con la verdad o groserías por lo menos (no importa que sea ranchero). Esto de la democracia no se ve tan difícil, al fin que él se va a encargar de todo (crecimiento de 7%, paz en Chiapas en 15 minutos, changarros en cada esquina y sacar al PRI de Los Pinos). Crees que todo se va a resolver con gritarle a Fox: "¡No nos falles!"

7. Juventud en éxtasis (2003)
Tu primera gran decepción: la democracia no es lo que pensabas. En vez de sacar a las alimañas y víboras prietas, Vicente Fox acabó acurrucado con ellas. Decides castigar a la democracia con el látigo de tu desprecio y te quedas en tu casa sin votar. Mientras tanto el PRI vive su segundo aire.

8. Edad ¿adulta? (2006)
Se pone a prueba tu madurez, tendrás que escoger entre lo malo y el peor. Ojalá te des cuenta de que la democracia es más que los candidatos (su personalidad) y lo que te regalan. Vivirás momentos de gran incertidumbre mientras intentas encontrar alguna idea detrás del *spot*. Gracias a la publicidad de los partidos en la televisión, transferirás tus impuestos a Televisa y a TV Azteca sin ser accionista de esas empresas. Te das cuenta de que la partidocracia te arrebata mucho y te da poco.

9. Madurez (2090)
Espanglish es la lengua oficial del estado 52 de la Unión Americana (porque los migrantes lo compraron ahorrando sus remesas de 2 años). Pero no te preocupes porque somos el estado más grande, no hay reelección y ningún priista está ya en el poder. Sobrevive el Partido Verde Ecologista porque se vendió a tiempo al Green Party de Santa Mónica, California. Como no aguantaron el imperialismo *yankee*, los perredistas se fueron a Venezuela y Cuba (donde Fidel aún vive). Los panistas gobiernan Utah donde están prohibidos el *table dance* y la píldora del día siguiente.

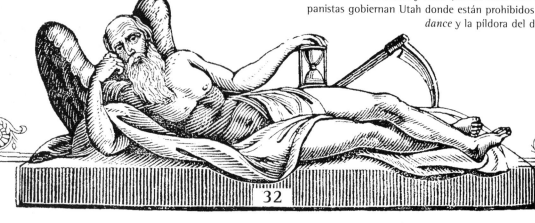

Constitución Política de los Estados Unidos Mexicanos

1917

La Constitución Política de los Estados Unidos Mexicanos

La democracia está consagrada en la Constitución Política de los Estados Unidos Mexicanos. Eso no significa que sirva de algo o que valga la pena aprenderse sus artículos. Lo más importante que debes saber es que:

a) no se cumple;

b) no importa; y,

c) todos hablan de ella pero pocos la entienden.

Aquí te presentamos la interpretación que necesitas aprender si quieres sobrevivir en México.

De las garantías individuales

Artículo 1.- Todo ciudadano mexicano que tenga fuero y/o dinero para pagarse un buen abogado no necesita las siguientes garantías, por lo que puede suspender la lectura habiendo leído lo referente al amparo. Todos los demás, pueden leer la Constitución pero nunca apelar a ella como fuente de derecho.

En México está prohibida la esclavitud, a menos de que seas un indígena que emigró a la ciudad para dedicarte a las gratificantes tareas domésticas.

Todo individuo tiene derecho a discriminar y a socavar a mujeres, indígenas, pobres, homosexuales, niños, ancianos y discapacitados.

Artículo 2.- Los indígenas son iguales ante la ley. ¿Cuál ley? Tienen derecho a vivir según sus costumbres. Al fin, ¿a quién le importan?, están marginados. Tienen derecho a pedir limosna, vender chicles, CD's piratas y mascaritas de plástico con figuras de expresidentes.

Artículo 3.- Todo individuo tiene derecho a recibir la mínima educación que le permitirá al Estado y a la elite manipularlo con calidad. El objetivo principal es siempre quedar en los últimos veinte lugares de la OCDE. La educación impartida por el Estado alimentará el herido orgullo nacional y la xenofobia, recordando a los héroes nacionales caídos en manos de los peligrosos extranjeros. La historia nacional que se imparta pretende ser una demostración de realismo mágico.

Artículo 4.- Todos los que no sean católicos pueden decidir libremente sobre el número de hijos. Los mexicanos tienen derecho a ser misóginos. El varón y la mujer son iguales ante la ley, pero no ante el patrón, la familia, la sociedad y en el caso de que la igualdad sea injustificable.

Artículo 5.- Todo el mundo tiene derecho al trabajo. Encontrarlo es problema de cada quien. En caso de no ser muy eficiente en esta última tarea, sírvase usted poner un changarro.

34

Artículo 6.- La manifestación libre de las ideas es una garantía para todo aquel que no pretenda ser escuchado, ni cambiar el *statu quo*. El derecho a la información será garantizado por el Estado.

Artículo 7.- Tendrán libertad de escribir los que no atenten contra los símbolos patrios, los medios de comunicación, los partidos, los narcotraficantes, los monopolios y la Iglesia.
    Si el ciudadano no le teme a la muerte, suya o de sus familiares, debe sentirse en libertad de publicar cualquier idea o escrito que provenga de su inspiración.

Artículo 8.- El derecho de petición a funcionarios públicos es un derecho inalienable, siempre y cuando sea presentado por escrito, en triple copia y no espere una respuesta.

Artículo 9.- No podrá coartarse el derecho de asociarse o reunirse siempre y cuando sea con narcotraficantes o judiciales, valga la redundancia. Todo mexicano tiene derecho a protestar, si el caso lo amerita, con machetes o bloqueando carreteras, avenidas y otras vías públicas.

Artículo 10.- Los narcotraficantes de los Estados Unidos Mexicanos tendrán derecho al uso activo de armas reservadas para el uso de las Fuerzas Armadas. Otras armas son de uso exclusivo de maleantes, movimientos populares y la guerrilla. Los ciudadanos comunes podrán hacer uso del machete y las bombas molotov en las manifestaciones que busquen impedir el desarrollo económico del país.

Artículo 11.- El libre tránsito dentro del territorio nacional será garantizado a todo aquel que porte charola y/o participe en las manifestaciones descritas en el artículo décimo.

Artículo 12.- Los títulos nobiliarios no son reconocidos en México. De todos modos, apellidarse Alemán, Salinas Pliego, Azcárraga o González Torres es de gran utilidad.

Artículo 13.- Todos los políticos y criminales de cuello blanco pueden ser juzgados por leyes privativas y tribunales especiales (Luis Echeverría y Carlos Cabal Peniche, "El Divino"). Ninguna persona o corporación puede tener fuero a menos de que sea Andrés Manuel López Obrador, la Policía Judicial Federal o un senador responsable del PEMEXGATE. Una vez adquirido el fuero, será vitalicio y servirá para campañas presidenciales.

Artículo 14.- A ninguna ley se dará efecto retroactivo, sobre todo si eres Luis Echeverría. Nadie podrá ser privado de la vida o de su propiedad a menos que sea enemigo del Estado.

Artículo 15.- El objetivo de los sistemas penales federales y estatales será fomentar el descanso y la socialización de los reos. Se autoriza la celebración de tratados para la extradición de criminales de cuello blanco que hayan huido, con el objetivo de regresarlos al país y otorgarles libertad.

Artículo 16.- No podrá librarse orden de aprehensión contra ningún exfuncionario priista a menos que sea enemigo del presidente en turno. Las comunicaciones privadas pueden ser violadas con fines políticos, y si no nos creen, favor de preguntarle a Raúl Salinas, Adriana Salinas, Elba Esther Gordillo y Jorge Castañeda.

Artículo 17.- Cualquier persona podrá hacerse justicia por sí misma, sobre todo si puede demostrar residencia en Tláhuac.

Artículo 18.- Los reos de nacionalidad mexicana (como Gloria Trevi) que se encuentren compurgando penas en países extranjeros podrán ser trasladados a la República para ser exculpados, liberados e impulsados en su carrera artística.

Artículo 19.- Ninguna detención ante autoridad judicial podrá exceder del plazo de setenta y dos horas, a menos de que sea Raúl Salinas de Gortari, en cuyo caso se negociará la condena.
Todo maltrato en la aprehensión o en las prisiones, se considerará abuso que no podrá ser corregido por las leyes ni reprimido por las autoridades.

Artículo 20.- En todo proceso de orden penal, el inculpado, la víctima o el ofendido no tendrán ninguna garantía, a menos que se pague por ella.

Artículo 21.- La imposición de las penas es propia y exclusiva del que tenga más poder. Si el infractor fuese jornalero, obrero o trabajador pierde automáticamente la presunción de inocencia.

Artículo 22.- Queda prohibido el castigo al parricida, al homicida con alevosía, premeditación o ventaja, al delincuente electoral y al que mate, una mujer en Ciudad Juárez.

Artículo 23.- Ningún juicio criminal deberá tener más de 3 328 instancias. Nadie puede ser juzgado dos veces por el mismo delito, con excepción de Raúl Salinas de Gortari.

Artículo 24.- Todo hombre es libre para profesar la creencia religiosa que más le agrade y, como Vicente Fox Quesada, llevar un crucifijo al Congreso para demostrarlo. Toda mujer podrá practicar magia negra, pero sólo en Los Pinos.

Artículo 25.- Corresponde al Estado la rectoría del desarrollo nacional negociando previamente con los empresarios más ricos de México. El Estado planeará, conducirá, coordinará y orientará la actividad económica nacional hacia la creación de monopolios, oligopolios, duopolios y otras actividades que demande el interés de la clase política y empresarial, bajo criterios de inequidad social e improductividad. Se apoyará e impulsará a las empresas del sector privado sujetándoles a las modalidades que dicte el presidente en turno en beneficio general de su familia y descuidando la conservación del medio ambiente.

Artículo 26.- El Estado organizará un sistema autoritario del desarrollo nacional que imprima debilidad, parálisis e inequidad al crecimiento de la economía para la dependencia y la falta de democratización política, social y cultural de la nación.

En el sistema de planeación antidemocrática, el Congreso de la Unión tendrá la intervención que le dé la gana.

Artículo 27.- La propiedad de las tierras y aguas comprendidas dentro de los límites del territorio nacional corresponde originariamente a la nación, la cual ha tenido y tiene el derecho de transmitir el dominio de ellas al gobierno, constituyendo la propiedad pública.

I. Las expropiaciones sólo podrán hacerse por causa de utilidad privada y sin indemnización. La nación rara vez tendrá el derecho de imponer a la propiedad privada las modalidades que dicte el interés público.

II. Corresponde a la clase política el robo directo de todos los recursos naturales de la plataforma continental y los zócalos submarinos de las islas, etcétera, etcétera, etcétera.

III. Son propiedad de la nación el lago de Texcoco, Xochimilco, Chapala y la fuente de petróleos. Cualesquiera otras aguas no incluidas en la enumeración anterior se consideran propiedad de Carlos Slim.

IV. La ley protegerá la integridad de las tierras de los grupos indígenas. Al fin que ni tienen.

V. En los Estados Unidos Mexicanos quedan prohibidos los latifundios, excepto en las Lomas de Chapultepec.

Artículo 28.- En los Estados Unidos Mexicanos quedan prohibidos los monopolios, las prácticas monopólicas, los estancos y las exenciones de impuestos en los términos y condiciones que fijan las leyes, a menos de que se trate de Grupo Carso, Televisa, tv Azteca, Cemex y los que puedan surgir a partir de 2006.

En consecuencia, la ley no castigará severamente y las autoridades perseguirán con ineficacia toda concentración o acaparamiento de artículos de consumo en una o pocas manos.

Artículo 29.- En los casos de invasión, perturbación grave de la paz pública o de cualquier otro que ponga a la sociedad en grave peligro o conflicto, solamente el presidente de los Estados Unidos Mexicanos evitará aplicar la ley.

A la congregación de personas que se rige por esta Constitución, se le llama sociedad mexicana. El siguiente cuadro presenta a los seres humanos unidos por las mismas costumbres, tradiciones, lengua y pasado histórico. Dentro de la superficie terrestre del Estado mexicano, todos viven buscando el beneficio personal, aunque con frecuencia le llaman "la defensa de la soberanía de la nación".

	CAMPESINO	RANCHERO	OBRERO	EMPRESARIO
Lo puedes encontrar en...	Todo el territorio mexicano, excepto Santa Fe y Las Lomas.	Estados del norte y en Los Pinos.	En maquiladoras o vendiendo chicles en la calle.	Cerca del poder.
Pasa el tiempo...	Sembrando para autoconsumo, haciendo trámites para recibir la tarjeta del programa Oportunidades.	Diseñando botas.	Pensando en cómo emigrar a EUA.	Protegiendo monopolios, asegurando oligopolios.
Vestimenta	Huaraches de cuero, pantalón y camisa de manta, sombrero, morral.	Botas picudas, cinturón con hebillota.	*Jeans* y playera marca Naiki, tenis Ribok, todo falluca.	Traje Armani, zapatos Ferragamo, reloj Rolex.
Presidente favorito	El tata Cárdenas.	Fox.	El que pudiera ser controlado por Fidel Velázquez.	El que garantice protección.
Odia a...	El TLC.	Los perredistas revoltosos.	Los chinos.	Los competidores.
Motivo de orgullo	¿Qué?	Su aguacate ganó el primer lugar en la feria de Santa Clarita.	Sabe decir: *"Made in Mexico".*	Obstaculizar la competencia.
Destino turístico favorito	La villa de Guadalupe.	El Tamarindillo.	Oaxtepec.	Vail.
Película / música favorita	*Tizoc.*	Las de Pedro Infante.	"Pero sigo siendo el rey."	"I did it my way", de Sinatra.
Lema	"¡A la bola!"	"Aquí nada más mis chicharrones truenan."	"El que se mueve no sale en la foto."	"Las reformas que yo necesito."

Según revelan las encuestas, uno de cada cuatro mexicanos dice que se iría mañana a Estados Unidos si pudiera. Mientras tanto, los que se quedan aquí intentan montar un changarro, sabiendo que los trámites tomarán un año y que les pedirán tres gotas de sangre pura de su primogénito, una uña del meñique izquierdo cortada en cuadros simétricos, ocho kilos de pestañas bien trenzadas y el primer diente de leche que se les cayó. Claro que si no logran hacer esto siempre queda la opción de manejar un taxi por las mañanas y venderle propiedades a Arturo Montiel por la tarde.

Los verdaderos nacionalistas, los llamados "verdaderos mexicanos", son los que manifiestan su nacionalismo comprando artesanías en Fonart y diseñando libros de

POLÍTICO	BURÓCRATA	INTELECTUAL	NARCOTRAFICANTE	TECNÓCRATAS
En lo oscurito.	De lunes a viernes de 9:00-12:00.	En los cafés.	En la coordinación de giras presidenciales.	En el desempleo (menos Paco Gil).
Beneficiándose del erario público.	Haciéndole la vida difícil a los ciudadanos.	Criticando (sobre todo al neoliberalismo).	Plantando, asesinando y gobernando.	Privatizando, desregulando, liberalizando.
Traje Armani, zapatos Ferragamo, reloj Rolex.	Traje café camello, camisa café, corbata café.	Huipil, morral, huaraches.	Camiseta Versace, cruz dorada al cuello.	Traje Armani, zapatos Ferragamo, reloj Rolex.
El que garantice protección y un hueso grande.	Echeverría o López Portillo.	Fidel Castro.	Carlos Salinas.	Ernesto Zedillo.
Los ciudadanos exigentes.	La Secretaría de la Función Pública.	Los lectores del *Reforma*.	Los holandeses, por promulgar eso de la legalización.	Populismo.
Su estilo de vida.	Nada pasa sin tu firma.	Que el "Sub" le mandó una carta.	Sus contactos políticos.	El TLC y su doctorado en Chicago.
La ruta del turismo legislativo.	Acapulco.	Zipolite.	Colombia.	El *tour* Dow Jones (Tokio, Londres, NYC, Paris).
"¿Nos están filmando?, ¿nos están grabando?"	Armando Manzanero.	Sabina, Silvio Rodríguez.	Narcocorridos.	*Los 4 fantásticos.*
"Dando y dando..."	"No por mucho madrugar, amanece más temprano."	"No al desafuero."	"¿Cómo puedes saber que no te gusta si no lo pruebas?"	"¡Viva el libre mercado!"

cocina mexicana publicados en inglés. Esos mexicanos de a de veras se enojan cada vez que el embajador de Estados Unidos en México hace una declaración crítica sobre México, pero siempre van a los cocteles que organiza. Aunque hablan maravillas del país, prefieren vacacionar en Vail en vez de en Puerto Vallarta. Hablan todo el tiempo de la necesidad de modernizar México y procuran celebrar las fiestas históricas significativas, pero no le dan el día a sus choferes o a sus nanas. Aman a la patria pero no dudan en sacar sus dólares durante una crisis sexenal. Solían vivir en Lomas de Chapultepec pero ahora, por cuestiones de seguridad, se han mudado a Santa Fe, San Diego o Miami. Si quieres saber quiénes son, basta con leer quincenalmente la revista *Quién*.

Test

¿Qué tan mexicano eres (y de qué tipo)?

1. ¿Cómo se llama el gobernador de California?
   a) Eugenio Elorduy Walther
   b) Arnold Schwarzenegger
   c) Alfonso García González
   d) Sylvester Stallone

2. ¿Cuál es la telenovela favorita de Beatriz Paredes?
   a) *Mirada de Mujer*
   b) *Corazón Salvaje*
   c) *Rebelde*
   d) *Nada Personal*

3. ¿Cuáles son los frutos del cactus?
   a) Guaje y pasilla
   b) Mixiote y jumiles
   c) Xoconostle y nopal
   d) Granadas y chilacayotes

4. ¿Cuál de los siguientes sombreros no es mexicano?

   a)   b)   c)   d)

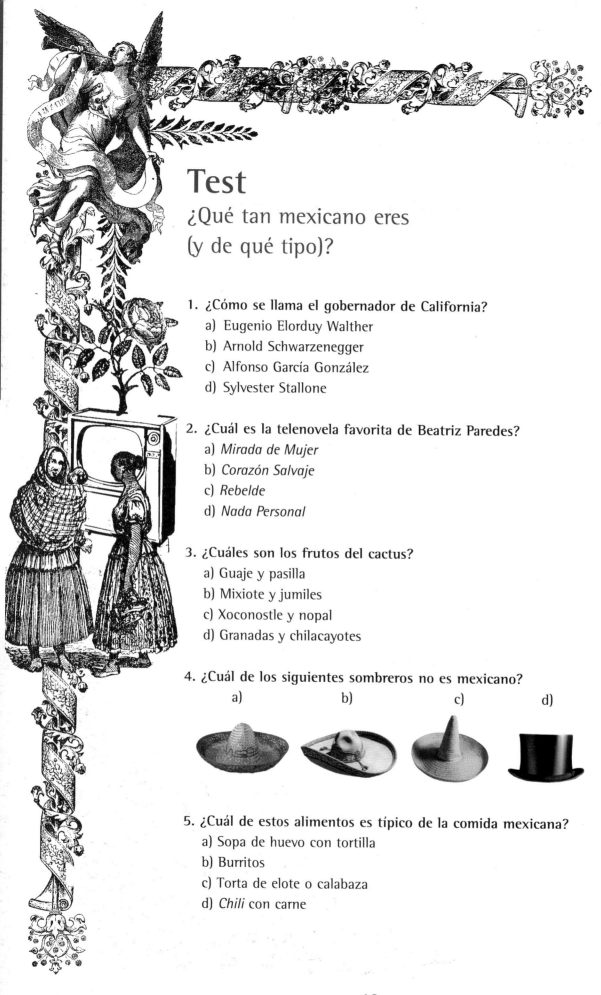

5. ¿Cuál de estos alimentos es típico de la comida mexicana?
   a) Sopa de huevo con tortilla
   b) Burritos
   c) Torta de elote o calabaza
   d) *Chili* con carne

6. ¿Qué mujer es considerada como el icono representativo de México?

   a) Frida Kahlo

   b) Salma Hayek

   c) Las de Ciudad Juárez

   d) Todas las anteriores

7. ¿Qué día se celebra la fiesta nacional más importante en términos históricos?

   a) 5 de mayo

   b) 15 de septiembre

   c) 2 de julio

   d) 12 de diciembre

8. Tláloc era al agua como Tezcatlipoca a...

   a) El viento

   b) La tierra

   c) La guerra

   d) El intestino

9. ¿Dónde nació Martha Sahagún?

   a) París

   b) El Tamarindillo

   c) Celaya

   d) Zamora

10. ¿Cuál es el emblema nacional?

    a) La Virgen de Guadalupe™

    b) El presidente de la República

    c) El águila con la serpiente en el nopal

    d) El sombrero de paja que Pique tenía en el mundial de 86

11. ¿Cuántas castas sociales existían en la Nueva España?

    a) 2

    b) 16

    c) 8

    d) 12

12. ¿Cuántas estrofas tiene el Himno Nacional?

    a) 5

    b) 8

    c) 10

    d) 15

13. La bebida oficial que se sirve en Los Pinos se llama...
a) Toloache
b) Coca Cola
c) Dom Perignon
d) Red Bull

14. ¿En qué circunstancias aplicas el verbo "chingar"?
a) En accidentes de tránsito
b) Cuando te refieres a los políticos
c) Cuando ves tu estado de cuenta de Teléfonos de México
d) Cada lunes que no hay puente

15. ¿Quién ha pasado a la historia como el político más feo de México?
a) Cuitláhuac
b) Gustavo Díaz Ordaz
c) Manlio Fabio Beltrones
d) Porfirio Muñoz Ledo

16. ¿Cuál es el antro favorito de Jorge Emilio González, alias el "Niño Verde"?
a) San Lázaro
b) El Alebrije
c) El Baby O'
d) El IFE

17. ¿Quién es el mexicano más famoso en el extranjero?
a) Hugo Sánchez
b) Martha Sahagún
c) Gael García Bernal
d) Salma Hayek

18. ¿Cuál es la botana favorita de Vicente Fox?
a) Pan melba con *fois gras*
b) Nachos con queso
c) Fritos con chilito
d) Chapulines con limón

19. ¿De qué estados provienen los mapaches?
a) De los estados anteriormente gobernados por el PRI
b) De los estados gobernados por el PRI
c) De los estados que quisieran estar gobernados por el PRI
d) De todos los anteriores

20. Martha Sahagún es a Vicente Fox como...
   a) Campanita a Peter Pan
   b) Pitufina a Fortachón
   c) La dulce Polly a Supercán
   d) Dalila a Sansón

21. ¿Cómo te puedes volver rico en México?
   a) Formando un partido político
   b) Comprando una carretera y llevándola a la quiebra
   c) Comprando un banco y llevándolo a la quiebra
   d) Siendo amigo o pariente del presidente o de su esposa

22. ¿Cuál ha sido la pelea del siglo?
   a) Carlos Salinas *vs* Ernesto Zedillo
   b) Chivas *vs* América
   c) Martha Sahagún *vs* Olga Wornat
   d) Macheteros *vs* Vicente Fox
   e) Todos *vs* Porfirio
   f) Carlos Castillo Peraza *vs* sí mismo

23. ¿Qué raza de perro es 100% mexicana?
   a) Policía de tránsito
   b) Chihuahua
   c) López Portillo
   d) Xoloitzcuintle

24. ¿Cuál ha sido la peor crisis económica que ha padecido el país?
   a) 1976
   b) 1982
   c) 1994
   d) La que viene

25. ¿Qué es lo que nunca falta en cualquier pueblo de la República Mexicana?
   a) Una estatua de Solidaridad
   b) Un expendio de Coca Cola
   c) Un político corrupto
   d) Un espectacular con la foto del gobernador (o de su esposa)

GUÍA DE PUNTAJE
Calcula tu puntuación con ayuda de la tabla:

1	**10**	**19**
a) 2, b) y d) -2, c) 0	a) y b) 0, c) 2, d) -2	a) y b) 0, c) -2, d) 2
2	**11**	**20**
a) 2, b y c) 0, d) -2	a) -2, b) 2, c) y d) 0	a) -2, b) y c) 0, d) 2
3	**12**	**21**
a) y b) 1, c) 2, d) -2	a) -2, b) y d) 0, c) 1	a) 2, b) y c) 0, d) -2
4	**13**	**22**
a) -2, b) y c) 1, d) 2	a) 2, b) y d) 0, c) -2	a) y c) -2, b) 2, d) y f) 1
5	**14**	**23**
a) 0, b) y d) -2, c) 2	a) -2, b) 2, c) y d) 0	a) y c) 1, b) 0, d) 2
6	**15**	**24**
a) 0, b) y c) -2, d) 2	a) -2, b) y d) 1, c) 2	a) y b) 1, c) 0, d) 2
7	**16**	**25**
a) y d) 0, b) 2, c) -2	a) 2, b) y c) 0, d) -2	a) y b) -2, c) 2, d) 1
8	**17**	
a) y b) 0, c) 1, d) -2	a) y b) 1, c) -2, d) 2	
9	**18**	
a) y b) -2, c) 0, d) 2	a) y b) 0, c) 2, d) -2	

Si tienes 40 o más puntos... ¡Felicidades! Eres totalmente mexicano, conoces bien los símbolos que caracterizan tu nación y seguramente celebras México junto a tus estrellas favoritas. Sabes, junto con Juan Gabriel, lo que es el "orgullo de ser mexicano".

Si tienes de 20 a 39 puntos... Ahí la llevas. Si lees con más atención tus libros de texto gratuito, pronto podrás participar en *100 mexicanos dijeron* o ser comentarista en los noticieros de Televisa.

Si tienes de 10 a 19 puntos... Lo siento. Se ve que eres un inmigrante o un malinchista. *Shame on you!*

9 puntos o menos... ¿En dónde naciste? *Speak Spanish? Gringo go home!*

44

Actividades de investigación

1. Diseña tu propio sombrero charro. Utiliza la mayor cantidad posible de lentejuelas, borlitas y recuerda que el terciopelo negro es importante.

2. Haz una lista de las 10 principales humillaciones de la historia nacional (sin contar el futbol) y envíalo por correo electrónico a la clase política e intelectual (sobre todo a escritores en búsqueda de un tema innovador).

3. Organiza una competencia dividiendo al grupo en 3 equipos. El equipo 1 debe presentar el mejor grito tipo Independencia; el segundo, el mejor grito de mariachi; y el tercero, el mejor grito de ¡a la huelga!

Preguntas para discusión

1. Crees que la raza cósmica es producto de:
   a) India violada y español violador
   b) Asteroide enamorado y planeta receptor
   c) El matrimonio entre Lucerito y Mijares

2. La famosa expresión "para que te digo que no, si sí", ¿es válida también a la inversa? (para que te digo que sí, si no)

3. Si "mexicanos al grito de guerra" fuera una orden (por ejemplo, ir a retomar Texas), ¿qué tan mexicano te sentirías?

4. Cuando oyes "México lindo y querido" quieres:
   a) Tomar tequila
   b) Llorar
   c) Cambiarle de estación

5. ¿A quién discriminas con mayor entusiasmo?
   a) Indígenas
   b) Mujeres
   c) Homosexuales
   d) Extranjeros

¿No tenían malvaviscos?

CAPÍTULO II

México de hace mucho a 1910:
águilas, serpientes, vírgenes y ángeles

1. Los mexicanos primitivos o "los mexicanos de siempre"

EL HOMBRE EN AMÉRICA

Hace muchos siglos no había seres humanos en América. Se cree que grupos de polleros hicieron pasar ilegalmente a cientos de cavernícolas por el estrecho de Bering y muchos perecieron a causa del frío. Algunos sabios opinan que hombres de Polinesia llegaron a sus costas en piraguas *made in Singapur,* y otros afirman, con mayor consistencia, que los americanos son descendientes de extraterrestres cuya apariencia era semejante a la de los Gigantes de Tula.

Fig. II.1. El llamado Hombre de Tepexpan.

EL *HOMO MEXICANENSIS*

Los primeros habitantes de América eran salvajes, por lo que hubiera sido lógico que se asentaran en Nuevo Laredo. Pero un folleto turístico les advirtió sobre las hermosas playas (todavía no contaminadas) del sur del continente y hacia allí dirigieron sus pasos. Su viaje hasta Acapulco y Cancún duró cientos de años. Algunos se asentaron en el norte, donde las familias originales establecieron los primeros cárteles. La mayoría, en cambio, prefirió avanzar hacia el centro y el sureste del país. A la fecha, sus descendientes directos siguen gobernando regiones como Puebla, Tabasco, Veracruz y Quintana Roo de manera ininterrumpida.

Fig. II.2. Tribus ancestrales. En las selvas del sureste mexicano los antropólogos han encontrado descendientes directos de los antiguos pobladores del continente. Su forma de vida sigue siendo la misma. Todavía practican sacrificios humanos, actualmente llamados desafuero.

Fig. II.3. Vivienda de interés social del *homo chilanguensis*. Este conjunto arquitectónico fue descubierto en el año 2000 y pertenece al periodo posclásico. Entre los objetos encontrados en su interior figuraban pancartas, espectaculares, *grafitti* y boletas electorales sin usar.

Fig. II.4. Asamblea precolombina. Fue encontrada una pintura rupestre, parecida a la aquí mostrada, en las excavaciones realizadas en el antiguo Templo de San Lázaro.

EL *HOMO CHILANGUENSIS*

La hermosa tierra mexicana era un paraíso dotado con un clima delicioso. La vida fácil, que muchos años después sería recreada por gobiernos populistas, hizo que se desarrollaran varias tribus. Una de ellas descubrió el valle de México y comenzó a imaginarse grandes ejemplos de obra pública que podrían construirse en uno, dos y hasta tres pisos. Había lugares pedregosos con cuevas para guarecerse. En ellas se instalaron los primeros pobladores del valle de México.

ORGANIZACIÓN POLÍTICA Y RELIGIOSA

Los habitantes del valle de México tenían una cultura muy elemental; eran cazadores, recolectores, y desconocían los beneficios de la vida sedentaria. Para tomar decisiones los sabios se reunían en asambleas. Sus miembros viajaban sin tregua y, gracias a la abundancia de recursos y a la explotación de otras tribus, vivían existencias plácidas y tranquilas, rodeados de riquezas (patrocinadas por el erario). Según los expertos, el canibalismo era una práctica común.

2. El señorío azteca o "nuestros padres fundadores"

Entre los primeros pueblos que habitaron el territorio que hoy ocupa México, se pueden nombrar olmecas, mixtecas, zapotecas, chichimecas, jipitecas, imecas, mayas y los más recordados: aztecas y tabasqueños.

Los aztecas estaban destinados a dar sustento a la heroica identidad mexicana. Ellos provenían, según parece, de un centro vacacional cercano a Nuevo Vallarta, llamado Aztlán o Aztatlán o Aztatatatlán, pero ellos preferían denominarse a sí mismos como culhuas-mexicas o, en su dialecto, chingones.

Entonces, uno de sus dioses, el fiero Huitzilopochtli, les dijo que debían salir de aquella región y caminar y caminar hasta la tierra prometida (cualquier similitud con la Biblia es mera coincidencia, sólo que a este pueblo lo eligieron para estar cerca de Estados Unidos y lejos de Dios). Así pues, los aztecas iniciaron la tradición mexicana de la marcha de protesta.

En el camino hacia la prometida Tenochtitlan, los aztecas atravesaron los actuales estados de Jalisco, Michoacán y Querétaro, instalándose en San Juan del Río, donde aún hoy es posible ver restos de los puestos de gorditas que administraban a la vera del camino.

Fundación de Tenochtitlan

La historia oficial

El dios Huitzilopochtli, guerrero y sanguinario, le dijo a los aztecas que encontrarían su lugar de residencia cuando viesen la señal de un águila sobre un nopal, devorando una serpiente. El hallazgo se produjo en una isla del lago de Texcoco, donde edificaron su ciudad, llamada Tenochtitlan en honor a Tenoch, uno de sus primeros gobernantes.

La verdad

Los mexicas eran mercenarios al servicio de otra tribu, los culhuas. A cambio de sus servicios, le concedieron la libertad a ocho mil aztecas, no sin antes cortarles las orejas. El señor de Culhuacán los recibió y ayudó a establecerse en Mexicatzingo entregándoles una doncella para que la adoraran. Con la astucia que nos han heredado, los aztecas desollaron viva a la joven. Cuando el señor de Culhuacán descubrió su crimen, ordenó perseguir a los aztecas, quienes se refugiaron en una isla plagada de nopales y serpientes. Es poco probable que un águila real se parase por allí.

Fig. II.5. Tenochtitlan en 1520.

¿Sabías que...

...según la mitología azteca, el sol y, con él, la humanidad, han sido destruidos ya cuatro veces: crisis de 1976, crisis de 1982, crisis de 1988 y crisis de 1994? Los antropólogos sospechan que estamos en vísperas de la llegada de un nuevo ciclo destructor, al que han bautizado con el nombre de Pejelagarto.

Fig. 11.6. Figurilla de barro. Representa a Chayoquetzal, diosa del amor entre los contratistas argentinos.

Fig. 11.7. Tezcatlipoca, dios de la guerra.

Nombre	TEZCATLIPOCA "Espejo humeante"	QUETZALCÓATL "Serpiente emplumada"	HUITZILOPOCHTLI "Colibrí del sur"	TLÁLOC "El que está hecho de tierra"
Dios de...	Dios universal, patrono de los imperialistas y los conquistadores, el que todo lo sabe y todo lo oye. No es dios para los habitantes del "eje del mal".	El viento. Animador de llamaradas de petate durante su fugaz paso por la política. Dice que algún día regresará (esperemos que no).	La guerra. Profeta del pueblo priista, posee el don de la mentira y la traición.	La lluvia. Con gran iniciativa para provocar tormenta o sequías dentro del PAN.
Características	Enemigo de sus enemigos. Se dice que emborrachó a Albert Gore para conseguir su victoria electoral en Florida.	Las intrigas de Quetzalcóatl hicieron que los habitantes le perdieran el respeto y la veneración. Huyó al Palacio de Hierro, donde actualmente se dedica a vender dados cargados para casinos.	Tanto Carlos Salinas de Gortari como Carlos Hank González alegan la paternidad de esta deidad. No se sabe con certeza cuál de ellos la tiene.	Dejó a Chalchiutlicue para casarse con una diosa más joven y bella, a quien le construía carreteras para demostrarle su amor.
También conocido como...	Bushitupoca.	El chico "totalmente palacio".	Huitzimadrazo.	El jefe Diegotzin.

Fig. ll.8. "No, no te la comas. Es nuestro rayo de esperanza."

XIPE TOTEC "Hombre desollado"	COATLICUE "La de la falda de serpientes"	XOCHIQUETZAL "Flor hermosa, pluma de quetzal"	TONATIUH "El que va alumbrando"
Secundario de la agricultura, relacionado con las presidencias fracasadas.	La Tierra. Es la madre de todas las estrellas ambiciosas del canal *idem.*	Reina de la flor que gira al sol y, posteriormente, del amor.	El sol azteca.
Gran pecador, se retiró a Almoloya donde se entregó a actos de penitencia. Hace algunos meses salió de ahí.	Madre de varios hijos incómodos. Alega haber dado vida a Vicente Fox.	Patrona de las mujeres de conducta dudosa. Obtuvo su nuevo título de diosa del amor tras ser raptada por el dios Ahumadácatl.	Está representado por la teoría del complot, disco solar del calendario azteca.
El hermano incómodo.	Martitatlicue.	Chayoquetzal.	"El dioj del jol."

LOS SEÑORES AZTECAS

Acamapichtli

Primer *tlatoani* o jefe de gobierno de Tenochtitlan. Durante su mandato se remodeló el centro histórico y se construyó el segundo piso del acueducto Chapultepec-México, que hasta la fecha no ha sido terminado.

Chimalpopoca

Tercer *hüey tlatoani* de Tenochtitlan, hijo de Carlos Madrazo y nieto del "señor de los cielos". Poco se sabe de él pues fue desaforado.

Itzcóatl

Elegido *tlatoani* en medio del desconcierto ocasionado por el fraude electoral y los excesivos gastos de su campaña, los cuales fueron avalados por el Tribunal Federal Electoral de la Cuarta Chinampa.

Tlacaélel

Sacerdote y consejero principal de Itzcóatl, Motecuhzoma Ilhuicamina y Axayácatl, se le considera el primer intelectual orgánico de México. Era la eminencia gris tras el trono. Reescribió toda la historia antigua de los aztecas. Dirigía una escuela de sacerdotes llamada *Nexosin*.

FIG. II.9. Cuchillo sacrificial. Utilizado para sacrificar a la doncella Elbitzín.

Motecuhzoma Ilhuicamina

Hüey tlatoani a partir de 1440. Dio la orden de comenzar el proyecto "México siglo XX". Expandió su casa de fin de semana a los actuales estados de Morelos, Guerrero, Oaxaca y Veracruz. Aconsejado por su esposa también remodeló su rancho.

FIG. II.10. Baraja utilizada por los conquistadores para ponerle precio a los distintos caudillos aztecas.

Axayácatl

Siguió el modelo de gasto público de su predecesor y encarceló al hermano de Motecuhzoma Ilhuicamina. Durante su poderío construyó una réplica del Partenón en una playa privada.

Tizoc

Tlatoani que, según la leyenda, rencarnó en Pedro Infante. Fue asesinado por sus cortesanos. Su tumba es venerada por miles de *fans* cada año.

Motecuhzoma Xocoyotzin

"Elegido" como *hüey tlatoani* en 1502. Fue informado de la llegada de hombres blancos y barbados a las costas de la actual Veracruz y les dio la bienvenida pensando que era el equipo de mercadotecnia de Coca Cola. Haciendo honor a la típica hospitalidad mexicana, invitaron a los güeros a comer Miguelitos con chamoy. Éstos asumieron que el saludo tradicional "está usted en su casa" era auténtico y se apoderaron del mercado nacional de bebidas. Como los extranjeros se acabaron también los Pulparindos, Motecuhzoma fue mortalmente apedreado como mujer nigeriana infiel.

Cuitláhuac

Poco se puede añadir de un héroe cuyo nombre significaba excremento seco. Debido a su falta de anticuerpos murió de viruela en 1520.

Cuauhtémoc

Héroe de la resistencia contra los españoles invasores. Para castigarlo, Cortés decidió quemarle los pies y le puso un maleficio según el cual ninguno de sus tocayos podría ser presidente de México. Entonces pronunció su célebre frase —que inaugura una larga serie de citas relacionadas con la derrota de los mexicanos frente a los extranjeros—: "¿Acaso estoy yo en un lecho de rosas?"

FIG. 11.11. Cuauhtémoc, as de la baraja de los conquistadores españoles.

DATO CURIOSO

El término *hüey tlatoani* ha sobrevivido hasta nuestros días, aunque con un mínimo cambio ortográfico. Es común que los mexicanos lo utilicen con frecuencia como muestra de respeto, en formas como "¿te cae, güey?" o "me vale madres, güey".

Fig.II.12. *Códice Bejaranensis*. Folio 7 del libro III. Este códice retrata las costumbres administrativas de los antiguos mexicas. En este detalle puede advertirse la ceremonia conocida como "mordida", pues al parecer, después de recibir sus prebendas los funcionarios aztecas debían demostrar su valor recibiendo la mordida de una serpiente de cascabel.

JUEGO DE PELOTA

Este ritual ancestral era mucho más que una práctica recreativa y deportiva para el pueblo prehispánico. Su influencia política y económica lo convertía en el centro de la esfera de poder. Prueba de ello es la trascendencia e importancia de dicha práctica hasta nuestros días, cuyos principales exponentes, los guerreros águila y chiva, continúan con su disputa legendaria.

"...y el que metía la pelota por allí ganaba el juego, no jugaban con las manos, sino con las nalgas herían la pelota."

Fray Bernardino de Sahagún,[1] *Historia general de las cosas de la Nueva España.*

1 Tatara-tatara-abuelo de Martha Sahagún.

54

Horizontales

1. Principal centro de intercambio comercial en Tenochtitlan donde se utilizaba el trueque y métodos afines para realizar transacciones.
2. Animal sagrado de gran veneración para el pueblo azteca.
3. Carruaje real; tuvo su auge durante el reinado de Motecuhzoma Xocoyotzin (no es el Papamóvil).
4. Método mediante el cual los nobles aseguraban el buen comportamiento de sus súbditos.

Verticales

1. Nombre otorgado al sacerdote encargado de realizar sacrificios humanos.
2. Ejército valeroso, encargado de restaurar el orden en el pueblo.

SOLUCIÓN

FIG. II.13. Penacho de Moctezuma™. En realidad no se trata de un penacho y no perteneció a Motecuhzoma Xocoyotzin, pero eso no importa. De todos modos exigimos su inmediato regreso a México, así sea hecho cachitos, pues actualmente se encuentra en el Museo Etnológico de Viena, que no autorizó su reproducción.

3. La conquista o "ay, qué dolor, qué dolor, qué pena..."

1521 es el *Annus Terribilis*, año fatídico, el año de todos los dolores, el año maldito. En ese año todos los mexicanos fuimos saqueados, violados, maltratados, torturados y asesinados por los &@=;$#"*/! conquistadores españoles, con los que por supuesto —Dios nos proteja— no tenemos nada, pero nada que ver.

Todo empieza, sin embargo, un poco antes: en 1492, un extraviado navegante de origen incierto se topa por casualidad con una isla en medio del Atlántico y cree que ha descubierto un nuevo camino ¡a las Indias! Que alguien pueda confundir un miserable islote de las Bahamas, habitado por unas pobres criaturas casi desnudas y nada civilizadas —a partir de entonces conocidas, claro, como indios— con los descendientes de los vedas *y el Ramayana*, habla ya del nivel cultural de nuestro navegante.

La importancia de este episodio —pomposamente llamado "descubrimiento de América", luego "encuentro de dos mundos" y por fin, para evitar susceptibilidades, "lo que pasó en 1492"— ni siquiera le ganó la oportunidad de bautizar al nuevo continente con su nombre, el cual ya hemos olvidado.

Fig. II.14. Hernán Cortés. Responsable de la muerte de al menos cinco millones de personas (pero, como eran indios, no tienen su Museo del Holocausto en cada ciudad).

Poco después, en 1517, el gobernador de la isla de Cuba, Diego de Velázquez, organiza una expedición al mando de Francisco Hernández de Córdoba en busca de las regiones pobladas de allende la mar océano. Fue el piloto Antón de Alaminos el responsable del descubrimiento de la península de Yucatán, y por tanto de México. Siendo justos, habría que rebautizar a nuestro país como Alaminia, pero suena mucho a Alemania y con esos tampoco queremos tener nada que ver.

Entre 1517 y 1520 se llevan a cabo otras expediciones al continente, pero no es sino hasta que el malvado, perverso, tiránico, siniestro, maléfico, avieso, inicuo, ruin e infame Hernán Cortés emprende su viaje hacia las costas de la actual Veracruz, que se inician las seculares desventuras del heroico y sufrido pueblo mexicano.

Hernán Cortés (que por una razón inexplicable los gringos escriben Cortez) es uno de los personajes más paradójicos de la historia mexicana. Se dice que mientras unos lo odian, otros lo admiran. No es cierto: en la última encuesta sobre su popularidad, 99.91% de los mexicanos lo consideran un "hijo de la chingada" [sic], aunque en realidad ese calificativo le convenga mejor a los encuestados. Otro 0.999% lo considera de modo más apropiado un "hijo de puta", y el 0.001% restante corresponde a la opinión personal del historiador Enrique Krauze, a quien sólo le parece "contradictorio".[2]

---

2 Encuesta telefónica realizada a 87 millones de mexicanos. Margen de error ± 76 por ciento.

> *Pero lo que yo quiero aquí ponderar y encarecer es que parece, sin duda, haber elegido Dios a este Fernando [sic] Cortés, para abrir, por industria suya, la puerta de esta gran tierra de Anáhuac y hacer camino a los predicadores de su Evangelio en este Nuevo Mundo, donde se restaurase y recompensase a la Iglesia Católica, en la conversión de las muchas ánimas, que por este medio se convirtieron, la pérdida y daño grande que el maldito Lutero había de causar en la misma sazón y tiempo en la antigua cristiandad...*

Fray Juan de Torquemada, texto del *Primer informe de gobierno*.

Hernán Cortés

La historia oficial	La verdad
• Era el prototipo del gachupín.	• Era el prototipo del gachupín.
• Era astuto y sanguinario.	• Era astuto y sanguinario.
• Sólo buscaba su provecho personal.	• Sólo buscaba su provecho personal.
• Violó a la Malinche.	• La Malinche lo violó a él.
• Lloró en el árbol de la Noche Triste.	• Jamás desprendió una lágrima.
• Se construyó un palacio en Cuernavaca.	• Se construyó un palacio en Cuernavaca.

Además de ser el conquistador de México, a Hernán Cortés correspondió también el mérito de inaugurar otra pasión mexicana: la "casa chica".

Igual que muchos de sus descendientes, Cortés no sólo tenía dos familias, una en España y otra en México, sino que, demostrando su desprecio hacia el Registro Único de Población, decidió bautizar a los hijos de ambas con el mismo nombre: Martín Cortés y Martín Cortés.

La Malinche, también conocida como Malintzin, Marina o —según Octavio Paz— La Chingada, es el otro personaje contradictorio por antonomasia de la historia mexicana. Especie de Eva traidora —las mujeres, siempre las mujeres—, se entregó al maldito gachupín Hernán Cortés y lo ayudó a vencer a sus hermanos. Se le considera madre de todos los mexicanos —de ahí expresiones como "chinga a tu madre", etcétera[3]—, por más que los últimos análisis de ADN no han logrado emparentarla más que con 23% de la población actual del país. Se le venera también como santa patrona de los traductores y los mexicanos que trabajan en Hollywood.

FIG. II.15. Malintzin o Marina con su típico atuendo prehispánico.

---

3 Según Octavio Paz.

PETICIÓN DE HERNÁN CORTÉS A CARLOS V

Por la relación que ahora envío verá Vuestra Majestad la solicitud y diligencia que yo he puesto en descubrir y conquistar los territorios de México, y como gracias a Nuestro Señor he logrado cumplir esta empresa, lo cual puede tener Vuestra Alteza como uno de los servicios más grandes que en las Indias se han hecho, tengo a mi bien solicitarle que, en mínima compensación por tan altos servicios, y si Vuestra Majestad así lo considera, pedirle que me sea enviado a la brevedad posible, desde las regiones de la España que Vuestra Alteza tan bien gobierna, un cargamento de chorizos y jamones de jabugo, que en estas tierras los indios no conocen tan alta maravilla y se conforman con mascar una pasta insípida a la que llaman jamón de York...

Fragmento de la *Tercera carta de relación*, de Hernán Cortés, 15 de mayo de 1522.

Los cronistas eran los encargados de narrar por televisión las luchas entre los conquistadores españoles y los defensores indígenas. El primer gran *match* registrado fue el duelo entre *Kid* Cortés y el *Piesquemados* Cuauhtémoc, que se saldó con la derrota del segundo. Desde entonces, Cortés se coronó como campeón de los dos mundos y capitán general de la Nueva España.

ÚLTIMO ROUND

Y entonces como al capitán Hernando Cortés parecióle que por ventura el Cuauhtémoc jalábale los cabellos con inusual fortaleza y haciéndole dar grandes gritos y voces, y en teniendo ansí en cuenta sus cuitas y dolores propios que el otro le hacía, diciendo mal dél empinóle un puntapié en sus partes, provocando que en las tribunas sonasen a vuelo los sacabuches y dulzainas y chirimías y el grande entusiasmo de sus partidarios. El indio mejicano no hízole caso demasiado a sus angustias y, en demostrando alto valor y enorme entereza, hizo entonces cosa maravillosa y propinóle a don Hernando tremendo bofetón entre mejilla y boca, haciéndole saltar los muchos dientes y sangrándole las encías que muy doloridas tenía ya desde el round previo. E dejemos de hablar del fator de estas blandas y delicadas palabras, y diré entonces cómo nuestro alto capitán, el don Hernando, no dejóse amilanar por el indio mejicano y, llamando en su protección y auxilio a dos de sus muchos subordinados, entre todos pasáronle encima de todo el cuerpo y no le dejaron hueso intato, de tantos golpes y palos que le dieron hasta hacerlo perder las mientes, aún ansí el Cuauhtémoc siguió provocando más la ira del señor capitán Cortés. Y quiero decir aquí que a esta causa don Hernando ya no controló más sus impulsos y, al término de la trabajosa jornada, cuando ya el indio mejicano y él llevaban nueve rounds dando que dando, ordenó a sus hombres amarrar al indio, y entonces quemóle las plantas de los pies y en esto haciendo el réferi declaró el justo knock out técnico. ¡Viva don Hernando Cortés, campeón welter de la FMB!

Fragmento de *La historia verdadera de la conquista de la Nueva España*, de Bernal Díaz del Castillo, transmitida naturalmente en exclusiva por TV Azteca.

4. La Colonia o "no nos acordamos de nada"

Aunque el periodo conocido como Colonia o Virreinato duró tres siglos exactos, más de un siglo que el señorío azteca, los mexicanos actuales no consideran que haya pasado nada relevante en este tiempo. Según los manuales de historia oficial, se trató de una época de injusta dominación extranjera, donde los malditos gachupines se dedicaron a vejar una y otra vez a los pobres y nobles indígenas y a violar a sus pobres y cuscas mujeres. (Según la opinión mayoritaria, ellas provocaban a los conquistadores con sus cortos y sensuales huipiles.)[4]

Sin embargo, la época colonial nos heredó algunos beneficios:

- **El español**: que se convirtió en la lengua oficial del país, hablada por 94% de la población (el otro 6% de todos modos no cuenta). Sin embargo, el típico ingenio del mexicano logró transformar este instrumento de dominación en una creación propia.
- **El derecho**: de origen romano, implantado en México desde tiempos de la Colonia, y que permite a los mexicanos violarlo sistemáticamente.
- **La religión católica**: usada desde épocas coloniales para justificar la existencia del *statu quo* y la resignación de los bienaventurados pobres.
- **Las corridas de toros**: ceremonia primitiva en que se hace sufrir a un animal sólo por diversión, pero que otorga a los mexicanos uno de sus grandes orgullos: tener la plaza de toros más grande del mundo.
- **La burocracia**: legada a los mexicanos como uno de los supremos bienes.
- Y, aproximadamente, **857 000 iglesias coloniales o neocoloniales**, repartidas a lo largo y ancho de todo el país.

4 Prenda de vestir de origen prehispánico que ya sólo utiliza Beatriz Paredes.

> **ALGUNOS EJEMPLOS DEL ESPAÑOL EN MÉXICO**
>
> - "¿Qué onda, güey?", en vez del hispano: "¡Joder, tío!"
> - "¡No mames!", en vez del hispano: "¡Joder!"
> - "¡Está cabrón!", en vez del hispano: "¡Joder!"
> - "¡Cómo chingas!", en vez del hispano: "¡Cómo jodes, joder!"

Fig II.16. Mapa de México durante la época colonial. La región iluminada de color rosa mexicano representa la zona controlada por el conquistador don Carlos de Slim (la verde y la amarilla también).

LO QUE MÉXICO LE DIO AL MUNDO	LO QUE EL MUNDO DIO A MÉXICO
Las tortillas de harina.	La viruela.
El *chili* con carne.	La sífilis.
Las chimichangas.	La gonorrea.
Los burritos.	Las enchiladas suizas.

Entre los acontecimientos más relevantes que se produjeron en México durante la época colonial —y en realidad uno de los hechos más relevantes de la historia de todos los tiempos— fue la aparición de la Virgen de Guadalupe™ al indio Juan Diego. La Virgen de Guadalupe™ se ha convertido desde entonces en el mayor símbolo del pueblo mexicano, superior incluso a la bandera, al escudo, al himno o a Hugo Sánchez.

La leyenda es como sigue: el humilde, piadoso e inexistente indio Juan Diego va de paseo por el cerro del Tepeyac cuando "la Virgen se le aparece"[5] y le pide que vaya con el obispo de México. Cuando el humilde, piadoso e inexistente indio Juan Diego llega con el obispo —¡ooooohhhhh!— en su tilma[6] se halla impreso el retrato de la Virgen morena. Los teólogos no han podido ponerse de acuerdo sobre si la capacidad de broncearse y despintarse de la Virgen debe ser considerada un acto de fe.

Al parecer, la humildad y la piedad del indio Juan Diego superaron por mucho su inexistencia porque, en un proceso ejemplar, sólo cuatro siglos después de no haber vivido, S.S. Juan Pablo II (†) decidió canonizarlo, por lo cual ahora todos debemos llamarlo, respetuosamente, el indio san Juan Diego™. Hace unos años el gran científico español J.J. Benítez descubrió que, si se observan detenidamente los ojos de la Virgen de Guadalupe™, es posible reconocer la figura de Luis Donaldo Colosio.

El único otro personaje de la época colonial que merece ser recordado es mujer: sor Juana Inés de la Cruz, conocida por sus cuates como Juana de Asbaje, una de las más grandes poetas —no poetisas, por favor— de todos los tiempos. No obstante, aunque ella sí existió, S.S. Juan Pablo II (†) nunca se interesó en canonizarla. En cambio, fue brutalmente censurada por su confesor y desde entonces decidió no volver a escribir más.

5 Desde entonces la expresión: "Se te aparece la Virgen", muestra la profunda fe de alguien, o su adicción a estupefacientes.

6 Prenda de ropa de origen prehispánico que ya sólo utiliza Beatriz Parédes.

Aunque la mayor parte de las vírgenes se hicieron presentes entre los siglos XVI y XVIII (Guadalupe, Zapopan, Juquila, Ocotlán, etcétera), nuestro país es tan fértil que los brotes de milagros se suceden hasta nuestros días, como la virgen del metro y la del árbol. Averigua en tu comunidad cuál fue la última aparición del mes y coméntala con tus compañeros.

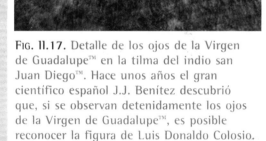

FIG. 11.17. Detalle de los ojos de la Virgen de Guadalupe™ en la tilma del indio san Juan Diego™. Hace unos años el gran científico español J.J. Benítez descubrió que, si se observan detenidamente los ojos de la Virgen de Guadalupe™, es posible reconocer la figura de Luis Donaldo Colosio.

Todos los chiquillos y todas las chiquillas en las escuelas y colegios mexicanos aprenden sus famosos versos:

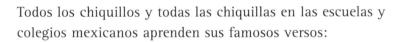

Hombres necios que acusáis
a Rosario sin razón
sin ver que sois la ocasión
de la Ahumada que juzgáis.

La institución por excelencia de la época colonial fue la Santa Inquisición, piadoso tribunal que se encargaba de velar por la rectitud, la moral y el cristianismo de los habitantes de la Nueva España. Se sabe que los dirigentes panistas Carlos Abascal y Diego Fernández de Cevallos han presentado una iniciativa de ley en el Congreso para restablecer tan útil y necesario tribunal.

FIG. 11.18. Sor Juana Inés de la Cruz. Único retrato conocido de sor Juana sonriendo.

La sociedad novohispana se formó de la combinación de diferentes razas: blancos, indios y negros. A los diferentes resultados de esta mezcla se les conoció como castas, cada una con un nombre diferente. Elige de la columna derecha el nombre que corresponda a la palabra o frase de la izquierda.

AMLO	Ahí te estás
Vicente Fox y Martha Sahagún	Albino
Demetrio Sodi	Cambujo
Arturo Montiel	Coyote
El Niño Verde	Cuarterón
Cuauhtémoc Cárdenas	Cholo
Roberto Madrazo	Galfarro
Alberto Cárdenas	Grifo
Francisco Labastida	Jarocho
Beatriz Paredes	Limpio
Diego Fernández	Lobo
Arturo Montiel	No te entiendo
Santiago Creel	Rayado
Miguel Alemán	Saltapatrás
El Subcomandante Marcos	Tente en el aire
Elba Esther Gordillo	Tercerón
Jorge Castañeda	Zambo

¿Sabías que...

...la Nao de China iba de Acapulco a Manila? Este puerto inauguró el intercambio comercial centenario entre la Nueva España y China. Hasta este momento China sigue exportando a México productos típicos orientales como banderas tricolores™, tequila™, nopales enlatados™, enchiladas de microondas™, huipiles™ (para Beatriz Paredes), piñatas™, baleros™, trompos™, cacahuates japoneses, y hologramas de la Virgen de Guadalupe™.

5. La Independencia o "cómo gritar más fuerte"

Dicen que fue en una borrachera en que jugaban póquer doña Josefa y sus amigos, que a uno de ellos, el cura don Miguel Hidalgo y Costilla, se le ocurrió la brillante idea de "liberar a los indios". Pero en el México colonial había indígenas, negros, mulatos, criollos, saltapatrases, cambujos, etcétera, y era muy difícil definir quiénes eran exactamente "los indios". El cura se vio entonces obligado a declarar la independencia de todos "los mexicanos". Y la Independencia fue un éxito. Ya nunca más volvimos a necesitar que algún país nos prestara fondos ni nos heredara su tecnología arcaica ni nos dijera cómo ser gobernados. Además de todo, la división de clases siguió intacta, con un folclórico sesgo étnico. Cabe destacar que, desde entonces, cada año, el 15 de septiembre hay puente, borrachera y, por si fuera poco, un penoso desfile en las calles de la capital. "¡Miren! Tenemos tres aviones, dos tanques y cien soldaditos. ¿Ningún país interesado en atacarnos? Narcotraficantes, ¿ni ustedes?"

En resumidas cuentas, Miguel Hidalgo lanzó el grito de batalla que a partir de entonces se convertiría en lema del país:

Vamos a coger gachupines.
¡Viva la religión católica!
¡Viva Fernando VII!
¡Viva la patria y reine por siempre en este
continente americano nuestra sagrada
patrona, la santísima Virgen de Guadalupe™!

Los guardianes de la tradición aún lamentan que, en la ceremonia que los presidentes mexicanos llevan a cabo tradicionalmente desde entonces, se hayan olvidado tan sabias y justas palabras y hayan terminado por sustituirse por expresiones menos patrióticas, como:

¡Viva Hidalgo! (él jamás lo hubiese consentido),
¡Vivan los Niños Héroes! (que no existieron),
¡Viva Zapata! (anacrónico),
¡Viva el tercer mundo! (desliz echeverrista),
¡Viva Milton Friedman! (en épocas salinistas),
¡Viva la Virgen de Guadalupe™!
(otra vez con Vicente Fox).

FIG. II.19. Hidalgo gritando: "¡Viva la Virgen de Guadalupe™!"

63

La realidad es que cada mandatario impone su sello en la festiva ceremonia que se lleva a cabo en todas las plazas públicas del país. Ya se especula sobre lo que gritarían los candidatos presidenciales del 2006 en caso de ganar:

- Roberto Madrazo: *¡Viva Salinas de Gortari!*
- Felipe Calderón: *¡Viva Castillo Peraza!*
- Andrés Manuel López Obrador: *¡Viva el Pejjjje!*

Seguido por una turba de indígenas y algunos criollos rebeldes, Hidalgo logró derrotar a las fuerzas realistas en varias plazas y avanzó hacia la capital del país. Inexplicablemente se detuvo en Cuajimalpa a comer unos taquitos y no se atrevió a tomar el Paseo de la Reforma, acaso asustado ante la perspectiva de los embotellamientos hasta el Zócalo. Hidalgo se replegó hacia Guadalajara, la orgullosa capital de la Nueva Galicia, donde esperaba incorporar el apoyo de la porra de las *Chivas*.

Las fuerzas insurgentes fueron derrotadas en la batalla de Puente de Calderón, inaugurando la serie de heroicas derrotas que tanto gusta conmemorar a los mexicanos. Hidalgo y Allende huyeron hacia Estados Unidos, pero fueron sorprendidos por la migra en las inmediaciones de la Acatita de Baján, donde fueron detenidos el 21 de marzo de 1811.

Fueron llevados a Chihuahua, juzgados por infidencia, traición, faltas a la moral y por abrir un camino al hospital ABC, por lo que fueron ejecutados el 30 de junio en El Encino. Para evitar que reincidieran, los realistas les cortaron la cabeza y las exhibieron en jaulas en la Alhóndiga de Granaditas, donde años después Martha Sahagún —la Salomé de Celaya— pediría la cabeza del señor López.

CAUDILLOS DE LA INDEPENDENCIA				
	HIDALGO	**ALLENDE**	**ALDAMA**	**LA CORREGIDORA** **EL PÍPILA**
Virtud	Gran voz, guadalupano.	Amigo de Hidalgo.	Amigo de Allende.	Buenas galletas, buen té. Espalda ancha.
Debilidad	Mal estratega.	Mal estratega.	Mal estratega.	Mal café. Ninguna.
Mencionado en el "Grito"	√	√	√	X X
Dato curioso	Al sexto año de gobierno se le llama "año de Hidalgo" en su honor.	Ninguno.	Ninguno.	¿Y el Corregidor? No existió.

A la muerte de Hidalgo, la segunda etapa de la Independencia es encabezada por don José María Morelos y Pavón, uno de los personajes más fascinantes —esta vez es en serio— de toda la historia mexicana. Sacerdote como Hidalgo, alumno suyo en el seminario de San Nicolás, este oriundo de Valladolid —hoy Morelia— no sólo derrotó varias veces a los realistas, incluso los humilló durante el sitio de Cuautla, sino que se dio tiempo de reunir un congreso con representantes de todo el país —el Congreso de Chilpancingo— y animó la redacción de la primera constitución mexicana, el *Decreto constitucional de Apatzingán* (pomposamente llamado *Sentimientos de la nación*) y más tarde del *Manifiesto a las naciones*. A la fecha, no sabemos exactamente a qué sentimientos se refería.

FIG. 11.20. El inquisidor Onésimo Cepeda, obispo de Ecatepec.

Como suele ocurrir en la historia mexicana, el arrojo y la inteligencia de Morelos no lo salvaron: fue derrotado en Valladolid y Puruarán en 1814 y la guerrilla independentista fue aniquilada. Morelos fue detenido cuando escoltaba al Congreso itinerante de camino a Tehuacán —de aquí viene la práctica del "tehuacanazo"—, fue juzgado por la Inquisición, desprendido de su orden sacerdotal y fusilado en Ecatepec el 22 de diciembre de 1815.

Entre 1815, año de la muerte de Morelos, y 1820, la lucha por la Independencia se convierte en una guerra de guerrillas que apenas enturbia la vida virreinal. No es sino hasta 1821 cuando el traidor, malvado, odiado y despreciado ~~Agustín de Iturbide~~ reúne una poderosa armada para enfrentarse a los realistas, el llamado Ejército Trigarante, y entra victorioso a la ciudad de México, consumando así la Independencia. A la fecha, nos seguimos preguntando cómo el ruin de ~~Iturbide~~ pudo tener el descaro de consumar "nuestra gloriosa Independencia nacional". Eso más bien suena a compló...

FIG. 11.21. ~~Agustín de Iturbide~~, borrado de la historia oficial desde1823.

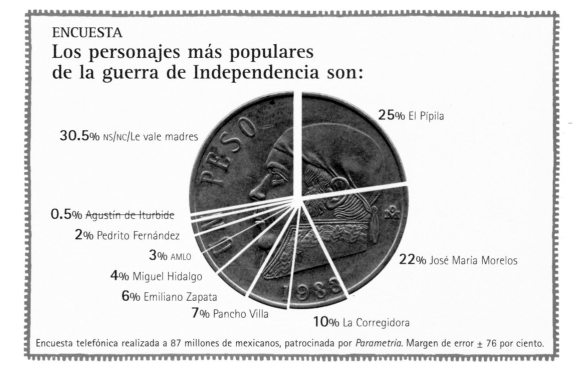

ENCUESTA
Los personajes más populares de la guerra de Independencia son:

25% El Pípila

30.5% NS/NC/Le vale madres

0.5% ~~Agustín de Iturbide~~

2% Pedrito Fernández

3% AMLO

4% Miguel Hidalgo

6% Emiliano Zapata

7% Pancho Villa

10% La Corregidora

22% José María Morelos

Encuesta telefónica realizada a 87 millones de mexicanos, patrocinada por *Parametría*. Margen de error ± 76 por ciento.

Cuestionario

Selecciona la opción correcta:

1. México se independizó de:
   a) Estados Unidos
   b) Estados Unidos
   c) Estados Unidos

2. El llamado "grito de la Independencia" fue dado por:
   a) Luis Miguel
   b) Vicente Fox
   c) Martha Sahagún
   d) El cura Hidalgo
   e) Ninguno de los anteriores
   f) Todos los anteriores

3. El cura Hidalgo fue derrotado por:
   a) El Mochaorejas
   b) El Chupacabras
   c) Carlos Salinas de Gortari
   d) Calleja
   e) Cuauhtémoc Blanco

4. La Constitución de Apatzingán fue promulgada en:
   a) 753 a.c.
   b) 1789
   c) 1994
   d) No se sabe
   e) Da igual

5. El Pípila cargó sobre sus hombros una losa que pesaba:
   a) Una tonelada
   b) Dos veces su peso
   c) 15 gr

6. México al fin alcanzó su independencia en:
   a) 2000
   b) 1988
   c) Nunca
   d) Jamás
   e) 2006
   f) ¡Hoy, hoy, hoy!

6. México independiente o "el siglo de los horrores"

Una sola cosa puede decirse del siglo XIX: fue un absoluto desastre. Todo lo malo que podía pasarle a un país, pasó: guerras civiles, levantamientos, intervenciones extranjeras, pérdidas de territorio, desorganización civil, injerencia de la Iglesia, corrupción, *Los bandidos de Río Frío*, caudillismo y, por si fuera poco, un indio oaxaqueño llegó a la presidencia. Lo sorprendente es que México haya logrado sobrevivir a este espantoso siglo.

En realidad, lo mejor que podría hacer el alumno o la alumna es olvidarse de esta malhadada época y pasar de una vez por todas a la Revolución mexicana, la cual no fue menos catastrófica, pero al menos sí un poco más divertida. Pero en vista de que los sesudos programas oficiales impiden saltarse un siglo así como así, será necesario recordar algunas cosas de esta espantosa época.

DESGRACIA 1

El primer imperio mexicano (1822-1823)

Al parecer a ~~Iturbide~~ le gustó mucho una pintura que representaba la coronación de Napoleón I y decidió comprarse una estola de armiño igualita, que hizo traer directamente de las galerías Lafayette.

Esta tendencia de los gobernantes mexicanos a imitar a los extranjeros siempre fue causa de problemas. ~~Iturbide~~ sólo pudo usar su adorada capa de armiño dos años, pues fue destronado por un antiguo guerrillero independentista que se hacía llamar, con suprema modestia, Guadalupe Victoria ("el primer rayo de esperanza").

BREVE ESTADÍSTICA DEL SIGLO XIX MEXICANO	
Imperios malogrados	2
Pronunciamientos	167
Levantamientos armados	203
Constituciones	13
Políticos asesinados	12 454
Generales muertos en combate	329
Intervenciones extranjeras	6
Pérdida del territorio	56%
Victorias militares	1
Préstamos malgastados	780
Novelas malas	88

DESGRACIA 2

La guerra entre liberales y conservadores (1823-2006)

A nadie debería importarle que un grupo de hombres adultos se reúna para disfrazarse y jugar a la roña, pero las logias masónicas mexicanas originaron los dos bandos que habrían de enfrentarse desde principios del siglo XIX: la logia de York dio lugar a los liberales (federalistas) y la escocesa a los conservadores (centralistas).

Si Dan Brown tiene razón, en realidad la Iglesia católica estaba detrás de ambas y fue la responsable de todos los males que le sucedieron a México desde entonces.[7]

FIG. 11.22. Fragmento original de la capa de armiño de ~~Iturbide~~.

7 *Vid.* Brown, *El código Da Vinci*, 237a edición, 2005.

DESGRACIA 3

Los pastelillos franceses (1838)

Sólo un país como México podría haber sido víctima de una guerra motivada por un pastelero francés, de apellido Ramontiel, a quien unos ladrones despojaron de sus productos durante uno de los incontables levantamientos armados de la capital. Las tropas francesas decidieron apoyar a su ilustre representante y exigieron un pago de 600 mil pesos de la época (¡qué caros pastelitos!). A la fecha, los historiadores siguen debatiendo si las pérdidas de Ramontiel fueron de *éclairs*, de *óperas*, de *croissants* o de simples *baguettes*.

FIG. 11.23. Escudos de liberales y conservadores.

FIG. 11.24. La pierna de ~~Santa Anna~~. En 1842 se llevó a cabo la ceremonia popular del enterramiento de la pierna del presidente, en el panteón de Santa Paula para celebrar la consumación de la Independencia.

DESGRACIA 4

~~Santa Anna~~ (1823-1854)

El longevo militar y político veracruzano —no confundir con alguno de los Alemán— inició su carrera levantándose contra ~~Iturbide~~, y desde entonces le gustaron tanto la chorcha y los aplausos, y esos beneficios que en México van asociados con el poder —el chofer, los guaruras, la secretaria privada, el secretario particular, los coches último modelo, las modelos en el coche, etcétera—, que decidió volverse indispensable.

¿Cómo es posible que un hombre tan tonto como ~~Santa Anna~~ haya podido gobernar al país una y otra vez durante más de treinta años? Es mejor no responder (sólo Dios y La Paca lo saben). A ~~Santa Anna~~ le debemos la pérdida de Texas, Nuevo México, Arizona, Colorado y todos los fantásticos *malls* que hay ahí. Para compensar un poco, nos legó nuestro hermosísimo y pacifista Himno Nacional (según todas las encuestas, el más bello del mundo después de *La marsellesa*).[8]

Pocos países han tenido la fortuna de contar con alguien como ~~Antonio López de Santa Anna~~, a quien podemos echarle la culpa de todos los errores, torpezas, mezquindades, taras y problemas de México. Sólo por eso merece un lugar de honor en la Rotonda de los Hombres Ilustres™, al lado de Carlos Salinas de Gortari, su mejor imitador.

---

8 Encuesta telefónica realizada a 1 200 millones de personas, el 3 de agosto de 2006.

FIG. 11.25. Mapa de las pérdidas de México.

ENCUESTA
Los personajes más odiados del siglo XIX mexicano son:

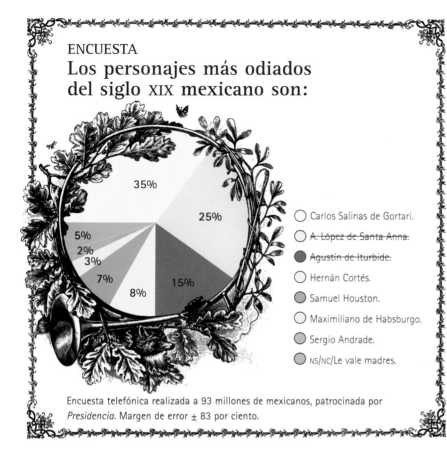

- ○ Carlos Salinas de Gortari.
- ○ A. López de Santa Anna.
- ● Agustín de Iturbide.
- ○ Hernán Cortés.
- ● Samuel Houston.
- ○ Maximiliano de Habsburgo.
- ● Sergio Andrade.
- ● NS/NC/Le vale madres.

35% — 25% — 5% — 2% — 3% — 7% — 8% — 15%

Encuesta telefónica realizada a 93 millones de mexicanos, patrocinada por *Presidencia*. Margen de error ± 83 por ciento.

DESGRACIA 5

Estados Unidos (1846-2547)

Como dijo —o debió decir— alguien, lo peor que le pudo pasar a México es estar al sur de Estados Unidos. El "vecino del norte" ha marcado de modo indeleble (es decir, para mal) la historia mexicana. Aunque los chiquillos y las chiquillas deberían aprender a respetar a todos los pueblos del mundo, los profesores harán especial hincapié en resaltar las infinitas vejaciones que hemos sufrido los resignados mexicanos por parte del Tío Sam™. En especial se recomienda que los profesores siempre se refieran a ellos con alocuciones como la siguiente:

Los pinches gringos nos arrebataron
la mitad del territorio,
justo la que tenía pavimento.

La idea es crear un sentimiento positivo de rencor histórico que nos permita seguirnos lamentando, echándole la culpa de todos nuestros problemas a la mala suerte geográfica. (Algunos se olvidarán de este rencor cuando obtengan una *green card* o al menos una B2 que les conceda cierta actividad "turística" y algunos dólares.)

¿Sabías que...

...la palabra "gringo" en realidad no proviene ni de green coats, *ni tampoco de* green go home *(por los uniformes que tenían los invasores estadounidenses en 1846-47), sino de la voz náhuatl* gringotl, *que significa literalmente "hijo de la chingada"?*

¿Sabías que...

...la recuperación del territorio perdido por ~~Santa Anna~~ ha sido una larga hazaña que hemos llevado a cabo pacíficamente a lo largo de la historia? En la actualidad hay más de diez millones de mexicanos, legales e ilegales, sólo en California, Nuevo México, Arizona y Texas. Al final, lo que no pudimos ganar a los pinches gringos con las armas lo ganaremos con nuestra altísima fecundidad.

Los niños héroes

Historia oficial

Cuando las fuerzas de Estados Unidos entraron en la capital del país, un aguerrido grupo de HHH niños, cadetes todos del HHH Colegio Militar™, defendieron solos el Castillo de Chapultepec™. Los HHH niños mantuvieron a raya a las tropas invasoras hasta que, dándose cuenta de su inferioridad numérica, el HHH cadete Juan Escutia decidió no permitir que los pinches gringos se apoderasen del HHH Lábaro Patrio™ y prefirió arrojarse al vacío enredándose con él (es decir, con el HHH Lábaro Patrio™).

La verdad

Sin querer ser demasiado crueles, resulta difícil entender la acción de Juan Escutia: ¿fue un acto glorioso arrojarse enredado en la bandera nacional cuando Estados Unidos estaba a punto de ocupar todo el país? El alumno deberá reflexionar sobre esta espeluznante cuestión.

DESGRACIA 6

La guerra de Reforma (1853-1963)

Tras la derrota contra Estados Unidos, que costó más de la mitad de nuestro territorio, México vivió otro de sus oasis gloriosos: la presidencia de Benito Juárez y el triunfo de los liberales mexicanos sobre los conservadores tras la sangrienta guerra de Reforma y la guerra de los Tres Años.

Recomendación importante

Querido alumno o alumna: en este momento deberás jurar frente a tus compañeros que jamás, jamás, jamás habrás de referirte al prócer de la patria como Bomberito Juárez ni a su esposa como Manguerita Maza.

Fig. 11.26. Mapa de México donde se señalan, en color azul, las principales propiedades de la Iglesia c. 1850.

Para entender la Reforma primero hay que saber que 100% del territorio nacional era propiedad de la Iglesia, de sus prestanombres, de sus amigos o de latifundistas católicos. A ello hay que sumar que el infaltable ~~Santa Anna~~ había vuelto al poder, esta vez con el humilde título de "su alteza serenísima".

Era natural pues que un grupo de liberales, alérgicos a los títulos nobiliarios, se pronunciara contra ~~Santa Anna~~, esta vez de manera definitiva, con la idea de establecer una república federal que terminara de una vez por todas con el poder de la Iglesia. El llamado *Plan de Ayutla* desembocó así en la guerra de Reforma, oponiendo a liberales y conservadores una vez más. Al final de esta guerra, los liberales se alzaron triunfadores, convocaron a un Congreso Constituyente que proclamó la nueva Constitución Federal de 1857™, la primera gran obra de ficción del siglo XIX.

FIG. 11.27. Primera página de la Constitución de 1857™.

DESGRACIA 7
Maximiliano I (1861–1867)
Un cuento de hadas

Érase que se era un príncipe rubio, guapo, valeroso y honrado. Su nombre era Maximiliano. Max vivía con sus padres en la ciudad de Viena y luego se hizo construir un hermoso castillo en la costa adriática, cerca de Trieste, y lo hizo llamar Miramar porque desde allí miraba el mar.

Un buen día llegaron al castillo unos horribles brujos mexicanos y le ofrecieron al apuesto príncipe una tuna envenenada. El príncipe se quedó profundamente dormido y no despertó hasta que una rana, llamada Carlota, le dio un beso de verdadero amor.

Entonces, Maximiliano de pronto se dio cuenta que reinaba sobre un maravilloso país con la forma de un cuerno de la abundancia, donde viviría en compañía de su amada rana Carlota. En una hermosa ceremonia, a la que asistieron todos los pares, tercias y ases del reino, Maximiliano fue coronado Emperador de México.

Y vivieron felices para siempre...

Bueno, como en todos los cuentos de hadas, la verdad es que no vivieron tan felices: primero, porque Maximiliano era un mujeriego que le hacía la vida imposible a Carlota; luego, porque Carlota tenía un pequeño defecto: estaba loca; y, en último lugar, porque un malvado zapoteca llamado Benito Juárez se empeñó en fusilarlo y en arrancarle el corazón, según una costumbre indígena.

Fig. 11.28. El emperador Maximiliano 1, famoso por su luenga barba.

Fig. 11.29. "Carlota se rehúsa a morir."

Carta de Maximiliano a Carlota

Ansioso de verte, preparo nuestros aposentos para tu próxima llegada a esta nueva colonia. El Castillo de Chapultepec está siendo decorado con altos Pinos para recibirte, darling. He dado órdenes para que tu alcoba tenga toallas de tres mil pesos cada una. Asimismo, gozarás de un guardarropa lleno de vestidos de Chanel™. En este nuevo país la moda es el huipil 9 un tipo de corset que utilizan las damas de la corte para lucir sus finas cinturas.

Por otro lado, he pensado que para ti será menester una fundación personal con cuentas bancarias protegidas de cualquier investigación del Congreso. De esta manera, oh dulce reina mía, después de usarlos una vez podrás subastarlos y así ser reconocida por tu pueblo.

Sin más por el momento me despido, amada mía, pues me dispongo a reanudar las obligaciones diplomáticas que mi cargo requiere. Por más que le pienses, a ningún emperador se le ha exigido tanto como a mí... Recibe una vez más hoy, hoy, hoy, todo el amor de mi corazón.

Te quiere, Maxxx

Mayo de 1864

9 Prenda de origen prehispánico que ya sólo utiliza Beatriz Paredes.

La batalla de Puebla

Historia oficial

Acompañando al malvado usurpador extranjero (es decir, Maximiliano) venía un ejército francés decidido a humillar a nuestro país. Pero el valeroso pueblo mexicano no se dejó subyugar por los franchutes. Con un ejército disciplinado y patriota, el súper general Ignacio Zaragoza derrotó a los invasores en la ciudad de Puebla el 5 de mayo de 1862. Como le escribió Zaragoza a Juárez: "Las armas patrias se cubrieron de gloria" (y de perfume francés).

La verdad

Aunque ya nadie se acuerda de lo que ocurrió el 5 de mayo de 1862, esta fecha se ha convertido en el mayor motivo de orgullo nacional, superando en popularidad al 16 de septiembre. Cada año, el presidente (Bush) organiza una gran celebración en la Casa Blanca, a la cual invita a mexicanos ilustres como Ricky Martin, Shakira y Gloria Estefan.

Entran al dominio de la nación todos los bienes que el clero secular y regular ha estado administrando con diversos títulos, sea cual fuere la clase de predios, derechos y acciones en que consistan, el nombre y la aplicación que hayan tenido.

Artículo 1º de la *Ley de nacionalización de los bienes del clero regular y secular.* Los abogados que defendieron la causa del clero fueron los licenciados Carlos Abascal y Diego Fernández de Cevallos.

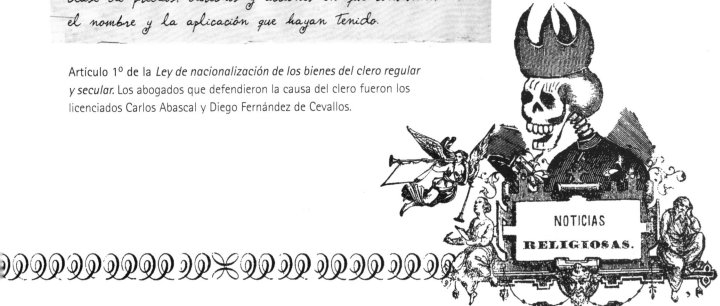

NOTICIAS RELIGIOSAS.

FIG. II.30. ¿Sólo veinte? Pero plastificado, lo que lo vuelve el más *in*: inquemable, infalsificable, inútil...

FIG. II.31. Tumba de Porfirio Díaz en París.

DESGRACIA 8
Porfirio Díaz (1876-1910)

El personaje que domina el final del siglo XIX es el general Porfirio Díaz, quien no tardará en convertirse en dictador con el nombre de don Porfirio I. Hace apenas unos años, Díaz compartía el panteón de villanos de la historia nacional, sólo detrás de ~~Santa Anna~~ e ~~Iturbide~~, pues contra él se rebelaron los caudillos que animarían luego el régimen de la Revolución mexicana (1929-2000).

Sin embargo, en los últimos años, sobre todo a raíz de la telenovela *Senda de Gloria*™, transmitida por Televisa, así como por la biografía que le dedicó el historiador Enrique Krauze en su serie *Retratos del poder*, también transmitida por Televisa, ha terminado por ser una especie de abuelito simpático y algo cascarrabias.

Enamorado de los franceses a los que combatió heroicamente durante la intervención, don Porfirio creó un régimen paternalista cuyo mayor mérito fue otorgarle al país un respiro luego de la interminable serie de horrores del siglo XIX. Asimismo, le dio un sentido al latifundio como proyecto de viviendas de interés social y crédito hipotecario, instituyó el sistema de crédito rápido (o de *chas chas*) que en ese entonces se llamaba "tienda de raya" y permitió que la población pudiera dedicarse a crecer lo suficiente para tener un buen *stock* de combatientes para cualquier eventualidad que pudiera presentarse.

Cuando Francisco I. Madero se levantó en armas en 1910, don Porfirio prefirió coger sus tiliches y retirarse a vacacionar en Biarritz. La leyenda dice que Guadalupe Loaeza deposita todos los días flores frescas en su tumba, en el cementerio de Montparnasse, en París.

Cuestionario

Selecciona la opción que consideres más apropiada:

1. México es un país que:
   a) Ha tenido mala suerte   b) Ha tenido malos gobernantes   c) Todas las anteriores

2. El mejor gobernante que ha tenido el país es:
   a) Huitzilíhuitl   c) Ignacio Comonfort   e) ¿De verdad ninguno?
   b) El virrey Mendoza   d) Ninguno   f) ¿Segurísimo?

3. ¿Cuál es el momento más glorioso que vivió el país en el siglo XIX?
   a) El fusilamiento de Iturbide   c) El fusilamiento de Maximiliano
   b) El fusilamiento de Guerrero

4. ¿Qué adjetivo define mejor a Benito Juárez?
   a) Impasible   c) Indio   e) Muy terco
   b) Ambicioso   d) Terco

Redacta tu propio pronunciamiento

Imagina contra qué presidente mexicano te hubiese gustado pronunciarte,
redacta el texto de tu pronunciamiento y juega con tus compañeros a
levantarte en armas y tomar el poder. Al final, déjate fusilar.

_____

_____

_____

_____

_____

_____

_____

El que ríe al último, ríe mejor.

CAPÍTULO III

México de 1910 a 2005:
el *show* debe continuar

1. "El candidato del cambio"

¿Sabías que...

...en 1911 el peso mexicano era de las monedas más cotizadas en Europa?

La historia del México "moderno" comenzó con Francisco I. Madero y su idea del cambio hoy, hoy, hoy. Con la creencia y la promesa de que solucionaría todos los problemas nacionales en quince minutos, armó la primera ONG Mexicana: Amigos de Madero (eran tres). Luego escribió un manifiesto antirreleccionista, el cual fue rápidamente retirado de la circulación de los Sanborns y tu puesto de periódicos favorito. En respuesta, Porfirio Díaz concedió una entrevista a la revista *Caras del porfiriato* donde declaró que al término de su gestión regresaría a su rancho, aunque aceptaría quedarse "si el pueblo lo pide".

Mientras tanto, Madero continuó en precampaña. Fue encarcelado en San Luis Potosí, logró huir al otro lado, ya que no había patrulla fronteriza, y en Estados Unidos publicó el Plan de San Luis. Convocó a las armas el 20 de noviembre (para que cayera en puente). Madero logró que Porfirio Díaz se fuera del país y luego no supo qué hacer.

El mérito de Madero fue ganar las elecciones con José María Pino Suárez (sí, como la estación del metro) y lograr que Pascual Orozco, Emiliano Zapata y Francisco Villa se le unieran (ni siquiera él supo cómo). El encanto de esta unión duró poco.

Madero fue acusado de lento y tibio porque se conformó con sacar a Porfirio Díaz del poder. Su "gobierno del cambio" no correteó a porfiristas, no castigó a víboras prietas, tepocatas y alimañas, y tampoco repartió tierras. En pocas palabras: más de lo mismo.

¿QUÉ FUE LO QUE ME DIJO MI PUBLICISTA QUE DIJERA? ¡AH SÍ, SUFRAGIO EFECTIVO, NO REELECCIÓN!

Fig. III.1. Él también dijo: "Me van a extrañar".

Esto provocó gran descontento y acusaciones de "mandilón". Además, en dos preparatorias, alumnos indignados lo llamaron "traidor". Zapata, al sentirse desilusionado esperó sólo veinte días para rebelarse contra Madero. Pascual Orozco lo copió en Chihuahua, a principios de 1912, y así empezó el Episodio II de *La guerra de las galaxias: la guerra de los clones*.

Con todo su coraje (y las botas bien puestas), Zapata promulgó el Plan de Ayala, primer libro y *bestseller* del México prerrevolucionario (de venta en las mejores librerías. Tiraje inicial: cinco ejemplares por aquello del "analfabetismo").

PLAN DE AYALA

Declaramos al susodicho Francisco Madero inepto para realizar las promesas de la Revolución de que fue autor.

Se desconoce como jefe de la Revolución y como presidente de la República.

Firma Emiliano Zapata y un montón más.

Fig. III.2. Plan de Ayala.

Encuentra el lema de Madero

```
O Ñ Z N O I C C E L E E R
Q V X Y K L O M U F R R F
E L I J U S Ñ P H N D D V
R K C T M S U L B O X T B
T J H D C F G F Y C E S T
Y H G Z E E I G R R S W G
U O F A D G F Y G A Z A Y
I L D Q C B J E V X G Q H
O A S X R T N B N D W I U
P J A D F V U H T I A Q O
```

Y DECIDIMOS LLAMARNOS "LOS TRES MOSQUETEROS". AUNQUE LUEGO NOS VOLVIMOS EL PRIMER TUCOM (TODOS UNIDOS CONTRA MADERO).

Fig. III.3. Los tres mosqueteros.

Pero Madero tuvo un amigo fiel en quien confiar su destino, Victoriano Huerta, que prometió acabar con los revolucionarios (dentro del marco de la ley) e inauguró la traición como *modus operandi*.

FIGURA III.4. Árbol genealógico de Victoriano Huerta.

2. La Decena Trágica

Fig. III.5. Péguenle al gordo.

El embajador de Estados Unidos, Henry Lane Wilson, temía que el movimiento revolucionario afectara los intereses estadounidenses, como lo muestra la carta que reproducimos abajo. Wilson apoyó a antiguos porfiristas guiados por Victoriano Huerta (véase su árbol genealógico). Durante diez días combatieron en la ciudad de México y Madero hizo frente a la situación con valor, pero aun así no pudo evitar el saqueo de *Banana Republic*.

Cuatro días después del día del amor y la amistad (18 de febrero), Huerta invitó a Madero y a Pino Suárez a tomarse un cafecito en el Sanborns de los azulejos. Los dos fueron obligados a renunciar a sus cargos y asesinados cuatro días después. Entonces se creó la primera Fiscalía Especial Para Asesinatos Políticos del Pasado, que ha presentado 384 versiones del atentado, ninguna de las cuales resulta convincente para la opinión pública. Según encuestas recientes, la mayoría de los mexicanos cree que Carlos Salinas de Gortari tuvo algo que ver.[1]

1 Encuesta telefónica realizada a 30 millones de mexicanos. Margen de error ± 92 por ciento.

CARTA DEL EMBAJADOR A SU GOBIERNO

La Revolución en México está causando algunos dolores de cabeza y uno que otro muerto. Eso puede afectar a nuestros ciudadanos y a nuestras compañías, por lo que creo conveniente cerrar el consulado en Nuevo Laredo y patrocinar un golpe de Estado.

Fig. III.6. Primeras obras del Metrobús.

COMENTA CON TUS COMPAÑEROS

Las dificultades que enfrentó Madero fueron producto de:

    a) El problema con su espalda.

    b) Su adicción al Prozac.

    c) Pactar con el viejo régimen.

    d) No asegurarse de que ese pacto se cumpliera.

3. La Revolución Mexicana: todos contra todos

Ante la vileza del miserable Victoriano Huerta, Villa, Zapata y Venustiano Carranza se levantaron en armas. Victoriano Huerta eligió el exilio en Irlanda (país europeo con el que México no tiene tratado de extradición). Villa tomó las armas en el norte, Zapata en el sur y Carranza en Coahuila donde era gobernador. Al ejército de Carranza se le llamó constitucionalista, porque exigía que la Constitución (¿cuál?, ¿qué?) fuera respetada.

En este momento histórico seguían en escena Álvaro Obregón, Francisco Villa, Emiliano Zapata y otros. La guerra se extendió al resto del país. Al final todos se hicieron bolas, aunque se llamaron a sí mismos el TUCH (Todos Unidos contra Huerta) y llevaron a cabo la primera preprimaria para seleccionar a su candidato, que además fue avalada por Transparencia Mexicana. El ganador, después de varios asesinatos, traiciones y encuestas, fue Venustiano Carranza.

> QUE QUEDE CLARO, NO ME CONFUNDAN CON VILLA, OROZCO Y ZAPATA. SOY DE OTRA CLASE. SOY TOTALMENTE CONSTITUCIONALISTA

FIG. III.7. Carranza, posando para la revista *Quién*.

COMENTA CON TUS COMPAÑEROS

Los cinco primeros lugares del top ten de los corridos de la Revolución mexicana fueron:

1. *Ingratos, traicioneros.*
2. *La cucaracha o Porfirio Díaz.*
3. *Y si Adelita se fuera con Ahumada.*
4. *Tómame o déjame, pero no me mates.*
5. *Let it be.*

Como estos, existen otros corridos que recuerdan la Revolución mexicana. Pregunta a tus abuelos o a otros familiares qué corridos recuerdan y, si sabes la tonada, invita a tus compañeros a cantarlos.

Corridos de la Revolución Mexicana

En lo alto de una abrupta serranía
acampando se encontraban los amigos
del buen Fox y sin temor a los peligros
de Marthita pregonaban su alegría.

Popular entre la tropa era Marthita
la mujer que el presidente idolatraba
pues con singular astucia lo mandaba
y a sus ojos era siempre una bendita.

Y se oía que decía
Fox que tanto la quería:

"Y si Marthita quisiera ser mi dama
y si esta chula ya fuera mi mujer
para ella sola sería el poder
de este país que hasta a un ranchero aclama."

"Mas si Marthita se marchara con otro
y si la ingrata ya no quisiera al PAN,
la buscaría por tierra y por mar
muy contristado montado en mi potro."

REVOLUCIÓN MEXICANA

VILLISTAS	ZAPATISTAS	OBREGONISTAS	CARRANCISTAS
Pedían una comida corrida y un estilista de bigotes.	Pedían una comida corrida y un estilista de bigotes.	Pedían la libre importación de prótesis.	Pedían café en el cual pudieran mojarse las barbas y materiales para la construcción de carreteras para sus novias.

ALTO

Es importante dejar claro al lector que la Revolución Mexicana no fue un proyecto alternativo de nación, porque no contaba con 50 compromisos. No había un rayo de esperanza, sino muchas lucecitas de bengala.

4. La convención de Aguascalientes: más vale un buen pleito que un mal arreglo

El movimiento constitucionalista triunfó. En agosto de 1914, Huerta dejó el país y Carranza entró a la ciudad de México. Pero el pleito continuó y nadie pudo lograr "los acuerdos que el país necesitaba". No estaba el Instituto Federal Electoral para convocarlos a una tregua navideña. Todos querían ser el jefe y determinar el rumbo que debería seguir la Revolución. No había un proyecto de nación (*so what else is new?*).

En octubre de 1914, los caudillos y sus guaruras se reunieron en Aguascalientes para ponerse de acuerdo y dividirse el país en la "soberana" Convención revolucionaria.

La celebración iba bien. Los convencionistas decidieron adoptar el programa de Zapata sobre el reparto de tierras a los campesinos, y eligieron como presidente interino de la República a Eulalio Gutiérrez (¿y ése quién era?). Los grupos villistas y zapatistas aceptaron gustosos la decisión. Pero Carranza no la acató. Cogió sus canicas y se fue a su casa, donde fue arraigado inconstitucionalmente.

La Revolución fue un éxito. Hubo muertos, saqueos, heridos, violaciones, mítines, manifestaciones, toma de tierras video escándalos. Al final del día, quienes la lideraron compraron los primeros Taco Towers en San Diego, depositaron su dinero en cuentas suizas y se olvidaron de Villa y Zapata. Eso sí, grabaron sus nombres con letras doradas en todos los recintos oficiales. El mejor momento para esos hombres fue la entrada triunfal a la ciudad de México, donde hicieron un recorrido en el Turibús, sacaron muchas fotos y se sentaron un ratito en el trono.

Fig. III.8. Un paseo por la Ciudad de México.

Fig. III.9. Advertencia: el exceso en el consumo de poder puede ser nocivo para la salud mental del pueblo.

REFLEXIONA Y DISCUTE

Esta foto le dio a Carranza:

    a) Gusto de que sus amigos visitaran la ciudad.

    b) Una úlcera endemoniada.

    c) Envidia porque no lo invitaron.

    d) Una diarrea del coraje.

    e) Depresión por no tener amigos.

Fig. III.10. Caminante no hay camino. Se hace camino al traicionar, golpe a golpe, muerto a muerto.

Los ejércitos de Villa y Zapata ocuparon casi todo el país, pero no pudieron tomar la presidencia. Salieron de la ciudad de México porque sus caballos no circulaban ese día.

Mientras tanto, Carranza y su principal general, Álvaro Obregón, se refugiaron en Veracruz donde bailaron danzón con María Rojo. Finalmente el talento militar de Obregón se impuso al de Villa y lo derrotó a golpes de cajetazos y morelianas en Celaya, en abril de 1915.

¿Por qué no ganaron Villa y Zapata? Pues por pobres e ignorantes. Además, querían regresar al rancho, donde sus mamás los estaban esperando. El estrés de la metrópoli fue demasiado para sus naturalezas bucólicas. El ganón inmediato fue Carranza.

Carranza y Obregón triunfaron sobre Villa y Zapata por su capacidad militar y su tono muscular. Además tenían detrás de ellos el apoyo del Grupo Monterrey y de los "Amigos de los constitucionalistas".

5. La Constitución de 1917

A finales de 1916, los revolucionarios se reunieron en Querétaro para reformar la Constitución de 1857. Terminaron por redactar una nueva, pues la anterior ni servía, ya que los tiempos cambian y la realidad de 1916 era taaan distinta a la de 1857. El poder estaba ya en manos de otra elite. Por ello la nueva constitución conservó el espíritu, la redacción y la eficacia de su predecesora.

La Constitución se promulgó el 5 de febrero de 1917 (¡yupi!, otro puente). En ella se incluyeron ideas de todos los grupos revolucionarios: carrancistas, carrancistas, carrancistas y carrancistas.

El balance general de la Constitución es que reflejó la complejidad del país y del Congreso Constituyente que lo representaba. Por ello, quedó una Constitución salchicha, cuyo proceso de elaboración e ingredientes preferimos ignorar. Sabemos que tiene obreristas, agrarios, xenofóbicos, paternalistas y utópicos (por no decir mentirosos). Pero, aun así, la queremos porque apoyamos la industria del cómic nacional.

TODOS ESTÁN INVITADOS A ESTE CONGRESO. AUNQUE NOS RESERVAMOS EL DERECHO DE ADMISIÓN A VILLISTAS, ZAPATISTAS, HUERTISTAS, PORFIRISTAS, INDIOS, NEGRITOS, CHINITOS Y DEMÁS MALOSOS LIBERALES.

Fig. III.11. Carranza finalmente en el poder.

Compara el número de puentes que ha construido la Secretaría de Comunicaciones y Transportes con el número de puentes vacacionales creados por la Revolución.

HAY ALGO DISTINTO EN ESTA CLASE POLÍTICA... AH, SÍ, ¡NO TIENEN SOMBRERO!

FIG. III.12. El Congreso Constituyente viendo el espectáculo de medio tiempo.

¿Sabías que...

...Masiosare es el nombre del más extraño enemigo de México? (Así lo estipula el himno nacional).

6. Se restablece la paz: a punta de pistola

Los ejércitos de Zapata y de Villa fueron derrotados, pero sus (*fans*) seguidores se refugiaron en la selva lacandona, donde reaparecerían años más tarde cubiertos con pasamontañas.

Villa firmó la paz con el gobierno en 1920. Se retiró a su rancho, en donde se dedicó al cultivo de brócoli y té de azahar. En 1923 fue asesinado en una emboscada en el norte del país, víctima de un asesino solitario. En una encuesta realizada recientemente, 99% de los mexicanos cree que Carlos Salinas de Gortari tuvo algo que ver.[2]

Venustiano Carranza fue el primer presidente electo después de promulgada la Constitución. Al final de su mandato intentó poner a su delfín, pero como éste otorgó 65 concesiones de casinos, despertó al sospechosismo. Además se enfermó de salmonelosis. En consecuencia, los generales Álvaro Obregón y Plutarco Elías Calles organizaron la rebelión de Agua Prieta en el periférico.

Carranza logró escapar pero fue secuestrado por el bisabuelo de Canchola, que ya operaba en la cárcel de San Juan de Ulúa. Obregón "lamentó profundamente su muerte", y prometió una investigación exhaustiva y todo el peso de la ley. O sea, le dio carpetazo.

Poco después, Álvaro Obregón llegó a la presidencia. La tarea más importante de su gobierno fue recuperar la mano que había perdido, con el objetivo de dar el primer dedazo. Durante el gobierno de Obregón hubo otra revolución, tan intensa como la armada, pero más hermosa y difícil: una revolución en la educación y en las artes. Vasconcelos apoyó a los músicos, escritores, pintores comunistas e intelectuales orgánicos. La inspiración popular le dio originalidad y fuerza al romance de Frida y Diego. Ahí nació la idea del huipil *chic*.[3]

Fig. III.13. Adiós Zapata...

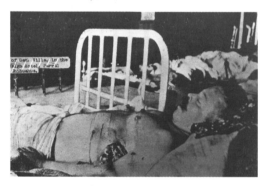

Fig. III.14. Adiós Villa...

2 Encuesta telefónica realizada a 100 millones de mexicanos, patrocinada, por Presidencia de la República. Margen de error ± 86 por ciento.

3 Que hoy sólo utiliza Beatriz Paredes.

Redacta una breve nota periodística que justifique el encabezado:

"¿Compló o sospechosismo?
Muere Álvaro Obregón en un atentado".

Para hacerlo considera qué sucedió, dónde, cuándo, cómo, quiénes estaban presentes, si el asesino es el verdadero asesino, posibles autores intelectuales, calibre del arma (en caso de que fuera arma de fuego), grosor de la herida, ángulo de entrada, cantidad de sangre perdida; no olvides mencionar los dilemas que enfrentó Calles, así como su lectura de carta astral (para la fecha utiliza el calendario de la época). Mientras más detalles relevantes incluyas, más completa será tu nota.

FIGURA III.15. Adiós Carranza...

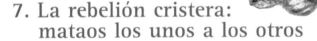

7. La rebelión cristera: mataos los unos a los otros

Plutarco Elías Calles fue presidente de México de 1924 a 1928. Durante su gobierno se multiplicaron las organizaciones obreras y campesinas vendidas, y en 1925 se creó el Banco de México (no autónomo). No fueron años de prosperidad ni de paz, excepto para los callistas. La Iglesia católica había rechazado algunos artículos de la Constitución de 1917 porque pensaba que habían sido escritos por Julio Frenk. Calles insistió en que se cumpliera la Constitución. En respuesta, la Iglesia suspendió las actividades en templos y las pasó a la casa de la familia Abascal, donde se condenaron por primera vez las minifaldas. Por ello, muchos católicos se levantaron en armas.

Un personaje importantísimo para el primer arrancón serio de México hacia el primer mundo, fue el embajador gringo Dwight W. Morrow, banquero, abogado y amigo del presidente en turno. Llegó en 1927 y logró evitar una guerra religiosa al promover un acuerdo entre la Iglesia católica y el gobierno mexicano. El módico pago por sus favores fue que Calles extendiera a perpetuidad las concesiones petroleras a las empresas estadounidenses.

¿Sabías que...

...un reciente estudio estadístico ha reflejado un hecho alarmante? 95% de los políticos se declaran ateos. Tras un análisis detallado de la muestra se ha llegado a descubrir la causa: les resulta imposible creer que después de esta vida pueda existir otra mejor.

Elige el par de lentes que le queden mejor al aspecto de Morrow
para determinar el papel que jugó en la historia de México.

8. El PNR: Partido que Nació Retrógrado

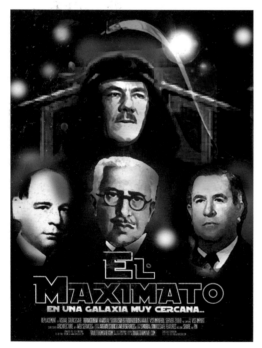

Fig. III.16. Poster promocional del Maximato.

Obregón, embelesado por el poder, logró que se reformaran las leyes que prohibían la reelección (el sí pudo). Ganó las elecciones de 1928, pero fue asesinado durante una comida en la cual se celebraba su victoria. Entonces a Calles se le ocurrió formar un partido que estuviera siempre en el poder. De ahí en adelante, sus miembros serían conocidos como la *famiglia* revolucionaria. De 1928 a 1934 se cumplió el sueño de todo expresidente desde entonces: gobernar por tres periodos, manipular a tres expresidentes, ser la cabeza del poder real y contar con pensión vitalicia.

9. Lázaro Cárdenas: pinches gringos, ese petróleo es mío

Lázaro Cárdenas tomó posesión de la Presidencia de la República el 1º de diciembre de 1934. Durante su régimen se colocaron fotografías suyas en cada ejido, acostumbró a los campesinos a vivir con la mano extendida y a su hijo a vivir en Los Pinos. También creó la CTM (¿Cuándo Te Mueres?) y la CNC (Casi Nadie Come) para agrupar a trabajadores y campesinos revoltosos. Tuvo la ocurrencia de volverse contra el mismísimo Plutarco Elías Calles, sentando un precedente de lo que más adelante haría Zedillo.

Después de la Primera Guerra Mundial (1914-1918), las diferencias entre las compañías extranjeras y el gobierno fueron creciendo hasta llegar a los manazos. Las empresas no querían pagar impuestos ni subir los sueldos, por lo que Cárdenas decidió expropiarlas. Lo anunció el 18 de marzo de 1938 (Fox: toma nota). En lugar de las compañías extranjeras malévolas, surgió una sola ineficaz y corrupta, pero mexicana, que es PEMEX. Desde entonces se ha dedicado a financiar campañas de políticos priistas.

FIG. III.17. Cárdenas cantando: "Lo que un día fue, no será".

REFLEXIÓN

Escribe según el orden cronológico de gobierno el nombre de los siguientes presidentes:

a) Abelardo Rodríguez   c) Emilio Portes Gil   e) Agustín Lara

b) Hugo Sánchez   d) Pascual Ortiz Rubio

En 1938, el Partido que Nació Retrógrado (PNR) cambió de asesor de imagen y se convirtió en el Partido de la Revolución Mancillada (PRM). Al año siguiente, opositores al presidente Lázaro Cárdenas y al PRM fundaron el Partido Aliado Nacional (PAN).

En 1940 el candidato del PRM, Manuel Ávila Camacho, triunfó en unas reñidas elecciones sobre Juan Andreu Almazán. En esa elección nacieron los primeros mapaches y las técnicas electorales conocidas como el fraude patriótico. Ante los buenos resultados de la tecnología electoral el nuevo presidente sintió que el partido debía tener una reconstrucción estructural profunda para enfrentarse a la modernidad. Quizo contribuir con un cambio radical, una revolución por si misma: le cambió el nombre a Partido para Robar Indiscriminadamente (PRI).

FIG. III.18. Calles saludando a las masas.

FIG. III.19. ¡Se busca! Es un ser de alta peligrosidad. Maestro emérito de los priistas.

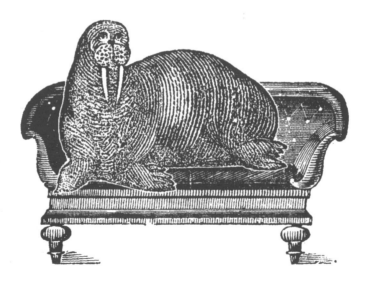

Fórmula para el "milagro mexicano"

1. Un presidente que erija barreras contra el comercio.
2. Un ejército sólo para desfiles.
3. Empresarios acostumbrados a la protección gubernamental.
4. Radio y televisión controlados por el Estado: "Todo México es Televisa".
5. Un partido que se presente como el proveedor de "democracia y justicia social".
6. Un par de ídolos populares para hacer películas románticas.
7. Una oposición silenciada, reprimida y en el último de los casos asesinada.
8. Mujeres que votan aunque sea por el mismo partido que votan sus esposos.

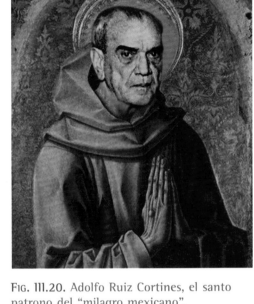

Fɪɢ. III.20. Adolfo Ruiz Cortines, el santo patrono del "milagro mexicano".

Durante esta época, el régimen reprimió huelgas y levantamientos de diferentes gremios, como el movimiento ferrocarrilero, el movimiento magisterial, el movimiento estudiantil, el movimiento telúrico, el movimiento de cadera y cualquier otro que tuviera a bien manifestarse en contra del Estado.

Pero había dinero en casi todos los bolsillos, así que la mayoría de los mexicanos no tenía mucho que decir contra López Mateos. De hecho, sólo nos acordamos de los presidentes de esa época por las avenidas que llevan su nombre.

¿Sabías que...

...al terminar la Segunda Guerra Mundial el PIB de México era tres veces mayor que el de Finlandia y siete veces mayor que el de Japón? (Este dato sí es verídico.)

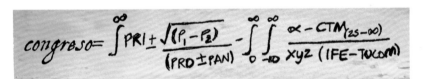

$$congreso = \int_{}^{\infty} PRI \pm \frac{\sqrt{(P_1 - P_2)}}{(PRD \pm PAN)} - \int_0^{\infty}\int_{-\infty}^{\infty} \frac{\propto - CTM_{(25-00)}}{xyz\ (IFE-Tucom)}$$

Fɪɢ. III.21. Fragmento de la ecuación diseñada por Adolfo López Mateos para garantizar la mayoría del PRI en el Congreso. Ernesto Zedillo no la supo usar en 1997.

Colorea las entidades de la República de acuerdo con el nivel de bienestar que corresponde según la guía:

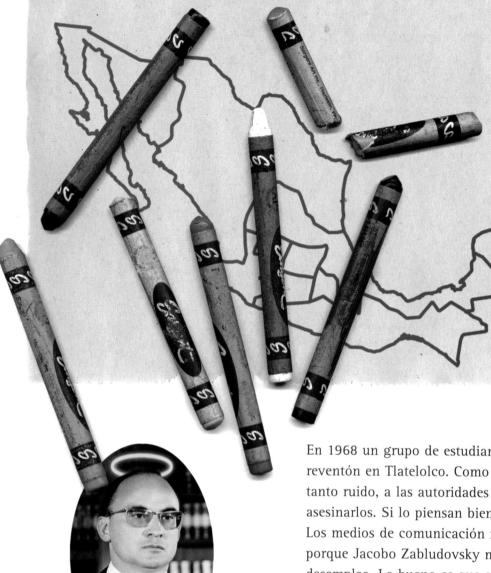

Alto, es la zona donde viven los ricos.

Medio, es la zona donde viven los pobres y los guerrilleros.

Bajo, donde viven los miembros de las bases de la CTM y los principales encarcelados de los levantamientos de los años cincuenta.

Muy bajo, zona donde viven los "beneficiados" de la CNC, el Programa Nacional de Solidaridad y el programa de Oportunidades.

FIG. III.22. Algunas personas han tratado de inculpar a Luis Echeverría por la muerte de los estudiantes en Tlatelolco. La imagen claramente demuestra su inocencia y ha sido utilizada como evidencia en las investigaciones de la PGR.

En 1968 un grupo de estudiantes revoltosos hizo un reventón en Tlatelolco. Como los vecinos se quejaron de tanto ruido, a las autoridades no les quedó de otra que asesinarlos. Si lo piensan bien, ¿qué otra solución había? Los medios de comunicación no informaron del incidente porque Jacobo Zabludovsky no quería ingresar a las filas del desempleo. Lo bueno es que sólo mataron a algunos hippies, drogadictos, mitomaniacos, demócratas, trotskistas y otros especímenes. Todo ocurrió justo a tiempo para que pudieran celebrarse los Juegos Olímpicos, en los que, como siempre, México tuvo un desempeño maravilloso.

Después del "milagro mexicano", vino la catástrofe mexicana. En 1976 ocurrió la primera gran crisis económica. Eso quiere decir que se devaluó la moneda, hubo mucha inflación, el gobierno no pudo pagar los favores que prometió, la gente se manifestó, bajó el poder adquisitivo, hubo muchos desempleados, etcétera. O sea, como siempre, pero peor... el peso se devaluó y se devaluó y se siguió devaluando. Por suerte somos un país petrolero (y nunca,

nunca, nunca vamos a dejar que los extranjeros inviertan en este sector) y a finales de los setenta, cuando todos usaban pantalones acampanados y afros, el precio del petróleo subió muchísimo. Nos salvamos. El gobierno pudo pagar sus deudas sin hacer ningún esfuerzo, comprarle maquillaje a la señora López Portillo, construir la Ollin Yoliztli y la Colina del Perro. El descubrimiento del petróleo fue muy útil para todos los que buscaban subsidios y para que el gobierno aprendiera a gastar y gastar, y nunca pagar la cuenta.

¿Sabías que...

...hubo una época en la que en México se hablaba de "administrar la abundancia"?

EJERCICIO PARA EL ALUMNO

Cuestionario

1. Los archivos del movimiento estudiantil están sellados por razones de seguridad. Discute las siguientes hipótesis sobre su surgimiento:
   a) Crisis de adolescencia
   b) Un virus transmitido sexualmente
   c) Los mensajes satánicos que se escuchaban en los discos de rock n' roll cuando se tocaban al revés
   d) La globalización

2. ¿Qué deporte se hubiera podido incluir en las Olimpiadas de 1968 para que México ganara más medallas de oro?
   a) Juego de pelota
   b) Escupitajo de pulque
   c) Maratón Guadalupe-Reyes
   d) Caminata con flotación permitida
   e) Tiro al blanco en Tlatelolco

3. Adivina qué expresión se usa en los libros de texto oficiales para referirse a los acontecimientos del 2 de octubre en Tlatelolco:
   a) Se asesinaron y encarcelaron estudiantes
   b) Un mitin estudiantil fue disuelto
   c) Fue un día soleado

   Pista: es la b

Fig. III.23. Esta es una imagen del peso mexicano durante la crisis de 1976. También ha sido interpretada como la historia del PRI después de la Reforma Electoral un año.

Fig. III.24. Durante la crisis de 1982, el gobierno alemán ayudó al presidente José López Portillo con el envío de carretillas que se utilizaron durante la hiperinflación alemana para transportar dinero y comprar víveres.

Algunos años después, los países que no producían petróleo se pusieron celosos de nuestra riqueza y "complotearon" para que los precios bajaran. Vino otra crisis en 1982 y todos los pobres se la pasaron muy mal, mientras que los ricos se vieron obligados a sacar su dinero del país (pobrecitos). En ese mismo año, entró Miguel de la Madrid a la presidencia. Él fue el culpable de la llegada de los neoliberales al poder. Los "tecnócratas" intentaron liberalizar la economía, disminuir los subsidios y poner a los mexicanos a competir con el mundo. Eso es malísimo por antipopulista, antirevolucionario, antinacionalista y antibiótico. No sólo eso, también es antipriista. Por ello, años después, algunos priistas se separaron del partido y crearon uno propio. Lo llamaron el Partido de los Retrógrados Descarados (PRD) y su filosofía era añorar los sesenta y los setenta (por la música y las excelentes decisiones de política económica).

En fin, al parecer los dioses también se enojaron con la entrada de los tecnócratas al poder y, como castigo divino, enviaron un temblor en el que muriera mucha gente. Pero como el castigo fue *made in Mexico*, salió defectuoso, porque de ahí en adelante la política también se tuvo que liberalizar, cuando la sociedad civil se dio cuenta de su capacidad de movilización. Miguel de la Madrid hizo tooooodo lo posible para ayudar, por lo que no debe recriminársele que haya desaparecido (probablemente se refugió en un búnker) cuando iniciaron las obras de reconstrucción, ni que haya rechazado la ayuda extranjera. Todos los que crean que actuó mal, lo hacen porque son "demasiado imaginativos".

Un año después, México fue el feliz anfitrión de otro acontecimiento deportivo internacional: el mundial de futbol. Al final del torneo se llegó a la conclusión de que los mexicanos somos mejores anfitriones que futbolistas. En un partido legendario, Maradona (un creído jugador chavista) vio que en este país no se respetaba la ley y cometió una falta imperdonable: metió un gol con la mano. La explicación que dio fue que había intervenido "la mano de Dios". Los políticos hasta entonces habían apelado a "la Revolución" para romper la ley. Tenemos que aceptar que Maradona fue mucho más creativo.

Dos años después, en México ocurrió el peor apagón de la historia. Chale, justo el día de las elecciones, cuando iba ganando el candidato de oposición, Cuauhtémoc Cárdenas (sí, el mismo de todas las elecciones posteriores). Hubo algunos que pensaron que no había sido una falla eléctrica, sino una nueva forma de fraude, pero las sospechas se disiparon cuando el PRI y el PAN decidieron quemar las boletas incriminatorias. Las cenizas sirvieron de abono y México, aparte de convertirse en un país ecologista, caminó con paso firme hacia la modernidad.

El resultado de este incendio fue la presidencia de Carlos Salinas de Gortari. A él debemos agradecerle la entrada al primer mundo, aunque haya sido tan sólo por un rato. En México por fin empezó a haber tiendas norteamericanas con productos importados de China y nombres como Chips Ahoy, Mini M&M's, jabón ACE, Crabtree & Evelyn y, gracias a Dios, Starbucks. Cualquiera que haya ido de *shopping* a San Antonio no puede más que adorar al pelón por hacer ese consumismo posible en México.

La presidencia incipiente de Carlos Salinas no fue muy legítima, pero como los mexicanos llevábamos décadas enteras siendo gobernados de manera ilegítima, no nos preocupó mucho y pronto empezamos a querer a nuestro presidente.

Durante su sexenio Carlos Salinas fue capaz de recolectar mucho, mucho amor. Comenzó con el programa de Solidaridad, con el que compraba votos en las comunidades más necesitadas y en las más propensas a volverse perredistas. Repartió leche y comida y puentes y escuelas y canchas de básquet y pastillitas de la imaginación con las que todo México pensó que estaba a punto de ingresar al super desarrollo. Esas pastillas tenían, también, un ingrediente mágico que llevaba a las mujeres a considerarlo guapo y a los hombres a percibirlo alto. La campaña televisiva de comunicación social que hablaba de los logros del programa fue tan exitosa, que pocos mexicanos han olvidado los comerciales de tan divina inspiración (¿cómo olvidar a la quinceañera que por fin pudo invitar a su novio a casa porque ya había luz, y la "basurita" en el ojo del orgulloso anciano?). En 1991 el pueblo mexicano le dio las gracias al presidente y ahora sí votó por él. Su presidencia era un éxito aquí y en China. Todos (menos Cuauhtémoc Cárdenas y más de 500 líderes perredistas asesinados) lo querían mucho y hablaban incluso de reelegirlo, si tan sólo fuera posible...

También le quitó tres ceros al peso y así como se hablaba del "nuevo México", se hablaba del "nuevo peso". Si en tu despensa todavía hay algo con precio de papel que diga N$, es hora de tirarlo a la basura, porque lleva más de una década ahí. ¿Qué quieren que les digamos? Excepto por un poco de represión, algunas privatizaciones mal organizadas, la corrupción familiar y la obsesión de mantener al PRI en Los Pinos, la presidencia de Salinas fue maravillosa. Su sexenio hubiera sido sensacional si sólo hubiera durado cinco años. Bueno cuatro. Bueno tres, como el de Vicente Fox.

En 1993 alguien asesinó al cardenal Posadas Ocampo por razones aún desconocidas (como todos los asesinatos

¿Sabías que...

...según la SEP, en 1988 Carlos Salinas de Gortari "ganó con un poco más de la mitad de los votos"?

Fig. III.25. En 1988, algunos paranoicos creían que la "caída del sistema" podía estar enmascarando un fraude electoral hasta entonces desconocido. La clase política tuvo la visión de entender que el pueblo no podía beneficiarse del conteo de las boletas electorales y esta fue la solución democrática.

FIG. III.26. Después de ver estas orejas, resulta difícil entender por qué dijo: "A los del PRD ni los veo ni los oigo".

FIGURA III.27. El programa fue tan exitoso que hasta al presidente le tocó playera.

FIG. III.28. El Don de la *famiglia* Salinas.

en México). La PGR, tan eficiente como siempre, no ha encontrado hasta el día de hoy un responsable y se cree que pudo haber muerto de un carpetazo que le dieron mientras conducía. El primero de enero de 1994, el día que entró en vigor el Tratado de Libre Comercio con América del Norte, hubo un levantamiento muy *chic* de guerrilleros posmodernos (esos que no tienen armas). Los indígenas chiapanecos cogieron sus bayonetas de palo y sus rifles de madera para enfrentar al gobierno salinista. Fueron encabezados por un hombre muy guapo que salió en muchas revistas de moda, que además escribía muy bonito y bailaba con ritmo. Este caballero de brillante armadura y pasamontañas se llamaba subcomandante Marcos y ¡es soltero!

Salinas respondió inicialmente con represión militar, pero como el Ejército Zapatista de Liberación Nacional ya había invitado a muchos güeros al agasajo, la prensa internacional obligó al gobierno a actuar con cautela. Hasta la fecha, sigue la negociación con los indígenas, pero ya pasaron de moda.

Pocos meses después del *Cirque Du Zapatisme*, el candidato presidencial del PRI fue asesinado durante un mitin político en Lomas Taurinas. Algunos creen que pudo haber sido un autoatentado fallido al estilo de Murat; otros insisten que fue un compló que involucraba a la nomenclatura priista, léase el Grupo Atlacomulco o *La Maldita Vecindad y Los Hijos del Quinto Patio*. Pero, según la historia oficial, fue un asesino solitario llamado Mario Aburto que nadie ha vuelto a ver, aunque se rumora que tiene un departamento en Miami, al lado del de Roberto Madrazo. Algunos meses después asesinaron a José Francisco Ruiz Massieu, cuñado del presidente. Los Massieu y los Salinas se convirtieron en la versión mexicana de los Capuleto y los Montesco. Tanto así se querían.

Para entonces, la gente ya no tenía tan buena opinión de Carlos Salinas y, de hecho, se convirtió en el diablito de la pastorela en diciembre de 1994. Hasta la fecha la población del país lo odia, lo detesta, lo abomina, con la excepción de algunos intelectuales y empresarios que lo consideran "muy inteligente". Aunque sea innombrable, por lo visto es "indestructible", dado que está inmerso otra vez en la vida política nacional, ahora como "facilitador social". Su objetivo es facilitar el regreso del PRI a Los Pinos. En fin, diga lo que diga o haga lo que haga, su nombre será asociado de manera permanente con la peor crisis financiera de la historia de México.

Y empezó el sexenio de Zedillo... Y se acabó. La verdad es que es muy difícil acordarse del gobierno de Zedillo porque fue un presidente bastante gris; estaba demasiado ocupado tratando de rehacer la casa que Carlos Salinas dejó prendida con alfileres. En realidad debería ser un héroe para todos los mexicanos, pero no se le ve así porque pocos se acuerdan de él, dado que no robó, ni asesinó, ni estuvo rodeado del escándalo permanente. Hizo reformas que permitieron a los partidos de oposición competir en las elecciones de manera equitativa. Antes sólo podíamos escoger a un pésimo partido; ahora podemos elegir como a cinco. Metió a la cárcel a Raúl Salinas de Gortari, aunque por el crimen equivocado, logró controlar la crisis económica y dejó el puesto sin producir otra. Eso sí que es admirable. Y tampoco fue un presidente autoritario; de hecho, aceptó la derrota del PRI en las elecciones del 2000. Pensándolo bien, quizá Zedillo no era un priista. Tal vez no era mexicano. Tal vez ni siquiera era un ser humano... ¿y si le acercamos criptonita?

FIG. III.29. El equipo económico durante el sexenio 1988-1994 fue encabezado por este egresado de Harvard.

Y luego llegó Fox. Él fue el primer presidente panista, y probablemente el último. Es súper, súper, súper buena persona... por lo que hay que perdonarle que no haya cumplido con las expectativas que creó. Gracias a él hay instituciones de transparencia y, por primera vez en la historia de México, estabilidad macroeconómica y muchos *spots* televisivos recordándolo. Por lo menos no es un rey o un dictador. Por lo menos no ha asesinado estudiantes en Tlatelolco y otras plazas públicas. Por lo menos remodeló el rancho que ya tenía en vez de comprarse uno nuevo en Texas. Por lo menos se acuesta a las ocho, lo cual disminuye sus horas contables de gobierno. La verdad es que, como él mismo dice, nos prometió el oro y el moro y aunque no se ha visto mucho oro, por lo menos tampoco nos invadieron los moros. Eso debe ser algo bueno, porque la arquitectura de influencia mora en España es demasiado recargada y está pasada de moda. El nuevo estilo global es minimalista, como el gobierno de Vicente Fox: mientras menos se gobierne, mejor.

FIG. III.30. Lo que Zedillo hacía en las noches.

El mejor momento de su gobierno sin duda fue el 2 de julio de 2000, aunque también la boda con Martha Sahagún fue un suceso memorable. Será recordado con las toallas de tres mil pesos que cuelgan en Los Pinos, el proceso de desafuero, las reformas estructurales que nunca ocurrieron, la fundación Vamos México, el ajuar de Martha, el pleito con Fidel Castro y con Hugo Chávez. Hay tanto de dónde escoger y los extrañaremos por lo mucho que nos hicieron reír. Lo definitorio de este sexenio fue que no pasó nada, realmente nada. Lo único que en realidad sucedió fue la caída de la economía mexicana de noveno a duodécimo lugar y el descenso en los índices de competitividad. El país estaba demasiado ocupado en seguir las campañas presidenciales que empezaron el 3 de julio de 2000. El sexenio de Vicente Fox acabó pronto (como en doce horas) pero dejó una huella enorme en la historia. Fue el sexenio que sacó al PRI de Los Pinos, y ya.

CARMELITA ROMERO RUBIO

La jovencísima esposa de Porfirio Díaz era considerada el termómetro de la moda de los siglos XIX y XX. Gracias a sus refinadas costumbres y excelentes modales, los inversionistas extranjeros creían que todos estaban educados de la misma manera y confiaban en la población mexicana para proteger sus intereses (*dream on*). Al ser la tercera esposa y debido a que su marido le llevaba muchos años, logró convencerlo en uno de sus achaques de que se reeligiera, y que además permitiera el acceso de las mujeres a los estudios profesionales. Se tituló como Administradora de Herencias.

FRIDA KAHLO

El arte narcisista, los hombres y los estupefacientes eran su fascinación.

Intelectual de su época, comunista descarada y promotora de los derechos de la mujer, organizó el primer acto en pro de los paralíticos y personas de capacidades diferentes; sabía acaparar la atención de los medios y, gracias a un conveniente matrimonio, logró también crear su fundación y ser reconocida en el ámbito internacional.

GLORIA TREVI

Icono sexual del fin del milenio, esta poetisa contemporánea fue la primera víctima del compló en contra de las aspiraciones presidenciales. Dicho suceso la llevó a radicar varios años en Sudamérica para practicar idiomas y ser apta secretaria de Relaciones Exteriores o mínimo congresista, esto, además, dada su familiaridad con los medios, conocer bien los recovecos de la ley y salir impune.

COMANDANTA LUDOVICA

De firmes convicciones y mano dura, esta mujer ha enarbolado la causa de las féminas indígenas durante los pasados diez años.

Su entrenamiento comenzó en 1994 en Chiapas, donde su batallón se distinguió por ser el que sufrió menos bajas, y para el 2004 ya tenía un plantón bien organizado frente a la Secretaría del Agua en la ciudad de México. Su siguiente misión es trabajar encubierta en Ciudad Juárez donde buscará a los asesinos de mujeres.

DOÑA BOROLA FAMILIA BURRÓN

Esposa cuidadosa de su familia, siempre estuvo al pendiente de que no faltara nada en casa.

Fue buena vecina y grillera. Organizó el Partido Muertos de Hambre (PMH). Siempre se le podía encontrar haciendo sus compras en el mercado o chismeando con las vecinas. Con su mosquetón en la mano, vestida a la moda, ha sido la heroína de todos los tiempos.

MADRE NATURALEZA

La consideramos madre fundadora porque, al igual que la (pinche) Malinche, ha sido ultrajada, violada y denigrada. Las leyes no la protegen, las faltas contra ella no son castigadas y puede ser aniquilada, por lo que creemos posible que sea originaria de Ciudad Juárez.

También conocida como "la Malinche güerita".

ADELITAS

Encargadas de entretener a los revolucionarios con exóticos bailes. Son responsables de que el reparto agrario no haya sido un éxito. Según se dice, sus convivios se extendían hasta altas horas de la noche, provocando que todos los caudillos llegaran tarde al acto en el que se repartía tierra y libertad.

LA "MADRE"

Se refiere a cualquier cosa cuyo nombre no tienes en la punta de la lengua (ejemplo: "pásame esa madre"). Puede ser acompañada de otras palabras para cambiar la tesitura de la expresión:

- Una madre: cosa de poca monta.
- Puta madre: señal de enojo, impotencia.
- Chinga tu madre: declaración de guerra.
- Poca madre: algo digno de alabanzas.
- Qué poca madre: con poca consideración.
- Hasta la madre: señal de hartazgo y/o embriaguez mal llevada.

Podríamos seguir con la lista.

Padres del México actual

FRANCISCO INDALECIO MADERO (1873 – 1913)	**VENUSTIANO CARRANZA (1859 – 1920)**	**PLUTARCO ELÍAS CALLES (1877 – 1945)**	**LÁZARO CÁRDENAS (1895 – 1970)**	**ADOLFO RUIZ CORTINES (1890 – 1973)**
El auténtico y original primer presidente del cambio.	Constitucionalista nato, impuso moda en el tipo de vello facial.	Coordinador de facciones en busca del poder. Colocó a todos bajo el paraguas del PRI.	Expropió el petróleo e inauguró el paternalismo político.	¿Qué podemos decir de Adolfo Ruiz Cortines?
Hoy no sería elegible por: Nadie sabría si es de izquierda, derecha o viceversa o todo lo contrario. Sus ideas consensuadas no dejarían satisfecho a nadie.	**Hoy no sería elegible por:** Lo destrozarían en los debates por su barba (véase Diego Fernández de Cevallos) y porque su apellido rima con tranza... Habría videos pirata sobre sus continuas transacciones con el erario público.	**Hoy no sería elegible por:** Sus adversarios ya habrían formado un TUCOPEC (Todos Unidos contra Plutarco Elías Calles); no buscaría conciliaciones por lo que mataría a la mitad de sus oponentes, mismos que estarían dentro de su partido.	**Hoy no sería elegible por:** Seguramente Cuauhtémoc Cárdenas estaría también postulándose por su partido.	**Hoy no sería elegible por:** Tartamudo, tímido y abogado.
Gran legado: Una delegación política en el Distrito Federal.	**Gran legado:** Una delegación política en el Distrito Federal.	**Gran legado:** El auditorio en las oficinas del PRI.	**Gran legado:** El eje central.	**Gran legado:** Un buen tramo del Periférico.

| **EMILIO AZCÁRRAGA Y HEREDEROS (1930 – …)** | **CARLOS SLIM HELU (1939 –…)** | **CARLOS SALINAS DE GORTARI (1948 – …)** | **JOSÉ ALFREDO JIMÉNEZ (1925 – 1973)** | **PACO STANLEY (1942 – 1999)** |

EMILIO AZCÁRRAGA Y HEREDEROS (1930 – …)

Padre del Canal de las Estrellas y los soldados del PRI.

Hoy no sería elegible por:
No se puede gobernar desde Miami.

Gran legado:
Los 50 millones de dólares que le donó al PRI cuando Salinas se lo pidió.

CARLOS SLIM HELU (1939 –…)

El monopolista más exitoso del mundo, gracias a él todo el país es territorio Telcel. De una forma u otra, todo lo que se consume en México está relacionado con él. ¿Qué sería del país sin Grupo Carso?

Hoy no sería elegible por:
Si ya es dueño del país, ¿para qué meterse en problemas?

Gran legado:
El servicio telefónico más caro del mundo.

CARLOS SALINAS DE GORTARI (1948 – …)

El hermano cómodo de la familia Salinas.

Hoy no sería elegible por:
Es una broma, ¿verdad?

Gran legado:
Las máscaras de plástico que se venden en los altos de la ciudad.

JOSÉ ALFREDO JIMÉNEZ (1925 – 1973)

Gracias a él en el mundo creen que nos vestimos diario de charros.

Hoy no sería elegible por:
Hubiera destinado la mitad del presupuesto al cultivo de agave azul.

Gran legado:
Los delirios monárquicos durante la borrachera.

PACO STANLEY (1942 – 1999)

Fue el principal impulsor de la papada. Los mexicanos creyeron ciegamente en su causa y se dedicaron a comer chicharrón, tacos, tamales, gorditas y fritangas para acelerar el crecimiento del buche.

Hoy no sería elegible por:
Porque defraudó a todos haciéndose cirugía reductiva de papada.

Gran legado:
Un pueblo obeso.

Víctima de una traición, el valiente pero ingenuo presidente Francisco I. Madero fue asesinado brutalmente en 1913.

Agobiado por la situación del país, la crítica continua y los ataques de sus enemigos, Madero decidió que era mejor pasar a la historia como un mártir que como un inútil. El montaje de su asesinato, fabulosa producción de la empresa que más tarde sería Televisa, fue la primera gran producción y desaparición de un político que murió de viejo en 1973.

Madero y sus guardaespaldas montaron un excelente espectáculo para un asesinato fingido.

Álvaro Obregón perdió un brazo en una heroica batalla en la que venció a Pancho Villa.

Pancho Villa y Obregón eran amigos; en una noche de copas, para darle más sabor al cóctel, Villa intentó abrir un coco a machetazos, coco que Obregón sostenía... El resultado es ya conocido por todos.

Álvaro Obregón y Pancho Villa tomados *in fraganti* cuando planeaban el robo al banco de prótesis de Arizona.

Lázaro Cárdenas expropió el petróleo y expulsó a las compañías extranjeras para que así las ganancias del hidrocarburo fueran siempre para el pueblo de México.

Lázaro Cárdenas expropió el petróleo y expulsó a las compañías extranjeras para que así las ganancias del hidrocarburo fueran siempre para el PRI.

El Tata leyendo la expropiación petrolera en el radio.

Adolfo Ruiz Cortines fue el primer mandatario mexicano en salir en la portada de la revista *Time*, un logro justificado por sus grandes dotes de administrador y político.

Adolfo Ruiz Cortines fue modelo de corbatas de moño e hizo una apuesta con su amigo Dwight D. Eisenhower sobre quién se veía más guapo en portada con una corbata de puntitos. De ahí surgió también la consigna para todos los presidentes: superar el número de portadas en revistas, sin importar tipo de publicación.

En 1953 las fotografías no eran del todo buenas por lo que Ruiz Cortines tuvo algunos retoques técnicos para verse más interesante.

Ernesto Zedillo es considerado uno de los presidentes más aburridos y poco carismáticos de la historia nacional.

No queriendo permitir comparaciones con su polémico antecesor, Zedillo mantuvo oculto por mucho tiempo que en realidad no sólo es un maestro maraquero, sino también un bailarín consumado.

Zedillo tampoco cantaba mal las rancheras.

LA LEYENDA	LO QUE EN VERDAD SUCEDIÓ

Ernesto Zedillo Ponce de León le dio la democracia a México.

Dado que el FMI y Bill Clinton insistían en que se democratizara México, a Zedillo no le quedó de otra que permitir la democracia... Total, llegó por accidente.

Zedillo —¿Estás seguro de que ni Hillary
se va a enterar?
Clinton —Ni sospecha lo de Mónica, mucho
menos lo nuestro.

Salinas era un hombre inteligente.

Salinas es un hombre calvo, con un apuntador controlado por Córdoba Montoya.

Misterio sin resolver: ¿por qué eran necesarias
5 banderas si sólo firmaban 3 países?

Vicente Fox fue el presidente más prudente al no provocar una ruptura con el antiguo régimen.

En esta tierra se dice que le faltaron... para romper con el antiguo régimen. Prefirió ser recordado como ¿presidente de transición? ¿Qué significa eso?

Entre rancheros te encuentres...

Carlos Salinas estudió en Harvard y trató siempre de imitar a sus maestros Jedi.

Salinas, debido a una arrogancia extrema, después de ser educado por Jedis, se fue al "lado oscuro". Para su desgracia el sexenio se acabó...

Salinas con su *dark side look*.

Actividades

1. Escribe la historia mexicana contemporánea utilizando las siguientes palabras sin repetirlas: petróleo, devaluación, PRI, presidente, dedazo, oposición, Congreso, reforma estructural, líder del Congreso.
2. Pon música y ordena sillas en fila india. En medio, coloca un sofá reclinable que hará las veces de silla presidencial. Con tus compañeros da vueltas alrededor de las sillas y cuando pare la música, todos traten de sentarse en el sillón. El que gane el juego, será presidente por un día y después puede ser asesinado por sus compañeros.
3. Al más puro estilo revolucionario, diseña tu propia moneda. Puedes incluir tus fotos de chiquito y sólo es válida en tu casa. En caso de depreciarse de manera sostenida, no te preocupes: esa es una costumbre mexicana y siempre está el recurso de quitarle tres ceros.

Pregunta para discusión

¿Puedes decir, sin equivocarte, el nombre completo de los mandatarios cuyos apellidos son: Ortiz, Rodríguez, López y González?

Relaciona a cada presidente con lo más representativo de su gobierno:

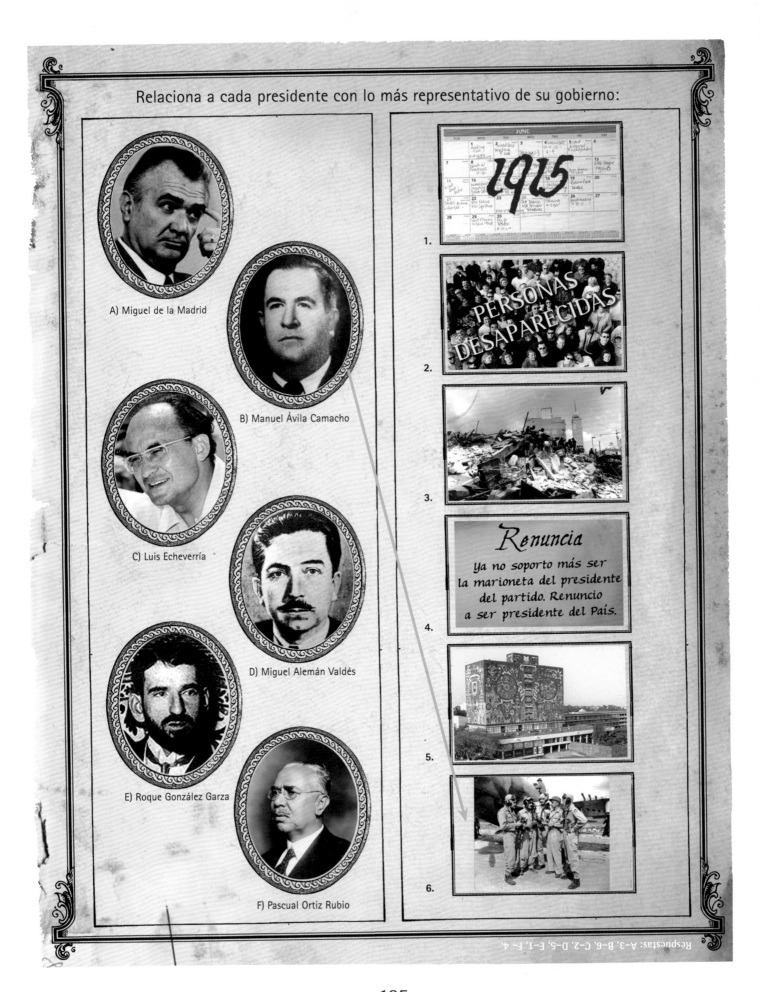

A) Miguel de la Madrid

B) Manuel Ávila Camacho

C) Luis Echeverría

D) Miguel Alemán Valdés

E) Roque González Garza

F) Pascual Ortiz Rubio

1.

2. PERSONAS DESAPARECIDAS

3.

4. *Renuncia*
Ya no soporto más ser
la marioneta del presidente
del partido. Renuncio
a ser presidente del País.

5.

6.

La bipresidencia.

CAPÍTULO IV

La Presidencia:
dioses, demonios y anexas

En el siglo I a.C. (antes de Colosio) el célebre sofista Jesús Reyes Heroles realizó una división de los sistemas políticos en el mundo, que corregía de manera definitiva la tipología establecida por el no tan célebre filósofo griego Aristóteles, dos mil años antes.

Fig. IV.1. Busto del sofista don Jesús Reyes Heroles que se conserva en el Museo de la Democracia del Partido Revolucionario Institucional.

CLASIFICACIÓN DE LOS SISTEMAS POLÍTICOS SEGÚN REYES HEROLES		
Sistema político	Forma pura	Forma impura
Gobierno de uno	Monarquía	Tiranía
Gobierno de pocos	Aristocracia	Oligarquía
Gobierno de muchos	Democracia	Demagogia
Gobierno mexicano	Partidocracia	Monarquía hereditaria absoluta sexenal

Durante 71 años, México estuvo gobernado por una monarquía absoluta hereditaria, pero de periodos de sólo seis años. A partir de 2000 transitó a su forma actual, la partidocracia: un sistema definido, según el apotegma de Reyes Heroles, como el gobierno "de los partidos, para los partidos y por los partidos".[1]

1 Jesús Reyes Heroles: *El sistema político mexicano, hoy y siempre*, Ediciones del Museo de la Democracia del PRI, México, 1959 y sucesivas ediciones.

1. La monarquía mexicana (1929-2000)

Los PRíncipes mexicanos eran todopoderosos por un periodo que duraba 6 años. Cada año se consagraba ritualmente a una actividad particular.

Fig IV.2. El PRíncipe priista, momentos después de su coronación.

Fig. IV.3. Momento de la coronación de Gustavo Díaz Ordaz, llamado Gustavo I, "El cruel".

LISTA DE LOS PRÍNCIPES MEXICANOS DEL SIGLO XX

Monarca	Periodo	Sobrenombre	Esposa	Lema	Escudo de armas
Pascual I	1930-32	"El nopalito"	Josefa I	¡Viva el jefe máximo!	
Abelardo I	1932-34	"El hechizado"	Aída I	¡Viva el jefe máximo!	
Lázaro I	1934-40	"El bueno"	Amalia I	¡Muera el jefe máximo!	
Manuel I	1940-46	"El gordo"	Soledad I	Pedimos perdón	
Miguel I	1946-52	"El rico"	Beatriz I	Por el bienestar de mi familia	
Adolfo I	1952-58	"El sabio"	María I	El milagro mexicano	
Adolfo II	1958-64	"El hermoso"	Eva I	*Bon voyage*	
Gustavo I	1964-70	"El cruel"	Guadalupe I	¡Que se mueran los guapos!	
Luis I	1970-76	"El extraviado"	María II	Arriba y adelante	
José I	1976-82	"El perro"	Carmen I	La solución no soy yo	
Miguel II	1982-88	"El zonzo"	Paloma I	Renovación moral de los otros	
Carlos I	1988-94	"El terrible"	Cecilia I	Que no hable México	
Ernesto I	1994-2000	"El soso"	Nilda Patricia I	Yo ni quería	

FIG. IV.5. Logotipo oficial de *Big Bother Tapado* (referencia al de George Orwell), sistema para elegir al sucesor a la presidencia en México.

FIG. IV.4. "El tapado".

¿Sabías que...

...según la leyenda, los
príncipes mexicanos
podían convertir en oro
todo lo que tocaban?

Según las costumbres de los mexicanos, cada PRÍncipe tenía la facultad exclusiva de elegir a su sucesor, a quien, a semejanza de los *delfines* franceses, se le daba el título honorífico de "tapado", debido a que en una ceremonia solemne se le investía con una capucha negra para diferenciarlo del resto de los miembros de la corte.

Durante el tiempo que duró la monarquía mexicana, el PRÍncipe elegía a su sucesor entre distintos ministros, que debían batirse en una competencia sin cuartel para obtener el favor del soberano.

En los últimos años del régimen, el PRÍncipe obligaba a sus ministros a participar en un torneo que se conocía con el nombre de Big Brother[1] (la referencia es al de Orwell) *Tapado*. Los ministros que tenían posibilidad de ser considerados para la sucesión debían convivir en una sola casa —la residencia oficial de Los Pinos— durante un periodo aproximado de 6 meses. Todas sus actividades eran cuidadosamente grabadas y monitoreadas por cámaras del CISEN a lo largo del día, incluso cuando iban al baño o recibían sobornos. Cada mes, el PRÍncipe nominaba a uno de los integrantes de la residencia, quien debía defenderse de las acusaciones e intrigas de los demás. Si no lo conseguía, era expulsado y la competencia continuaba con los restantes, hasta que al final sólo uno de los miembros quedaba con vida y era declarado triunfador.

PERO ES QUE TODOS
SON CORRUPTOS,
PODRIDOS, INFECTOS,
TUMEFACTOS, INMUNDOS...

FIG. IV.6. Durante las elecciones de 2000, Adela Micha fue la maestra de ceremonias de *Big Bother Tapado*.

FIG. IV.7. "El confesionario": momento en el que el entonces tapado Ernesto Zedillo confiesa sus más íntimos secretos con Carlos I, "El terrible".

FIG. IV.8. Momento en que Ernesto I y los miembros de su gabinete sacrifican a Carlos I, "El terrible".

%//)= EL QUE SE /&%
)(//)()&$ MUEVE %$
NO ""⁽ᵗ⁾ ?)= SALE %))=?
EN LA &%$""" FOTO

FIG. IV.9. Fidel Velázquez, el oráculo de la política mexicana, era consultado por el PRíncipe al momento de elegir a su sucesor. Como hablaba en clave, el PRíncipe debía descifrar sus palabras de sabiduría.

Según el ritual del México de la época, una vez que el sucesor se convertía en nuevo PRíncipe, por fuerza debía sacrificar a su antecesor, asegurando así la continuidad y el poder de la dinastía. Una vez sacrificado su antecesor, el nuevo PRíncipe al fin disponía de un poder absoluto sobre todo el país.

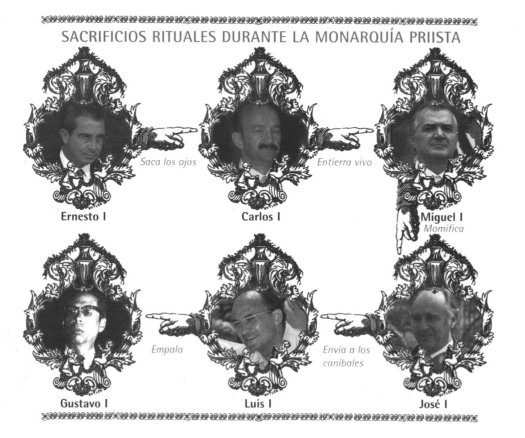

SACRIFICIOS RITUALES DURANTE LA MONARQUÍA PRIISTA

Ernesto I — *Saca los ojos*
Carlos I — *Entierra vivo*
Miguel I — *Momifica*
Gustavo I — *Empala*
Luis I — *Envía a los caníbales*
José I

110

2. El estilo personal de gobernar

Como dijera un famosísimo intelectual, México es la proyección de la biografía de sus presidentes. El presidente de los Estados Unidos Mexicanos es el hombre más poderoso, más temido, más rico, más guapo, más influyente, más gandalla, más seductor del país, *simply the best*. Desde hace cientos de años, los presidentes han hecho lo que se les ha venido en gana, usando su estilo personal de gobernar. De hecho, ha sido muy, muy personal. Los chaparros han tratado de compensar su falta de estatura sobrevaluando el peso. Los altos han tratado de ocultarlo devaluándose a sí mismos. Los calvos han puesto al país con los pelos de punta. Los mujeriegos han ampliado sus gabinetes para incluir sus casas chicas (si no lo sabías, por eso se creó la Secretaría de Turismo). Los feos han promovido el exterminio de los jóvenes guapos. Los corruptos han emprendido gloriosas cruzadas de renovación moral. Y así...

Fig. IV.10. Gustavo Díaz Ordaz, *Pisando fuerte* (no son lingotes, son ataúdes).

Fig. IV.11. José López Portillo, administrando la exuberancia.

Fig. IV.12. No pudimos encontrar una foto de Miguel de la Madrid.

Fig. IV.13. Luis Echeverría: "La historia (no) me juzgará".

Fig. IV.14. "El innombrable".

Fig. IV.15. Economista siempre.

Fig. IV.16. "77... 78... 79... ¡Martha! ¿Ya?"

111

Ser presidente en México era como ser Rey Sol,[2] Astroboy, Superman, Bono, Paris Hilton, Einstein, planta del jardín de Babilonia, Hércules, Rey Midas, Zeus: adorado, envidiado, obedecido, esperanza de la humanidad, cometa Halley, la octava maravilla del mundo...

Los historiadores dicen que esta concentración del poder era justa y necesaria. Alguien tenía que mantener la fiesta en paz después de los años de todos contra todos (conocidos como la gloriosa Revolución que nos dio patria, tierra, libertad y refrescos Boing). Alguien tenía que ser el padre de una familia revoltosa y disfuncional, y asegurar que sus miembros no se arrebataran los juguetes ni los latifundios, que no rayaran las paredes o se mataran por una candidatura. Se trataba, en pocas palabras, de que los caudillos nunca más volvieran a estar *home alone*.

Por eso la Constitución dice que: "Se deposita el ejercicio del supremo, único, indivisible, inmaduro, incuestionable, imparable e inmaculado Poder Ejecutivo de la Unión en un solo individuo (sí, uno solo; nada de parejas presidenciales) que se denominará presidente tlatoani de los Estados Unidos Mexicanos".

En el sistema político mexicano, todos y todas giraban en torno a la figura del presidente, como los planetas alrededor del sol, como las abejas alrededor de la miel o las polillas en torno a la luz. Porque el presidente decidía si comerías o no, si vivirías o no, si te enriquecerías o no, si saldrías en la foto o no. Él decidía si el país iba a ser populista o neoliberal, estatista o privatizador, nacionalista o entreguista, si habría déficit o superávit, si se comían enchiladas suizas o mole oaxaqueño e incluso imponía la moda del vello facial.

Fɪɢ. IV.17. El presidente de México: arriba y adelante.

TOP 5 DE VELLO FACIAL

Maximiliano de Habsburgo

Venustiano Carranza

El general Díaz

Martín Carrera

José López Portillo

Por eso todos los burócratas, empresarios, intelectuales, gobernadores, jueces, obreros, campesinos (o sea TODOS) eran sus *groupies*.[3] Pero no crean que toda esta atención era inmerecida. Los presidentes han sabido hacer las cosas muy bien. Han robado muy bien. Han mentido muy bien. Han concertacesado muy bien. Han matado muy bien. Han incrementado su patrimonio muy bien. Y han nombrado a un sucesor que los proteja muy bien (con la excepción por todos conocida de Ernesto a.k.a., el *boy scout* Zedillo).

Este inmenso poder era posible gracias a la fórmula mágica "*Made in Mexico*", que debería ser nuestro principal producto de exportación, aunque los demócratas se opongan: el dedazo. Cada presidente ha contado con un dedo divino multiusos. Con él designaba gabinetes, gobernadores, diputados, senadores, jueces de la Suprema Corte y a su sucesor. Ocasionalmente lo usaba también para pedir la cuenta en los pocos restaurantes donde lo dejaban pagar. Junto con el dedo, el presidente contaba con un partido totalmente corporativo a su disposición, y con un país muerto de miedo. Esa sofisticada ecuación le garantizaba una "presidencia imperial" durante seis años.

Pero después de la gloria viene la debacle; después de la borrachera viene la cruda; después de cada presidente adorado viene una ráfaga de odio. Un presidente tras otro ha dejado al país en crisis: Luis Echeverría por gastar de más, José López Portillo por gastar de más, Miguel de la Madrid por gastar de menos, Carlos Salinas de Gortari por no devaluar y la excepción por todos conocida de Ernesto a.k.a., el *boy scout* Zedillo.[4] Los presidentes salientes han sido vilipendiados por quienes los remplazan, porque una de las reglas del presidencialismo mexicano es: "Borrón y cuenta nueva". El nuevo presidente es alzado en hombros mientras que el otro coge sus millones y se va (con la excepción por todos conocida de Carlos a.k.a, el facilitador social Salinas).

3 Dícese de aquel fanático que persigue a sus ídolos gira tras gira.

4 Nota de la redacción para Vicente Fox: "No nos vayas a fallar".

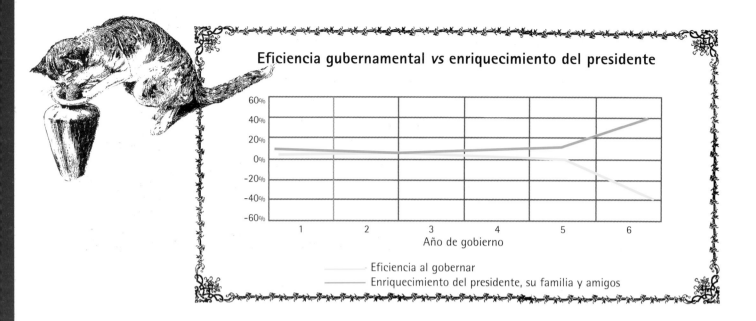

Eficiencia gubernamental *vs* enriquecimiento del presidente

Año de gobierno

Eficiencia al gobernar

Enriquecimiento del presidente, su familia y amigos

Por eso no sorprende que un acucioso investigador (que prefirió filtrar esta información a nosotros en vez de a Televisa) haya encontrado esta carta ciudadana en el Archivo General de la Nación, pasillo 23, caja 4, folio 9, documento 2. La carta se publica con la autorización del Instituto Federal de Acceso a la Información, después de una votación dividida y tres meses de debate interno.

Lo que piensa cualquier ciudadano mexicano sobre sus presidentes antes de irse a dormir

Híjole, es que en México ha habido muy malos presidentes. Nefastos, en serio. Y yo sé que igual y pueden decir que no es su culpa porque no hay una "escuela de presidentes", así como no hay una "escuela para ser papás", y esa es una muy buena excusa que a algún papá se le ocurrió para justificar haberle arruinado la vida a sus hijos. Pero yo creo que no aplica con los presidentes porque a ellos los elegimos y a los papás no (ni los elegiríamos, seamos sinceros). El punto es que, si tuviéramos que calificar a todos los presidentes mexicanos con un adjetivo, yo diría que son unos idiotas y los odio por eso... Me cae que haya tanto de dónde escoger: los que devalúan, los que no devalúan, los que se encierran y los que se venden, los de izquierda, los de derecha y los ambidiestros, los autoritarios y los blandengues, los doctores en economía y los que compraron su licenciatura donando un inmueble a su ALMA MATER, los que se proclaman líderes del tercer mundo y los que nos condenan a quedarnos ahí, los que se roban el dinero a escondidas y los que se lo roban públicamente, bueno, todos ya...

Ahora bien, la presidencia ha cambiado desde el 2 de julio de 2000. Es más, se ha esfumado. O como dicen los catedráticos: "Está de sabático". Quizá eso es bueno para el país. Ahora el presidente no mata estudiantes, no coarta la libertad de expresión, no provoca fuga de capitales, todavía no tiene hermanos en la cárcel, no pone en jaque la estabilidad económica y no ayuda a su partido. No hace nada muy malo en comparación con sus predecesores. Probablemente hubiera sido un buen presidente de Suiza, donde las buenas noticias también son noticia. El siguiente cuadro presenta un análisis comparativo del antes y después del 2 de julio:

LA PRESIDENCIA DEL CAMBIO	
Antes de 2000	**Después de 2000**
El presidente podía nombrar a cualquier gobernador, secretario y burócrata a discreción.	Sólo puede nombrar a sus vacas, bueyes, becerros y borregos.
Poder concentrado e indisoluble.	Poder compartido con todos pero no con él.
Partida secreta.	Partida para el ajuar de Martha Sahagún.
No había libertad de expresión.	No hay libertad de expresión para la revista *Proceso* y Olga Wornat.
Gastos de representación, vestidos, viajes, traslados innecesarios, despilfarro de los recursos públicos.	Gastos de representación, vestidos, viajes, traslados innecesarios, despilfarro de los recursos nacionales publicados por los periódicos y en internet.
Muchos estrategas políticos.	¿Qué? ¿Cómo? ¿Los *head hunters* no los contrataron?
Crisis económicas y políticas causadas por la soberbia del presidente o los intereses del partido.	Parálisis del país causada por la ignorancia o la buena voluntad del presidente.
Imposición para lograr acuerdos.	Nos faltó un poquito para lograr los acuerdos, paciencia, paciencia... todo es culpa del Congreso.
Amplios conocimientos del presidente en Derecho, Economía y prácticas gangsteriles.	Amplio conocimiento en la fabricación de botas rancheras, ventas de Coca Cola y remodelación de ranchos.
Enriquecimiento familiar por tráfico de influencias.	Enriquecimiento familiar por tráfico de influencias publicado en los medios.
Trato diplomático aceptable con el mundo. Autodeterminación de los pueblos y no intervención (para que nadie nos critique).	"Comes y te vas".
El presidente era el hombre más temido del país.	El presidente es el hombre más "popular" del país.

115

Once presidentes han vivido en Los Pinos y todos lo han remodelado a su imagen y semejanza. Cuando Luis Eceheverría vivía allí, estaba decorado con papel picado y alebrijes del mercado de Oaxaca (uno por cada muerto en Tlateloco). Cuando José López Portillo vivía allí se construyeron cabañas adicionales para cada amante. Cuando lo ocupó Miguel de la Madrid, instaló un bunker capaz de

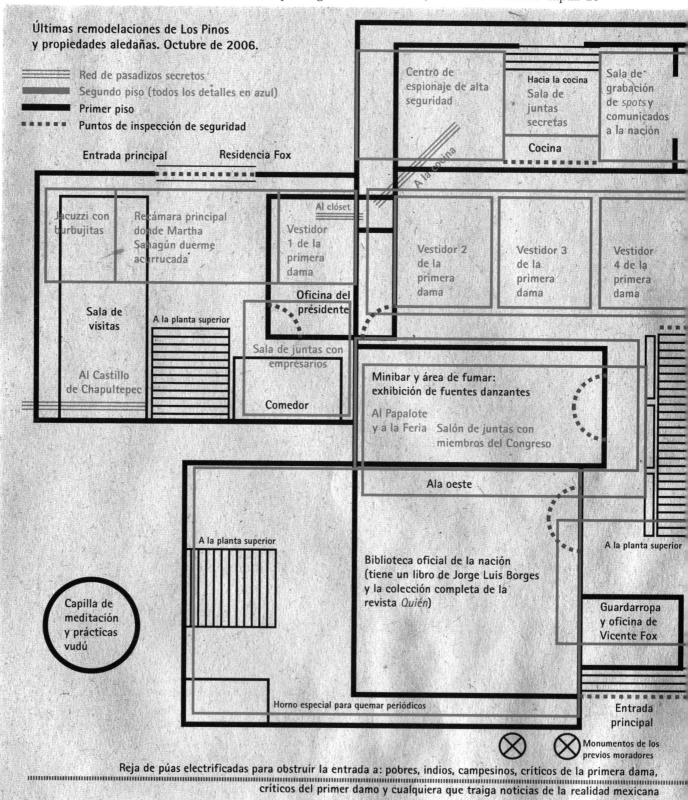

Últimas remodelaciones de Los Pinos
y propiedades aledañas. Octubre de 2006.

Red de pasadizos secretos
Segundo piso (todos los detalles en azul)
Primer piso
Puntos de inspección de seguridad

Entrada principal   Residencia Fox

Centro de espionaje de alta seguridad

Hacia la cocina
Sala de juntas secretas

Sala de grabación de *spots* y comunicados a la nación

A la cocina

Cocina

Jacuzzi con burbujitas

Recámara principal donde Martha Sahagún duerme acurrucada

Al clóset

Vestidor 1 de la primera dama

Vestidor 2 de la primera dama

Vestidor 3 de la primera dama

Vestidor 4 de la primera dama

Oficina del presidente

Sala de visitas

A la planta superior

Al Castillo de Chapultepec

Sala de juntas con empresarios

Comedor

Minibar y área de fumar: exhibición de fuentes danzantes

Al Papalote y a la Feria   Salón de juntas con miembros del Congreso

Ala oeste

A la planta superior

A la planta superior

Capilla de meditación y prácticas vudú

Biblioteca oficial de la nación (tiene un libro de Jorge Luis Borges y la colección completa de la revista *Quién*)

Guardarropa y oficina de Vicente Fox

Horno especial para quemar periódicos

Entrada principal

⊗ ⊗ Monumentos de los previos moradores

Reja de púas electrificadas para obstruir la entrada a: pobres, indios, campesinos, críticos de la primera dama, críticos del primer damo y cualquiera que traiga noticias de la realidad mexicana resistir cualquier terremoto. Con la llegada de Carlos Salinas se privatizó el salón Venustiano Carranza. Ernesto Zedillo rentó la residencia oficial para pagar la deuda del FOBAPROA. Y Martha Sahagún la convirtió en un *walk-in closet*.

He aquí el plano no oficial de Los Pinos, facilitado por Nahúm Acosta. Agradecemos también la generosidad de la familia Arellano Félix.

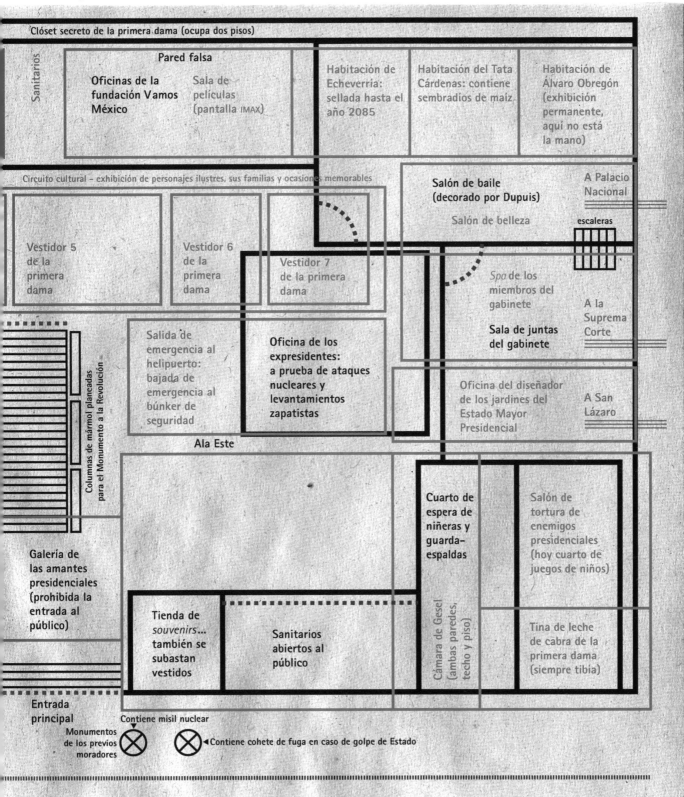

Es poco probable que un mexicano cualquiera (mayor de 35 años, nacido en México, sin videoescándalos conocidos) llegue a ser presidente, porque a Los Pinos no se llega por mérito. Para llegar a ser presidente es necesario ser blanco, rico, hombre, miembro de algún partido, y tener "amigos" empresarios o dueños

PRIMER AÑO

Hay rumores de que tienes un romance con tu vocera o alguien de tu equipo, (divorciada y rica); tira el dado de 6 caras, si sale un número par pierdes 2 puntos, si sale non ganas 2.

Primer iniciativa de ley reprobada por el Congreso. Tira el dado de 10 caras. Pierdes el número de turnos que te salga ahí.

Visita obligatoria a Washington. Pierdes 2 turnos.

El PIB no crece como prometiste en campaña. Pierdes 3 puntos.

Los zapatistas reaparecen y marchan al DF. Crea una comisión de diálogo, pagas 5 000 pesos y pierdes 2 turnos.

Primer informe de gobierno. Los otros jugadores te critican por media hora.

La oposición está fragmentada y no sabes qué hacer, así que no haces nada. Quédate en esta casilla hasta que todos los jugadores estén 5 lugares más adelante.

Te retiras de vacaciones al rancho por un mes. Pierdes 3 turnos y 30 puntos de aprobación.

El jefe de gobierno del DF comienza a remodelar el centro histórico. Pierdes 10 000 pesos de apoyo del sector privado.

Te casas. Pierdes 6 turnos debido al sobrepeso de tu globo.

Propones reforma eléctrica. Lanza el dado de 12 caras y los demás jugadores te golpearán el número de veces que salga.

Ordenas revisar asesinatos en Juárez. Ganas 3 puntos de aprobación.

Remodela tu primer rancho o casa de campo. Pierdes 2 turnos.

Muere un importante líder sindical y no te apareces en el entierro. Pierdes 1 turno.

Tu esposa cocina pollo en un programa de TV a las 6 am. Intercambia recetas originales con los jugadores.

EUA declara guerra en Medio Oriente. Te pronuncias en contra de la violencia, avanzas seis lugares

Termina tu primer año, subiste 15 kg y perdiste 986 743 cabellos. Lanza la moneda: águila, avanza a la izquierda; sol, a la derecha.

SEGUNDO AÑO

Tu secretario de Relaciones Exteriores renuncia dejando pendiente el pacto migratorio. Elige al amigo que tengas más cerca.

Propones reformar el sistema de pensiones y seguro social. Pierdes 4 turnos.

Tu esposa organiza un concierto con Elton John. Pierdes 2 puntos de aprobacion y todos pagan 10 000 pesos.

Segundo informe de gobierno. Una manifestación te impide llegar a tiempo a San Lázaro. Pierdes 1 turno. Tu hija se hace cirugía plástica. Paga 50 000 pesos a la mujer a tu derecha.

Pronuncias mal el nombre de un poeta y todos se burlan de ello. Retrocedes dos lugares.

PRESIDENTE ELECTO

Recibes tu título de licenciatura.

Todos te alaban por haber creado un nuevo capítulo en la historia nacional; como eres *Superman*, auméntate 100 puntos.

Celebración con los que colaboraron para tu campaña: lanza la moneda: águila, avanzas dos lugares; sol, avanzas uno.

¡Felicidades! Te has elevado hasta las nubes y estás listo para triunfar.

Primer domingo de julio
SALIDA

PRESIDENCIA POLÍTICA FICCIÓN

EL JUEGO / EDICIÓN 2000

La edición de este juego anterior a 2000 era bastante aburrida, ya que carecía de muchos de los elementos de diversión presentes en la actual versión. Para jugar es necesario que elijas el globo que más te guste, que tengas tus billetes de diferentes denominaciones, 1 moneda, 1 dado de 6 caras, 1 dado de 10 caras y un dado de 12 caras —el tablero te indicará cuál usar, cuándo y los puntos que cada uno te dará. Las reglas irán surgiendo conforme avances: te garantizamos un buen rato de diversión. ¡No te pierdas el juego dinámico en internet!

de televisoras. También ayuda llevar a cabo conferencias mañaneras en las que bateas, cachas, esquivas, corres y con tu dedito controlas la agenda política nacional. O convertirte en mártir y víctima de algún compló ideado por el presidente en turno. Si todo esto no funciona, consuélate con el siguiente juego: "La presidencia: política ficción".

Tus amigos son acusados de fraudulentos. Pagas 100 000 pesos y pierdes 9 turnos.

Tu esposa(o) se auto destapa candidata(o) para sucederte. Nadie te da crédito por la idea. Retrocedes 4 lugares.

Hoyo negro de las Reformas Estructurales. Te quedas por siempre aquí.

Tres amigos de tus oponentes son grabados *in fraganti* recibiendo y gastando mucho dinero. Elige 3 jugadores que pierden 10 turnos. Ganas 3 puntos de aprobación.

Aumento de inseguridad. Creas un nuevo cuerpo policiaco. Paga 5 000.

TERCER AÑO

El costo de tus sábanas ocupa primera plana. Pierdes un turno

Fotografías tuyas haciendo ejercicio durante una conferencia son vistas por el mundo entero. Haz 100 abdominales en traje de baño. Pierdes 4 puntos de aprobación.

Presentas tu Programa de Desarrollo Social que es abucheado por todos aunque tú dices que es posible lograrlo. Avanza 1 lugar por ingenuo.

Renuncia tu Secretario de Energía; busca a otro jugador. Pierdes 1 turno.

La oposición te critica duramente. Llora por 2 turnos.

Un mandatario comunista te acusa de vendido a los gringos. Todos los jugadores te dan 5 cachetadas.

Tres policías son linchados en el DF. Condenas este acto y ganas 1 punto.

Salen a relucir los primeros precandidatos de todos los partidos y comienza la discusión de los presupuestos de precampaña.

Descubren tus propiedades remodeladas. Con el dado de 6 caras, si tienes par, todos son auditados; si tienes non pierdes 10 puntos.

CUARTO AÑO

4º informe de gobierno. Te hacen una réplica que no entiendes. Pierdes 1 turno.

Hay un nuevo y extraño brote de poliomielitis W. erradicada hace 10 años. Todos cojean por el lugar 5 minutos y tú pierdes 4 turnos.

Invitas a los campeones de los paraolímpicos a Los Pinos. Ganas 2 puntos de aprobación.

Tu partido es castigado en las elecciones intermedias. El Congreso te odia aún mas. Pierdes 1 punto.

Tu esposa invita a un personaje incómodo para China. Recita y escribe en mandarín los tres principales proverbios de Confucio.

Desastre natural en Asia. Suben tus exportaciones y mandas ayuda humanitaria. Avanzas 2 lugares.

Tu reunión secreta con el titular de la Suprema Corte es publicada. Pierdes 3 turnos.

La muerte del Papa ocupa más tiempo aire en las noticias que el desafuero de tu peor enemigo. Sonríes por 40 minutos.

Comienzas tu mini campaña de *spots* en TV y radio. Ganas 5 puntos de aprobación.

Declaras en Brasil que quieres viajar más: todos te dicen buu por 5 minutos

QUINTO AÑO

Comienzan las campañas. Cualquier cosa que hagas ahora es irrelevante.

Ataca el chupacabras V.06 hay emergencia nacional. Pierdes 3 puntos y pagas 20 000.

Los miembros de tu partido hacen un desayuno y no te invitan. Pierdes 3 puntos y 4 turnos.

El innombrable vuelve y hay una terrible tensión en el ambiente. Todos los jugadores se miran a los ojos por 20 minutos.

Tu precandidato favorito pierde las elecciones internas. Abraza al de junto y llora por 10 minutos.

Quinto Informe de Gobierno. Tienes que desplegar un gran dispositivo de seguridad. Paga 50 000.

SEXTO AÑO

Matan al candidato de un partido fuerte. Hay pánico nacional, debes deslindarte de la responsabilidad y dejas que juegue el responsable de la PGR en tu lugar.

Tu ex esposa publica vergonzosas declaraciones. Paga 1 000 al jugador a tu izquierda y baja tu globo 10 metros.

Las vacunas caducas del Seguro Popular matan a 1/3 de la población. Pierdes 800 puntos y muchos votantes.

Vetas importante iniciativa del Congreso. Corre gritando: "¡Yo tengo el poder!"

Reconoces al vencedor de las elecciones a las 8:00 pm para así irte a dormir tranquilo.

¡Sobreviviste!

Aterriza tu globo. Tienes asegurada una pensión vitalicia más todo lo que hayas logrado ahorrar, una calle con tu nombre, tu foto en los libros de primaria y un lugar en la historia. Tira el dado de 12 caras, si tienes del 1-4 te vas al exilio, del 5-9 te vas al rancho a hacer labor social, del 10-12 te vas a enseñar a una prestigiosa universidad en el extranjero.

Aunque a veces quisiera hacerlo, ningún presidente puede gobernar solo. ~~Agustín Iturbide~~ lo intentó y vean cómo le fue. Por ello, los presidentes eligen a un grupo de mexicanos y mexicanas "totalmente leales" para que le ayuden con la tarea de administrar el poder. Usualmente escogen a sus amigos de la infancia o incorporan personas nombradas por el Grupo Monterrey. Antes, los gabinetes estaban llenos de abogados de la UNAM. Con Miguel de la Madrid y Carlos Salinas se volvió necesario tener un doctorado de Yale, Harvard o MIT para ser considerado elegible, aunque también los antiguos represores –como Fernando Gutiérrez Barrios– formaron parte del equipo. En el año 2000 el criterio de selección de jugadores cambió de la voluntad presidencial al *Manual Nacional de Head-Hunters al Servicio de la Patria*. Según el manual, éstos se deberían cazar. Cazaron múltiples cabezas para integrar un gabinetazo de personas que no tuvieran ninguna relación con Vicente Fox, o lo conocieran el día anterior a su nombramiento, con la excepción de la vocera presidencial.

Por eso el gabinete de Vicente Fox pasó de *Dream Team* a *Scream Team*, también conocido como gabinete Monterrori: autónomo, autodidacta, autodestructible.

1. **Secretario de Gobernación:** otorga concesiones para casinos, organiza mesas de diálogo, convoca acuerdos inexistentes y después se postula para la presidencia.

2. **Secretario de Relaciones Exteriores:** busca un acuerdo migratorio con EUA, hoy, hoy, hoy. En su tiempo libre trata de cambiar de puesto.

3. **Secretario de Turismo:** defiende del crimen a los turistas extranjeros. Cree que la limpieza de playas es responsabilidad del secretario del Medio Ambiente.

4. **Secretario de Agricultura, Ganadería, Desarrollo Rural, Pesca y Alimentos:** su lema es "El que mucho abarca, poco aprieta".

5. **Secretario de Recursos Naturales y Medio Ambiente:** que reporta las hectáreas de bosques quemados cada año. Cree que la limpieza de playas es responsabilidad del de Turismo.

6. **Consejo Nacional para la Cultura y las Artes:** construye megabibliotecas con la esperanza de que lleven su nombre.

7. **Secretario de Comunicaciones y Transportes:** otorga concesiones (carreteras, aeropuertos, radio, televisión) a todos sus cuates.

8. **Coordinador de Políticas Públicas:** el que propone todo lo que nunca será puesto en práctica.

9. **Secretario de la Defensa Nacional:** siempre presente defendiendo su lugar en la mesa, salvo los días en que le toca desfilar en público.

10. **Comisión Nacional para el Desarrollo de Pueblos Indígenas:** como no habla español, nadie la entiende.

11. **Secretario de Educación Pública:** monitorea y propone soluciones para lidiar con los analfabetos y analfabetas del país.

12. **Secretario de la Función Pública:** su trabajo es tan clasificado, pero tan clasificado que, siendo un "secreto de Estado", él mismo no sabe bien qué hace.

13. **Secretario de Desarrollo Social:** le da muchas cosas a los pobres.

14. **Secretario de Energía:** pasa el tiempo explicando por qué no habrá privatización de la CFE. Otorga subsidios a modo.

15. **Secretario del Trabajo:** el único que trabaja el 1 de mayo (en compensación, los otros 364 días está de vacaciones).

16. **Procurador General de la República:** su trabajo consiste en iniciar investigaciones que otros archivarán.

17. **Secretario de Salud:** se asegura de que todas y todos los que tienen acceso a hospitales privados estén sanos y felices.

18. **Secretario de Hacienda:** recauda impuestos y los usa para rescates bancarios.

19. **Balón:** tiene la cara del presidente para no olvidar quién es el que está en juego.

Fig. IV.18. Semblanza gráfica de la ideología flexible de los presidentes mexicanos.

Los presidentes tienen una agenda muy completa. Basta con ver la de Vicente Fox. Día tras día le corresponde inaugurar eventos, posar para la foto, dar discursos, grabar *spots*, hacer programas de radio, dar entrevistas de televisión y posponer decisiones cruciales para el país. El presidente va a muchas cenas de Estado y viaja en el avión presidencial con su séquito. Habla por el teléfono rojo. Elabora presupuestos y leyes que nadie aprueba. Pasa tiempo de calidad con su familia y la de su esposa. Merienda a las 19:30 horas y a las 20:00 ya está en la cama. Pero NO siempre fue así. Hay que recordar que NO es lo mismo hablar de un presidente antes del cambio y después del cambio; hay muchas sutiles diferencias en las labores misceláneas de cada uno, las cuales enumeramos a continuación:

Deberes misceláneos del presidente

Antes del cambio	Después del cambio
Llegar en pijama a las reuniones del gabinete.	Esperar una invitación para las reuniones del gabinete.
Correr a los miembros según su estado de ánimo.	Suplicarle a los miembros que no se vayan cuando les da la gana.
Catar todos los vinos sugeridos y llevados por los miembros para las reuniones.	Asegurarse de que la maquinita de Coca Cola no se trague las monedas.
Vigilar estrictamente, y reprimir si era necesario, todas las manifestaciones de cualquier índole en cualquier vía pública.	Organizar manifestaciones en el Ángel de la Independencia para conmemorar el 2 de julio, promover desafueros y celebrar los triunfos ocasionales de México en algún deporte.
Referirse a la población como "hijos de la Revolución" o "el pueblo de México".	Referirse a la población como "todas y todos", "compatriotas y compatriotos" , "chiquillos y chiquillas", "priistos y priistas", "panistos y panistas" y/o cualquier otra palabra que permita distinción de géneros.
Utilizar Los Pinos como bunker personal.	Convertir Los Pinos en la casa de todos los mexicanos y todas las mexicanas.
Mantener una casa chica, siendo presidente.	Casarse con la vocera de tu gobierno.
Controlar a la prensa y a los medios de comunicación.	Ser controlado por la prensa y los medios de comunicación.
Asegurar que no se mueva ni una hoja sin el consentimiento presidencial.	Leer en el periódico las reuniones de su secretario con sus enemigos políticos.
Redactar las iniciativas que el Congreso va a aprobar.	Hincarse frente al Congreso y rogarle que le haga caso.
Demostrar una debilidad histórica hacia un miembro de su familia (hermano, hijo, esposa).	Demostrar una debilidad histórica hacia un miembro de su familia (hermano, hijo, esposa).
Remodelar todos los inmuebles particulares que le pertenecen (La colina del perro, rancho las Mendocinas, entre otras).	Remodelar todos los inmuebles particulares que le pertenecen (Los Encinos, revisar rancho San Cristóbal).

Los más efímeros

LASCURÁIN: EL PRESIDENTE MÁS
PRUDENTE DE MÉXICO

- Pedro Lascuráin: 55 minutos.
- José Ignacio Pavón: 2 días.
- José María Bocanegra: 5 días.
- Pedro Vélez: 9 días.
- Rómulo Díaz de la Vega: 21 días.

Todos ellos tuvieron más de cinco minutos de fama. Ninguno tuvo tiempo suficiente para arruinar al país.

El más inteligente

¿?

Los más pelones

Ernesto Zedillo por ser el que más pelo ha perdido. Mira:

CARLOS SALINAS DE GORTARI

ZEDILLO UNIVERSITARIO

ZEDILLO PRESIDENTE

Los más buscados

Después de su presidencia:

- Carlos Salinas de Gortari (por gastalón).
- Gustavo Díaz Ordaz (por feo).
- Luis Echeverría (por "persuasivo").
- ~~Antonio López de Santa Anna~~ (por rematar unos terrenos baldíos).

Durante su presidencia:

- Ernesto Zedillo (¿quién?).
- Vicente Fox (porque a ningún presidente se le ha exigido tanto como a él).

Los no priistas

El más ingenuo

Vicente Fox

Mexicanas y mexicanos: si yo fuera presidente, otra tonada sonaría en la radio puesto que sería el momento del verdadero, único, original e indiscutible cambio. Pero para hacer esto, hay que ser realistas y visionarios. Centrados y atentos a todo lo que ocurre a nuestro alrededor. Hay quienes dicen: "Si yo fuera presidente, haría que todos los que votan por el salario mínimo, sólo percibieran ese salario mínimo por su trabajo". Otros más comentan: "Si yo fuera presidente, no cobraría nada de sueldo, el presidente es un servidor público que debe hacer las cosas por ayudar; como el presidente es el representante del país pues sí habría un apoyo para que se vistiera apropiadamente, mas esto no sería su salario sino ayuda para los eventos" (o sea, rentarle el *tuxedo*). Otras más de esta índole son: "Si yo fuera presidente, quitaría la arbitrariedad de la pensión vitalicia tan alta, y más aún para las viudas de los presidentes, a lo mucho una pequeña cantidad mensual y mientras se esté con vida, pero no más"; "Si yo fuera presidente, obligaría a Thalía a vivir en México" y la lista continúa... Obviamente, quienes dijeron esto no tienen la más mínima intención de ser presidentes de absolutamente nada (salvo tal vez de algún grupo filántropo o un grupo de secuestradores). Ya, en serio, ¿quién rayos quiere ser presidente de México en estos días? Es decir, ¿quién, además de los que nacen en Los Pinos o en el seno de una familia priista revolucionaria, tiene tamaña ocurrencia? ¿Cuál es la necesidad de tener que rendir cuentas de absolutamente todo –hasta del costo de mis toallas– cuando existe otra serie de puestos menos complicados e igual de bien remunerados para sobrellevar? Sadomasoquismo es la primera palabra que me viene a la mente aunque, analizándolo a fondo, son sólo seis años de sufrimiento por muchos, muchos más de buenaventura, así que vale la pena ser presidente.

Hay que reconocerlo, el sistema del presidencialismo mexicano —alias el "dedazo divino"— tenía hasta cierto punto lógica; el siguiente a ocupar "el trono" era el secretario de Gobernación quien, durante seis años como miembro del gabinete, ya había tenido oportunidad de foguearse, hacerse millonario y estar listo para enfrentar los embates de la durísima oposición y el no menos quisquilloso Congreso de la Unión. Pero no, un sistema así es demasiado simple y antidemocrático, por lo que para darle una buena dosis de adrenalina a la nación y explicar también los apabullantes gastos de las campañas, es necesario recurrir a los concursos de popularidad y a las técnicas de coco *wash* masivo, desde las más primitivas como viajar en metro (con escolta, por supuesto) hasta las más sofisticadas como... como... bueno, luego les digo como cual. Cuando sea presidente. Mientras tanto, no les revelaré mis secretos de campaña. Tristemente el dedazo ha muerto y ahora uno tiene que preocuparse por comenzar su campaña dentro del partido (nada de ser candidatos ciudadanos, esas ideas absurdas quitan tiempo, dinero y esfuerzo) para entrar a la contienda como el mero, mero gallo.

Llevo ya dos párrafos y aún no he llegado al *quid* del asunto (¡sí, definitivamente sería un excelente presidente!).

Si YO fuera presidente, los mexicanos estaríamos en serios problemas, ya que sería la mejor forma de darle rienda suelta a mi neurosis, esquizofrenia, paranoia y aires de grandeza de tal manera que sería un gobierno autocrático, simpático, tecnocrático, antipático, apático y, sobre todo, democrático. Nadie podría decir que no pregunté si querían que hiciera lo que proponía porque haría muuuuchos plebiscitos, consultas telefónicas y todo aquello que me permitiese conocer lo que el pueblo realmente quiere. TODOS y TODAS sabrían que estoy trabajando porque mandaría pintar las líneas del pavimento a la hora pico, causando un embotellamiento tan grande, pero tan grande, que se aprenderían de memoria mis propagandas anunciadas en paredes, postes, árboles y hasta en las nubes si me alcanza el presupuesto. Firmaría un pacto migratorio tal que por cada *spring breaker* que viniera a México, dos ilegales obtendrían su residencia legal al otro lado.

Yo no tocaría los impuestos para nada, que se queden tal cual están ahora, de todos modos cualquier cambio siempre genera polémica y discusiones innecesarias. De todas formas será culpa del Congreso que no puede ponerse de acuerdo para nada, banda de inútiles, mejor que gobernara yo solo. Lo que sí haría sería mirar siempre arriba y adelante^{TM}, asegurándome de que cada quién haga lo que tiene que hacer porque la solución somos todas y todos^{TM}. Yo no puedo solito con la carga (ni que fuera Dios, aunque lo parezca).

Como presidente, las reformas estructurales comenzarían por una Renovación Moral^{TM}. Organizaría una confesión general en el estadio Azteca respetando, claro, la diversidad de religiones en nuestro país. El ser presidente y tenérselas que ver con los otros dos poderes y con los ciudadanos es algo agotador, en serio; es algo así como practicar un deporte extremo durante seis años, so riesgo de pérdida de cabellera entre otras debacles más. Es aún peor que ser miembro de la casa de cualquier *reality show* pero infinitamente más impopular. No hablaré más de mí, sino de mi presidencia. Si YO fuera presidente convocaría diariamente al diálogo con todo aquel dispuesto a hacerlo; de esta forma, dejaría que hable México^{TM}, que haya solidaridad y bienestar para tu familia^{TM}. Para asegurarme de que tengas el bienestar que te mereces, primero experimentaré con mi familia, y así sabrás que no te estoy tomando el pelo ni mucho menos.

Ah... ¿qué cosas más pasarían si YO fuera presidente? Pues haría que las cosas pasaran^{TM}, haría lo mío^{TM}, avanzaría por la izquierda, la derecha, de frente y de reversa, haría todo aquello que siempre he deseado que se haga. Tendríamos un país con energía, futuro, esperanza, fe y caridad. Todos nos lavaríamos las manos antes y después de ir al baño, comeríamos frutas y verduras y seriamos felices por siempre jamás. (Al menos hasta que terminara mi sexenio, a no ser que el pueblo me requiriera para quedarme más tiempo.)

Sí, ya termino, ya, ya, ya^{TM}... no he dicho todo, pero ni modo. Amén (aplausos y vítores de fondo).

Reflexiona y discute

1. Si Big Brother (el de George Orwell) se filmara en Los Pinos, ¿qué escenas no te perderías?
   a) Martha Sahagún en sesión esotérica
   b) Martha Sahagún en sesión de "belleza"
   c) Vicente Fox en la alberca
   d) Nahum Acosta filtrando información a los capos
   e) La llegada de los manifestantes y los reclamos de ese día
   f) Los hijos de Vicente Fox y Martha Sahagún humillando a los mayordomos
   g) La remodelación de Los Pinos: *Extreme Makeover*
   h) Un día en la vida de Ana Cristina Fox
   i) Las escenas eróticas que se puedan ver. ¡Guácala!

2. ¿Qué necesitó Fox para llegar a la presidencia?
   a) Un pueblo urgido de cambio
   b) Un brillante asesor de *marketing* político
   c) Un "mariquita mandilón" de opositor
   d) Setenta años de un mismo partido
   e) Un pueblo ilusionado
   f) Botas rancheras de la buena suerte
   g) Ser soltero
   h) El voto útil
   i) Todas las anteriores

Actividad

Elabora un manual para fracasar como presidente.
Puedes utilizar las siguientes sugerencias:
1. Hacerle caso a Santiago Creel
2. Confiar en Diego Fernández de Cevallos
3. Compartir la presidencia con tu esposa
4. Apostarle a la colaboración con el PRI
5. Tenderle la mano a las tepocatas, alimañas y víboras prietas
6. Dormirte a las 20:00 horas y despertar a las 6:40

NOMBRE	APODO		EXPLICACIÓN
Gustavo Díaz Ordaz	"El trompas"		Le decían así por amoroso. A lo largo de su presidencia mandó besos por doquier.
Luis Echeverría Álvarez	"El francotirador"		Le encantaba la cacería y los halcones eran sus mascotas preferidas.
José López Portillo	"El perro"		Sus amigos de la preparatoria lo apodaron así por su pegue con las mujeres. También se le conoce así porque aulló después de la devaluación de la moneda.
Miguel de la Madrid Hurtado	"El facsimilar"		Si no fuera por el temblor, ¿quién se acordaría de él?
Carlos Salinas de Gortari	"La hormiga atómica"		Lo llaman así porque provocó una crisis nuclear (incluso en el núcleo de su familia).
Ernesto Zedillo Ponce de León	"El Chapulín Colorado"		Porque nadie contaba con su astucia.
Vicente Fox Quesada	"El mandilón"		Por su forma de gobernar.

Cuestionario

1. Si fueras presidente, ¿qué obra pública elegirías para pasar a la historia?
   a. Una gran biblioteca con tu nombre
   b. Un gran segundo piso con tu nombre
   c. Un gran hospital con el nombre de tu esposa
   d. Una autopista con tu nombre
   e. Un complejo turístico con el nombre de tu familia
   f. Un libramiento con el nombre de tu hermano
   g. Un puente con el nombre de tu hijo
   h. Ninguno de los anteriores; preferiría quedarme con el dinero y pasar a la historia como un ladrón

2. De estas fotos, ¿cuál deduces que es la característica indispensable para ser presidente de México?

a) Tener bigote	b) Usar sombrero
c) Ser calvo	d) Tener cejas abundantes
e) Ser hombre	f) Ser sexy
g) Ser apoyado por empresarios poderosos	h) No tengo información suficiente para responder

Preguntas para discusión

1. Da el nombre de tu presidente favorito y di por qué (no, ése no cuenta, ése es tequila).
2. Seguramente alguien me puede decir el nombre completo de su presidente favorito.
3. El de cualquier presidente.
4. ¿No?
5. Por favor, ya queremos salir al recreo.
6. ¿Nadie en esta clase sabe el nombre de un solo presidente?
7. ¡&%/&!?¡
8. ¿Quién va por los refrescos?

Actividades

Elabora un plan de sucesión presidencial, siguiendo estas recomendaciones:

1. Elige a alguien que no vaya a meter a tu hermano a la cárcel.
2. Elige a alguien que te culpe de la crisis económica pero que deje intactas tus cuentas en Suiza.
3. Dale un buen hueso a los que se quedaron en el camino.
4. Asegura que no existan videos comprometedores de tu gestión.
5. Asegura que la transferencia de tu riqueza personal haya concluido antes del fin de sexenio.

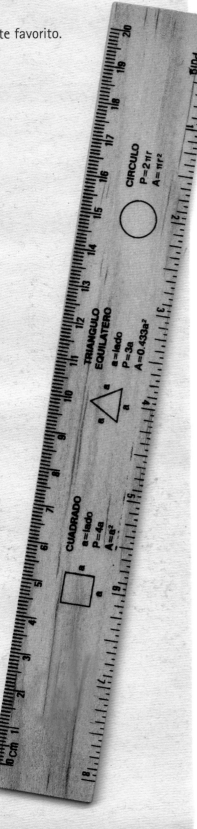

Nota: No olvides considerar imprevistos, un levantamiento armado de indígenas, devaluación, divisiones dentro de tu partido, que tu candidato otorgue permisos a casinos antes de empezar su campaña, asesinato aparatoso de personaje conocido, asesinato aparatoso de tu candidato, una telenovela muy interesante que te quite audiencia, la muerte del Papa y salmonelosis.

Con tus compañeros de clase juega a "las escondidillas presidenciales":
Primer tiempo. ¿Quién resolverá los asesinatos de Juárez?
Segundo tiempo. ¿Quién castigará el FOBAPROA?
Tercer tiempo. ¿Quién declinará a favor de Cuauhtémoc Cárdenas?

Traza una línea entre los nombres de los presidentes y las mascotas que les correspondan.

LOS PRESIDENTES Y SUS MASCOTAS

NOMBRE	MASCOTA O JUGUETE FAVORITO
Gustavo Díaz Ordaz	
Luis Echeverría Álvarez	
José López Portillo	
Miguel de la Madrid Hurtado	Bankomer Banamecs
Carlos Salinas de Gortari	PRD
Ernesto Zedillo Ponce de León	
Vicente Fox Quesada	

Elige las frases que no deben faltar en el informe de gobierno:

1. Dios mío, ¿qué hago aquí?
2. Dios mío, ¿por qué me has abandonado?
3. Honorable Congreso y Honorable Congresa de la Unión.
4. Hemos construido 45 675 809 234 kilómetros de carreteras.
5. La democracia existe (desde 1929 si eres priista, desde el 2000 si eres panista, y todavía no llega si eres perredista).
6. ¡Viva México!
7. Hemos combatido la pobreza, la corrupción y el dengue.
8. Hemos hecho un montón de cosas, y si no me creen lean los cuatro mil folios que les acabo de entregar.
9. Benito Juárez era a todo dar.
10. Las instituciones son fantásticas, la justicia social va por buen camino, la Revolución ha cumplido y todos seremos felices para siempre.

¿Quién dice que la reencarnación no existe? Encuentra las similitudes:

NAPOLEÓN

NERÓN

HERNÁN CORTÉS

CONAN, "EL BÁRBARO"

ADIVINA QUIÉN ES...

EL GOBERNADOR DE CALIFORNIA

LA LEY DE HERODES

La única ley que obedecen los diputados.

CAPÍTULO V

El Poder Legislativo:
tres es multitud

La Constitución de 1917™ establece que el pueblo deposita su soberanía en tres poderes: el Ejecutivo, el Legislativo y el Judicial. Durante 71 años, el Partido Revolucionario Institucional consideró que esta división era sólo una sugerencia o más bien una complicación excesiva, de modo que en realidad sólo existía el Ejecutivo, mientras que sus dos hermanos pobres, Legislativo y Judicial, debían conformarse con existir pero sin servir para nada. En México, el Poder Legislativo no era en realidad un poder y tampoco era legislativo.

A partir de 1997 y después, en el año 2000, en el México del Cambio™, las cosas sí cambiaron. Cansados de ser sólo una pieza decorativa en el sistema político mexicano, los miembros del Congreso de la Unión decidieron que a partir de entoces sí se convertirían en un "poder efectivo", capaz de balancear la influencia del Ejecutivo. De este modo, y sin que los ciudadanos apenas nos diéramos cuenta, nuestra vida pública pasó de ser un patriarcado universal para convertirse en un espantoso matrimonio. En el México del Cambio™ no hubo lugar para una apasionada luna de miel: desde el primer día el señor presidente y la señora legisladora no han cesado de gritarse, patearse, engañarse y tirarse los platos frente a la mirada incrédula, primero, divertida, y luego preocupada, de los vecinos.

FIG. V.1. Representación de los tres poderes Alegoría de Diego Rivera que se encuentra en el mural de la escalinata de Palacio Nacional.

Los constantes golpes, pellizcos y manotazos entre el Ejecutivo y el Legislativo han llevado a los ciudadanos a hacerse las siguientes preguntas:

1. ¿Qué diablos es el Poder Legislativo?
2. ¿Cuánto ganan esos señores?
3. ¿Cuánto cena un senador?
4. ¿Cuánto diputa un diputado?
5. ¿No podríamos ahorrarnos tantos sueldos?

Este capítulo busca responder de la manera más prudente a éstas y muchas otras estremecedoras cuestiones.

FIG. V.2. Negociación entre el Poder Ejecutivo y el Poder Legislativo.

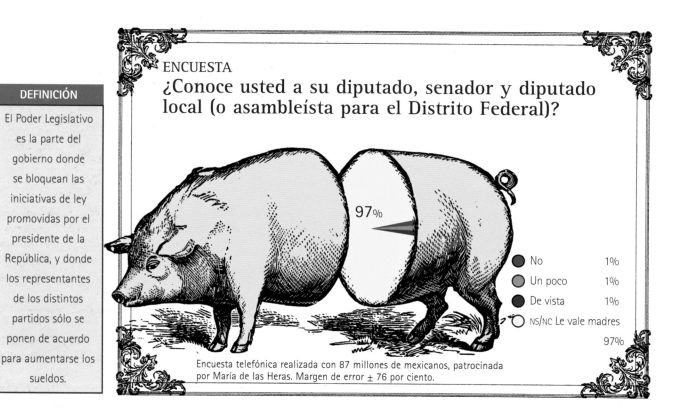

ENCUESTA

¿Conoce usted a su diputado, senador y diputado local (o asambleísta para el Distrito Federal)?

97%

○ No 1%
○ Un poco 1%
● De vista 1%
○ NS/NC Le vale madres 97%

Encuesta telefónica realizada con 87 millones de mexicanos, patrocinada por María de las Heras. Margen de error ± 76 por ciento.

1. ¿Qué diablos es el Poder Legislativo?

Buena pregunta. Tan buena que los autores de este libro decidieron formulársela directamente a algunos diputados de la legislatura (es decir, los que cobran ahorita), antes de atreverse a responderla.

He aquí algunas de las respuestas:

Dip. Manlio Fabio Beltrones (PRI)

"Lo de Legislativo pos la verdad no nos importa mucho, pero lo de Poder, pos eso sí que sí. Poder pa' hacer negocios, poder pa' actuar impunemente."

Dip. Francisco Barrio (PAN)

"Perdóneme, pero la verdad es que estuve unos meses en campaña y ando medio desconectado del asunto, pero al ratito le contesto..."

Dip. Pablo Gómez (PRD)

"El Poder Legislativo es el lugar al que llegan los compañeros de las distintas corrientes del partido que han sobrevivido a las intrigas, los chantajes y las acusaciones de los compañeros de las otras corrientes."

Dip. Jorge Kahwagi (Partido Verde)

"Pues es como un *ring* de box, sólo que aquí los golpes sí son de a de veras."

Dip. Jaime Moreno Garavilla (Convergencia)

"El Poder Legislativo es... ¿Cómo decirle? Lo único que garantiza la supervivencia de un negocio tan lucrativo como un partido político."

GLOSARIO DEL PODER LEGISLATIVO

Bancada: Como en el futbol, es el lugar donde los diputados y senadores descansan de sus agotadoras jornadas y se echan una pestañita.

Coordinador: Jefe de la bancada de cada partido en una Cámara. "Todo se lo debo a mi *manager*."

Contaduría Mayor de Hacienda de la Cámara de Diputados: Comisión legislativa que debería encargarse de supervisar las finanzas de la Presidencia de la República pero que, en general, se concentra en evaluar los bonos que deberá recibir cada diputado.

Comisión: Como dijo un sabio priista, la mejor manera de no resolver un asunto en México es creando una comisión. La Cámara de Diputados cuenta con 2 876, y la de senadores con 1 345, divididas a su vez en 3 465 subcomisiones.

Comparecencia: Desfile de modas organizado por los diputados y senadores en el que participan todos los secretarios de Estado. En los últimos años el certamen de belleza ha sido ganado por el secretario Totalmente Palacio.

De obvia resolución: Dícese de aquella iniciativa que resulta tan estúpida que hasta un diputado o senador puede entenderla a la primera.

Desafuero: Procedimiento aplicado a los jefes de gobierno del Distrito Federal, apellidados López u Obrador, en caso de que no acaten una orden judicial improcedente.

Dieta: Cantidad de comida que traga un diputado o un senador al mes. La expresión completa es "dieta de engorda".

Diputado: Representante del pueblo cuya única función consiste en levantar el dedo cuando su coordinador se lo indica (ahora, con el sistema automatizado del Congreso de la Unión, se evitan el cansancio y los esguinces causados por el viejo sistema y sólo se tiene que apretar un botón).

Diputado plurinominal: Representante popular elegido por el presidente de su partido.

Fuero: Escudo protector que hace a diputados y senadores inmunes a los ataques de los gérmenes de la Procuraduría General de la República. Gracias a él, diputados y senadores pueden hacer cualquier cosa (incluso manejar borrachos e insultar a un par de policías) sin peligro de ser molestados.

Iniciativa de ley: Muy de vez en cuando, un diputado o senador (o incluso, aunque usted no lo crea, ¡el presidente de la República!) tienen una idea, y entonces decide compartirla con sus compañeros. En 98% de los casos se trata de malas ideas (¡buuuu!).

Informe de gobierno: Ceremonia republicana en la cual el presidente de la República visita el Congreso de la Unión para informar a los ciudadanos sobre las acciones que no tomó durante un año. A su vez, los diputados y senadores, que por supuesto no han leído ni leerán las 456 970 fojas de anexos que contiene el documento, responden a las palabras del presidente expresando sus sesudas opiniones sobre el clima. Por lo general se celebra el 1 de septiembre de cada año.

Ley: Producto natural emanado del Poder Legislativo. Es lo que el humo negro a los peseros. No se cumple.

Ley de ingresos: Ley aprobada cada año por el Congreso de la Unión donde se prevé con qué cantidad de dinero contará el gobierno para pagar los bonos de sus empleados.

Ley de egresos: Ley aprobada cada año por el Congreso de la Unión donde se especifica qué cantidad será empleada por el gobierno para pagar los bonos de sus empleados.

Mesa directiva: Lugar donde los coordinadores de las distintas bancadas partidistas toman el *lunch*.

Pleno: dícese del momento en que todos los diputados o senadores se encuentran reunidos, por lo general dormidos.

Quórum: Número mínimo de diputados o senadores necesarios para aprobar una ley. Normalmente con 0.5% del total se considera suficiente.

Recinto legislativo: Se refiere al Palacio de San Lázaro. Arena en la que se enfrentan los luchadores de los distintos partidos políticos.

Roqueseñal: muestra de entusiasmo de una bancada cuando al fin se consigue aprobar una iniciativa de ley que se chinga a todos los mexicanos.

San Lázaro: Santo patrono de los ladrones, cuatreros, randas, manilargos y diputados. Ver *Recinto legislativo*.

Senador: Representante de alguno de los 32 estados de la Federación o del Distrito Federal cuya única función consiste en levantar el dedo cuando su coordinador se lo indica.

Senador plurinominal: Representante popular elegido por el presidente de su partido.

Viáticos: La esencia misma de ser representante popular. Lo menos que los ciudadanos pueden hacer por diputados y senadores es pagar sus desayunos, comidas, cenas, viajes a la playa, reventones y juergas.

Votación: Momento en que los diputados o senadores levantan el dedo o aprietan el botón.

Votación económica: Se realiza cuando no es necesario contar los votos uno por uno, o cuando alguien se ha encargado de comprar a todos los miembros de una bancada a un precio bajo.

135

Agenda del 13 de septiembre del Diputado Federal
Lic. Armando Chamorro (PRI-Puebla)

8:30 am   El chofer pasa a recogerlo en su nuevo BMW 520 (adquirido gracias al bono extraordinario del primer periodo de sesiones) a su nueva casa de las Lomas de Chapultepec (adquirida gracias al bono extraordinario del segundo periodo de sesiones).

9:00 am   Desayuno de trabajo con el senador Lic. Gustavo Chamorro (PRI-Puebla) para reiterarle su apoyo para la candidatura de su partido a la gubernatura de su estado natal.

11:30 am   Llegada a su oficina privada en el recinto legislativo de San Lázaro.

11:35 am   Comunicación telefónica con el coordinador de su bancada.

11:39 am   Comunicación telefónica con su amante.

12:30 pm   Reunión de la Comisión de Recursos Hidráulicos que preside.

12:38 pm   Fin de la reunión de la Comisión de Recursos Hidráulicos.

12:40 pm   Tiempo reservado a administrar sus negocios privados.

15:00 pm   Comida con el líder nacional de su partido para planear la estrategia electoral de 2006.

17:00 pm   Regreso al recinto legislativo de San Lázaro.

17:01 pm   Siesta.

18:00 pm   Arribo al salón de sesiones justo a tiempo para votar en contra de la iniciativa presentada ese día por el Ejecutivo.

18:05 pm   Vuelta a su oficina para seguir atendiendo sus negocios privados.

19:30 pm   Su chofer lo lleva al Aeropuerto Internacional de la Ciudad de México para tomar el avión que lo llevará a la ciudad de Puebla, donde pasará el fin de semana.

22:00 pm   Reunión apasionada con su amante.

22:03 pm   Fin de la reunión apasionada con su amante.

23:00 pm   Llamada a su esposa.

23:03 pm   Cena viendo la grabación de *El privilegio de mandar.*

24:00 pm   Hora de dormir.

2. Historia del Poder Legislativo

1814

Morelos se encarga de redactar la primera Constitución en Apatzingán™. No tuvo vigencia. Tiene la loca idea de que los diputados en efecto representen al pueblo. Los diputados la firman sin haberla leído.

1821

Primera gran disolución cameral, por ~~Agustín de Iturbide~~.

1822

El 24 de febrero el México independiente tiene a la Iglesia de San Pedro y San Pablo como el primer escenario del Poder Legislativo; allí nacieron la primera Cámara de Diputados y el primer Congreso Constituyente. No debe sorprender que, Salinas primero y Fox después, invitan a representantes de la Iglesia Católica a los informes y cambios de gobierno.

1823

Primera gran restitución cameral, por ~~Antonio López de Santa Anna~~. Nace la idea del Congreso bicameral. Algunos diputados pensaban que las leyes se aprobaban demasiado rápido y decidieron que los senadores podrían cooperar con un poco de lentitud. Los diputados aprueban sin leer nada. Los senadores rechazan sin leer nada.

1824

Primera constitución en serio. Establece que el presidente debe asistir a la apertura de las sesiones ordinarias y pronunciar un discurso que responda el presidente del Congreso. La tradición no se ha perdido. Los diputados la firman sin haberla leído.

1834

Segunda gran disolución cameral, por ~~Antonio López de Santa Anna~~.

1857

Nueva constitución. Suprime el Senado. Dos periodos de sesiones con un total de cinco meses.

¿Sabías que...

...el salario mensual de un diputado federal, incluyendo bonos ordinarios y extraordinarios, compensaciones, seguro para el retiro, vales de despensa, viáticos, vales de gasolina, ayuda para coche, ayuda para casa, ayuda para vuelos, ayuda para escuelas y ayuda para amante es el equivalente al:

1. *Salario de veintidós años de un obrero.**
2. *Salario de dos generaciones de campesinos mixtecos.**
3. *Dos Peugeot™ modelo 2006.**
4. *Diez relojes Rolex™ de oro.**
5. *Cuarenta trajes de casimir inglés.**
6. *Trece televisores a color Panasonic™ de pantalla plana.**
7. *Cuatrocientos DVD-Player marca Phillips™.**
8. *Dos mil películas pornográficas de Paris Hilton™?**

* Estas cifras son rigurosamente ciertas.

1863-1864

Nuevo acercamiento de la Iglesia y el Congreso, que sesiona primero en el Colegio Guadalupano de San Luis Potosí y luego en la Casa del Obispado de Coahuila.

1897

Porfirio Díaz establece la larga tradición del Congreso supeditado al presidente, que se suspende en 2000 cuando el Congreso conoce bien a Vicente Fox.

1909

Un incendio destruye el edificio de la Cámara. Un equipo especial despierta a los diputados para que salgan del edificio. Algunos se rehúsan y el saldo es de 300 muertos.

1916

En medio de la Revolución, Venustiano Carranza compra un nuevo Congreso Constituyente. Un periodo de sesiones con un total de cuatro meses.

1934

Nuevo reglamento del Congreso. Un periodo de sesiones con un total de tres meses.

1977

Las reformas plantean un problema de cupo para la Cámara de Diputados. Se determina erigir una nueva sede para el Poder Legislativo. El encargado del proyecto es Pedro Ramírez Vázquez, quien construye una réplica del Palacio de los Deportes. En el interior del edificio planea zonas de descanso, canchas de tenis y salón de belleza.

1989

Un incendio destruye el edificio de la Cámara. Un equipo especial despierta a los diputados para que salgan del edificio. Todos se rehúsan y no hay sobrevivientes.

1979, 1982, 1986, 1988, 1992, 1993, 1994 y 1996
Reformas para dar más fuerza al Congreso. Los diputados las firman sin haberlas leído. Un periodo de sesiones con un total de dos meses.*

*Entre 1824 y 2000 los periodos de sesiones se redujeron de seis a dos meses, siguiendo la teoría de que mientras menos trabaja un diputado menos daño le hace al país.

138

3. Diputados y senadores

El Congreso de la Unión está formado por dos cámaras:
la de Diputados, mejor conocida como "la Chiquillada",
y la de Senadores, también conocida como la de "los rucos".

ALGUNOS DATOS LEGISLATIVOS	
Número de diputados	500
Número de senadores	128
Número de diputados que asisten al menos a la mitad de las sesiones	6
Número de senadores que asisten al menos a la mitad de las sesiones	2
Salario promedio de un diputado al mes*	$ 400 000.00 M.N.
Salario promedio de un senador al mes*	$ 500 000.00 M.N.
Número promedio de iniciativas de ley presentadas por cada diputado	0.075
Número promedio de iniciativas de ley presentadas por cada senador	0.013
Número total de iniciativas de ley presentadas en un periodo ordinario	80
Número total de iniciativas aprobadas en un periodo ordinario	2**
Horas que un diputado duerme en promedio al día	17.5***
Tiempo promedio que un diputado permanece despierto en horas hábiles	14 minutos****

*   Salario neto, con impuestos descontados, incluyendo todos los bonos especiales.

**   La primera fue aprobada por 78% de los diputados para aumentarse el sueldo; la segunda por 89% para darse más días de vacaciones.

*** De ellas, nueve en el salón de sesiones.

**** De ellos, doce en el baño.

FIG. V.3. Las dos cámaras que forman el Congreso de la Unión.

¿Sabías que...

...los diputados y senadores sesionan durante dos periodos cada año? Uno empieza el 1 de septiembre y el otro el 1 de febrero. Según la Constitución™, el primer periodo durará lo que los diputados y senadores determinen, pero no más allá del 15 de diciembre y el segundo no más allá del 30 de abril. Eso quiere decir que, en el mejor de los casos, los diputados y senadores trabajan:

2.5 meses
+ 4.5 meses
———————
7 meses al año

Esto les concede unos maravillosos cinco meses de vacaciones, all inclusive, *siempre y cuando los periodos de sesiones sí duren el máximo permitido.*

Fig. **V.4.** Momento en que los diputados priistas cambian a su coordinador parlamentario.

De la elección e instalación del Congreso

Artículo 51. La Cámara de Diputados se compondrá de ladrones, pillos, mentirosos, ausentistas, dormilones y sabandijas. Durante tres años tendrán el derecho de vivir como reyes, de tener a su disposición choferes, ayudantes, asistentes y amantes y de no dar cuenta a la nación por sus actividades. Por cada diputado propietario se elegirá un suplente, en caso de que el primero decida convertirse en funcionario público o muera asesinado por algún narcotraficante.

Artículo 52. La Cámara de Diputados estará integrada por trescientos diputados elegidos por los ciudadanos de su distrito sin apenas conocerlos, mediante el sistema de "el menos malo".

Doscientos diputados serán elegidos por el principio de representación proporcional; es decir, elegidos en sus respectivos partidos mediante "el sistema de volados".

Artículo 53. Los distritos plurinominales serán dibujados por el presidente en turno a fin de que el PRI pueda tener mayoría en todos.

Artículo 54. La elección de los 200 diputados de representación proporcional se hará siguiendo los siguientes criterios:

I. Todo partido político que alcance al menos 2% de la votación tendrá derecho a recibir cientos de millones de pesos para seguir obteniendo, en los años subsecuentes, 2% de la votación.

II. A cada partido le serán asignados el número proporcional de diputados respecto a su votación, de modo que el Partido Verde tenga peso suficiente como para venderse al mejor postor en cada elección.

Artículo 56. La Cámara de Senadores se integrará por 128 exgobernadores, exdiputados, exdirectores de paraestatales, excandidatos perdedores de una gubernatura, exsecretarios de Estado y dueños de bufetes de abogados expertos en defender pillos, de los cuales, en cada estado y en el Distrito Federal, dos serán elegidos por el principio de mayoría relativa y el tercer lugar corresponderá a quien haya obtenido el segundo en la votación.

¿Sabes para qué sirve el Congreso de la Unión?

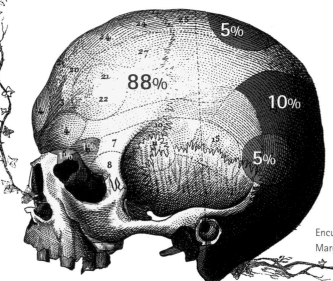

88%

5%

10%

5%

1% 1% 1%

○ Para nada.

● Para bloquear al presidente.

● Para que los diputados y senadores
se insulten unos a otros.

● Para que los diputados y senadores
se golpeen unos a otros.

● Para que haya programación en el
Canal del Congreso.

● NS/NC/Le vale madres.

Encuesta telefónica realizada a 10 millones de mexicanos.
Margen de error ± 5 por ciento.

Requisitos para ser diputado o senador

Artículo 55. Son requisitos para ser diputado al Congreso de la Unión:

    I. Ser ciudadano mexicano por nacimiento o por conveniencia.

    II. Tener más de 18 años de edad mental.

    III. Haber cometido algún delito grave sin haber sido enjuiciado.

    IV. Tener el sueño ligero para despertar en el momento
de las votaciones.

    V. No ser pobre.

    VI. No ser indígena.

    VII. No ser obviamente homosexual.

    VIII. Pesar al menos 98 kilos para resistir los empujones.

    IX. Conocer al menos 36 palabras en español.

    X. Ser bebedor consuetudinario.

Artículo 58. Son requisitos para ser senador los mismos que para ser diputado,
salvo en los siguientes puntos:

    I. Tener más de un año y medio de edad mental.

    II. Ser muy rico.

    III. Pesar al menos 107 kilos.

    IV. Ser originario del estado en que se haga la elección o vecino
de él o conocer a alguien de allí o saber que existe.

    V. Conocer al menos 37 palabras en español.

¿TE GUSTARÍA CONVERTIRTE EN DIPUTADO?

He aquí el camino que debes seguir:

Cómo me convertí en un perfecto diputado de los Estados Unidos Mexicanos:

FIG. V.5. Dedal para apretar el botón de las votaciones electrónicas.

- Mi madre regalaba costosa joyería a mis profesoras de preescolar y primaria, por lo que nunca tuve problemas académicos. Mi diez era automático acompañado de estrellas doradas en mi frente.
- En el colegio lo más importante era realizar fiestas de cumpleaños masivas en las que estuvieran invitados todos, incluso los ñoños, tontos y feos.
- Todos los días le decía a la directora de la escuela que estaba muy chula.
- En la secundaria fui jefe de grupo y presidente de la sociedad de alumnos.
- Para obtener dinero vendía rifas que siempre ganó mi mascota.
- Encubrí varias veces a mis amigos cuando compraban los exámenes al hijo de la profesora.
- Me incorporé a la policía municipal por algún tiempo, pero opté por estudiar derecho en la UNAM.
- He sido pobre originario de la sierra —como Benito Juárez—, aspirante a sacerdote con los Legionarios de Cristo, padre soltero, entusiasta proaborto, y condenador de la píldora de emergencia.
- Robé mi auto con el fin de ver la efectividad de los seguros.
- Aunque mis negocios quebraron, Hacienda todavía me debe.
- He recomendado a todos mis achichincles.
- Creo en los siguientes dichos: "Ni toda la verdad, ni toda la mentira"; "No todo lo que brilla es oro"; "La verdad depende del cristal con que se mira"; "Perro que ladra, sí muerde"; "El que ríe al último, ríe mejor"; "No es indio el que no se venga"; "Prometer no empobrece, dar es lo que aniquila".
- Siempre les prometo a los demás que pueden vivir como yo.
- Estoy a favor del trabajo sin estrés.
- Tengo la habilidad lingüística de la ambigüedad.
- Soy cínico a mucha honra.

FIG V.6. Maletín de cuero para recibir la "dieta mensual."

FIG. V.7. Cojín reclinable para "echar una pestañita" durante las largas sesiones.

FIG. V.8. DVD portátil para usarlo cuando hablan en tribuna los diputados de otros partidos.

FIG. V.9. Despertador de lujo para saber cuándo es hora de votar una iniciativa.

FIG. V.10. Modernísimo sistema electrónico instalado en la Cámara de Diputados, en 2001, para seguir las votaciones.

4. El camino de la ley

El presidente despierta con la genial idea de que salvará al país de todas sus crisis. Elabora un borrador que presenta a la Cámara de Diputados. ☞ Si hay un acuerdo (más que dudoso) se aplica el *fast track*, un sistema para aprobar la propuesta sin que los diputados la lean. ☞ Si no hay acuerdo (o sea siempre) la Comisión Permanente forma una comisión para estudiar la propuesta. ☞ La comisión designada forma subcomisiones específicas que se encargan de analizar la subpropuesta. Las subcomisiones específicas delegan la responsabilidad en sus asistentes. ☞ Los asistentes deciden que la responsabilidad es demasiada y archivan la propuesta para que descanse. ☞ El presidente de la República acusa a la Cámara de Diputados de retrasar los cambios estructurales del Estado. Exige que su propuesta pase. ☞ La Comisión Permanente pide el documento a la comisión designada, la cual se lo pide a las subcomisiones específicas, las cuales se lo piden a sus asistentes. ☞ Luego de una concienzuda lectura de diez minutos, la comisión permanente rechaza la propuesta presidencial y turna el caso a una comisión extraordinaria encargada de redactar un nuevo documento ☞ El nuevo documento se somete al pleno y se convierte en ley. La ley se turna a la Cámara de Senadores para que se ratifique. ☞ Los senadores a continuación turnan la ley de vuelta a la Cámara de Diputados. ☞ El proceso se repite *ad infinitum*.

5. Momentos clave en la historia reciente del Poder Legislativo

Fig. V.11. Porfirio Muñoz Ledo, primer diputado opositor en contestar un informe presidencial, especialista en presidir partidos políticos en desgracia.

Fig. V.12. La famosa "Roqueseñal", símbolo de triunfo entre los diputados priistas.

FIG. V.13. El diputado y *star* Félix Salgado Macedonio al momento de dirigirse al pleno de la Cámara de Diputados.

FIG. V.14. El senador Jorge Emilio González, del Partido Verde, reflexionando seriamente sobre como demostrar su vinculación con los agricultores mexicanos.

"En el caso de la Reforma Agraria prefiero ser abogado que senador."

Monseñor Diego Fernández de Cevallos (PAN).

FIG. V.15. Comparecencia del secretario de Gobernación ante la Cámara de Diputados. Su rostro refleja la tensión del momento.

"El dinero y lo pendejo no se pueden ocultar."

Diputado petista (del PT) Gonzalo Yáñez, al pedir a sus compañeros que hagan público su patrimonio.

FIG. V.16. Sesión plenaria de la Cámara de Diputados.

FIG. V.17. Llegada al recinto parlamentario del diputado del PRI, Lic. Bulto Jiménez, cuyo voto fue decisivo para la no aprobación de la iniciativa de ley contra el ausentismo parlamentario.

144

"De qué sirve que los diputados la pasen si el Senado la va a parar (la iniciativa)."

Juan José Rodríguez Prats, senador del PAN, acerca de la reforma eléctrica.

Fig. V.18. Fiesta de cumpleaños del senador Diego Fernández de Cevallos.

Fig. V.19. Típica hora de trabajo del diputado Jorge Kahwagi.

SALÓN DE LA FAMA DEL SENADO DE LA REPÚBLICA

Nombre	Enrique Jackson Ramírez	Jorge Emilio González Martínez, el Niño Verde.	Manuel Bartlett Díaz	Diego Fernández de Cevallos	Humberto Roque Villanueva
Cargo	Rey del Senado.	Presidente de la Comisión de Relaciones Íntimas, Relaciones Sociales y Relaciones Peligrosas.	Presidente de la Comisión de Transparencia.	Cardenal primado de la Comisión del Buen Cristiano.	Presidente de la Comisión de Señalización.
Características generales	Tras su derrota en el TUCOM, descubrió su verdadera vocación artística a lo Jackson Five. Desde entonces, es evidente la mejora en las coreografías del senado.	Amor imposible de Paris Hilton™, el Niño Verde ha llenado las páginas de las más importantes revistas internacionales. Ganador del premio de "MTV Mejor Videoescándalo", por *Me chamaquearon,* al mejor acto de corrupción impune del año.	A pesar de haber sido vencido por Salinas como candidato del PRI en 1988, haciendo gala de su generosidad, el exgobernador de Puebla anunció la caída del sistema ante el prematuro embarazo de urnas.	Ejemplo a seguir, disfruta de los paseos en compañía de su hija-novia. ¿Y qué pasó con el matrimonio de la santa Iglesia? Casi como profeta, exhorta a los ciudadanos a rezar por la próxima canonización de S.S. Juan Pablo II (†).	Exdiputado, exdirigente del PRI, exprecandidato a la presidencia, sus muestras de euforia ante las reformas al IVA le dan un lugar privilegiado en este salón de la fama.
Frase célebre	"*Smooooooth* criminal."	"¿Y cuánto dinero nos va a tocar? ¿Dos millones de dólares?"	"No es amenaza, pero si privatizan PEMEX se vuelve a caer el sistema."	"Perdón, que (el Papa) no se murió..."	

	PAN	PRI
Restaurante favorito	Pastelitos de El Globo	Solid Gold
Iniciativa de ley típica	*El Manual de Carreño*; Ley contra el uso de la píldora del día siguiente.	Ley de borrón y cuenta nueva.
Comisiones a las que pertenece	Comisión de Rescisión de las Leyes de Reforma, Comisión de Concesiones a Casinos.	Comisión de Negociación con el Narco, Comisión Duracel, Comisión de Fomento Forzado del Voto.
Publicación periódica favorita	*El Yunque, Revista del Episcopado Mexicano.*	*Excélsior, El Día, El Heraldo, El Sol, Unomásuno, Hustler, Penthouse.*
Atuendo favorito	Sotana y botas vaqueras (hombre); cinturón de castidad (mujer).	Camisa roja de Gap, jeans Levi's, anteojos oscuros Ray-Ban (hombre), huipil y uniforme de Sanborns (mujer).
Deporte o hobby favorito	Peregrinación al Cerro del Cubilete, retiros en Lourdes y Fátima.	*Jogging* con escolta.
Película favorita	*Marcelino, pan y vino*	*La ley de Herodes*

PRD	PT	PVEM	CONVERGENCIA
Taquería "El Innombrable"	Taquería "El Innombrable"	Hotel Habitat	?
Lej de prevenjión de complój, Lej de ayuda a viejitoj, anjianitoj, abuelitoj y abuelitaj.	Lej de prevenjión de complój, Lej de ayuda a viejitoj, anjianitoj, abuelitoj y abuelitaj.	Reglamento interior de discotecas y burdeles, Ley de transferencia de zonas ecológicas a particulares.	?
Comisión de Segundos Pisos a Carreteras Federales, Comisión de Ciclopistas, Comisión de Reconversión de las Islas Marías en *resort all inclusive*.	Comisión de Segundos Pisos a Carreteras Federales, Comisión de Ciclopistas, Comisión de Reconversión de las Islas Marías en *resort all inclusive*.	Comisión de Desfile de Modas, Comisión de Fomento a la Anorexia, Comisión de Bonos Extraordinarios.	?
La Jornada, La Jornada de Oriente, La Jornada de Michoacán, La Jornada del Pacífico.	*La Jornada, La Jornada de Oriente, La Jornada de Michoacán, La Jornada del Pacífico.*	*Quién, Caras, Hola!, Paris Match!, GQ, Vogue, Cosmopolitan.*	?
Traje de Milano (hombre); primero vestidos del mercado de Sonora, luego vestidos Chanel (mujer).	Traje de Milano (hombre); primero vestidos del mercado de Sonora, luego vestidos Chanel (mujer) pero fayuqueros y de la temporada pasada.	Armani, Ermenegildo Zegna, Hugo Boss (hombre); Prada, Versace, Cavalli y bolsas Louis Vuitton (mujer). Tiffany's y Rolex (todos).	?
Carreras de sacos, gallina ciega, policías y ladrones, sillas musicales.	Modelismo, para practicar mientras les llega la hora de acceder al poder.	Esgrima, golf, esquí alpino, Pilates.	?
Casino	*Casino*	*Los cuatro fantásticos*	?

Fragmento del discurso del diputado Auldárico Hernández, previo
al V Informe de gobierno del presidente Vicente Fox

U pete ni ch'oko Ke ha'an i da. Kaj tä Mexiku ke u yubin ni d'an da.

Inicio con este saludo que nos recuerda nuestro auténtico y único origen: el maya [sic]
en su anuencia, Señora presidenta de la Mesa Directiva, Honorable Congreso de la Unión
[sic], señoras y señores, pueblo de México, medios de comunicación que están aquí por
la transparencia que ahora nos identifica [sic] y que puede constar con videos los
hechos que ocurren en nuestro Prelado [sic], aunque no se puedan tomar en cuenta como
pruebas para inculparnos por algo ilícito [sic]:

Por este medio auditivo y visual, ya que la televisión está hoy presente, me permito
y tomo la palabra para exponer mediante el poder que me otorga el grupo parlamentario
[sic], no sin antes enviar mis cordiales saludos a todos mis compañeros de partido [sic],
a los que agradezco su tenaz oposición a todo lo que dicte el presidente constitucional
[sic], exponer ante esta soberanía nuestras opiniones y señalamientos como parte de
un ejercicio indispensable de pluralidad y participación [sic] acerca del V informe que
presentará el presidente electo [sic].

6. Las comisiones

Las dos cámaras del Congreso de la Unión tienen la facultad de formar distintas comisiones en donde no se discutirán los proyectos de ley de acuerdo con su materia. Las comisiones ordinarias tendrán hasta treinta miembros y el encargo de sus integrantes será por el término de la misma. Los diputados podrán formar parte de hasta tres de ellas, con excepción del diputado Jorge Kahwagi, del Partido Verde Ecologista, quien puede participar en todas las que quiera.

En las siguientes viñetas el alumno o la alumna podrá familiarizarse con algunos de los trabajos que actualmente realizan las comisiones más importantes:

COMISIÓN DEL MEDIO AMBIENTE Y RECURSOS NATURALES
Integrada únicamente por el Niño Verde, quien ha propuesto que se cambie el nombre por Comisión de Protección de la Clase Alta y sus Recursos Hereditarios.

COMISIÓN DE DEFENSA NACIONAL
Jorge Kahwagi, diputado del Partido Verde Ecologista de México, anunció la publicación de su libro *La tragedia de la envidia*, editado por Aguilar. El boxeador y exinquilino en un *reality show* ha sido invitado a presidir la Comisión de Defensa Nacional.

COMISIÓN DE CULTURA

El presidente de esta comisión, el intelectual Jorge Kahwagi, ha propuesto reformar el reglamento interno de la Cámara de Diputados conforme a la llamada Ley Big Brother VIP (el de George Orwell), a fin de que el Canal del Congreso reúna a los miembros de cada comisión en una casa cerrada desde la cual podrán ser monitoreados día y noche; de acuerdo con esta iniciativa el público no sólo será el encargado de votar por el legislador más popular—que de seguro será el propio Kahwagi— sino por la ley más simpática.

COMISIÓN DE HACIENDA

El diputado panista Gustavo Madero, presidente de la Comisión de Hacienda de la Cámara de Diputados, opina que no es necesario que los diputados priistas asistan a las sesiones. Para aprobar las leyes, basta con que se las manden por correo electrónico. Respecto a este tema, Madero afirmó: "Suele suceder, pero no crean que muy seguido, que se convoca a la comisión para tratar algún tema. En la mayoría de los casos la comisión no llega... a veces no hay quórum. En cuanto a la nueva Ley de Valores, bastó con que los diputados manifestaran su simpatía, pero no tuvieron que venir a votar ni nada: 'Es que no hay que explotar a los diputados del PRI, orita no estamos pa' pleitos con ellos. Mejor así, flojitos y cooperando, ¿a poco no?'"

COMISIÓN DE AYUDA AL PRÓJIMO O DE ATENCIÓN A GRUPOS VULNERABLES

Esta comisión está integrada por la profesora Elba Esther Gordillo, quien trabaja la Ley de Reforma sobre la Amistad. Extrañamente y sin explicación alguna, todos los diputados integrantes de esta comisión han desertado de su cargo y, por lo tanto, ha sido disuelta.

COMISIÓN DE ENERGÍA

Los diputados de esta comisión proponen que se nombre *Danzando por un sueño*. Durante la LIX Legislatura se dedicarán solamente a estudiar el fenómeno *Big Brother* (por cierto, seguimos refiriéndonos al de George Orwell, no al de Televisa, por lo que ni intenten cobrarnos regalías), bajo la custodia de Kahwagi, obviamente, para seguir los buenos pasos de aquellos con experiencia previa. En la siguiente legislatura se propondrán las reformas necesarias. Ahorita sólo está en investigación.

COMISIÓN DE RADIO, TELEVISIÓN Y CINEMATOGRAFÍA

Los diputados perredistas de esta comisión sólo han aprobado una iniciativa, la ley para la producción de películas sobre el motociclismo.

COMISIÓN DE PAÍSES EN SUBDESARROLLO

Aquí los diputados del PRI mantienen sus pancartas: "¡Queremos casinos! ¡Queremos casinos!"

COMISIÓN DE JUSTICIA Y DERECHOS HUMANOS

Jorge Kahwagi propone la reforma a la ley sobre Cómo Tener un Gran Corazón (frase extraída de su libro *La tragedia de la envidia*, editado por Aguilar).

COMISIÓN DE RECURSOS HIDRÁULICOS

Minuta de una reunión de esta comisión: "A las 13:25, mientras se entonaba el Himno Nacional, diputados del PAN agredieron a los del PRD; en el momento más acalorado, Francisco Isaías Lemus Muñoz Ledo se parapetó tras sus compañeros panistas Beatriz Zavala y Tomás Trueba y les escupió el rostro".

COMISIÓN DE FORTALECIMIENTO DEL FEDERALISMO

Esta comisión evalúa la posibilidad de reforzar las puertas de la Cámara de Diputados. Bajo el artículo "Comportamientos para informes de gobierno", se propone una nueva muralla y una sección de 2 500 granaderos de tiempo completo que trabajen en la defensa de los oradores en la Cámara.

COMISIÓN DE FOMENTO COOPERATIVO Y ECONOMÍA SOCIAL

Esta comisión, presidida por el priista Enrique Burgos, decidió por unanimidad que no entre en vigor ningún tipo de ayuda al trabajador. La decisión fue avalada por el presidente de la comisión de hacienda, el panista Gustavo Madero. Los diputados del PRI establecieron que con la aprobación de los diputados del PRD Alfonso Ramírez Cuellar y Miguel Alonso Raya cualquier reforma que favorezca al trabajador sólo los volverá más ineficientes, afectará su economía y su salario.

7. El informe presidencial

Fragmento del VI informe de gobierno del presidente Vicente Fox:

FOX

Honorable Congreso y Honorable Congresa de la Unión,

En cumplimentación del deber constitucionalístico que me obliga a rendirme ante ustedes cada año, me presento en este deshonrado recinto legislativo para hacer del conocimiento de los diputados y las diputadas y los senadores y las senadoras de los actos y las acciones que mi gobierno no ha realizado a lo largo de mis seis años de desgobierno.

Desde que el pueblo mexicano y la puebla mexicana me otorgaron el privilegio de elegirme como primer presidente democrático de nuestro país y nuestra nación, yo prometí que llevaría a cabo el Cambio™. Ése fue mi único propósito y mi única promesa y, al cabo de estos seis años de desgobierno, me siento hondísimamente satisfecho de haber respondido adecuadamente a lo que se esperaba de mí y de la señora Martha; es decir, haber logrado el Cambio™.

Como dijo el célebre filósofo venezolano José Luis Borges, más vale pájaro en mano que cientos volando, y así es como la señora Martha y yo, desde el inicio mismo de nuestro desgobierno, hemos asegurado que durante seis años hayamos permanecido sin el PRI.

Y por eso es que ahora, para asegurar el futuro de los chiquillos mexicanos y las chiquillas mexicanas, la señora Martha y yo nos comprometemos a seguir respetando el Cambio™, y por eso hemos hecho hasta lo imposible, desde el primer día de mi desgobierno, para que al término de estos seis años de mandato nos cambien también a nosotros. Ha sido un trabajo de negros... perdón, de afromexicanos, pero aun así hemos logrado llegar hasta el día de hoy, hoy, hoy.

El Cambio™ es el principal logro de mi gestación, y por eso hoy la señora Martha y yo nos sentimos muy requetesatisfechos de haberlo logrado, y de no meter las manos en el procesamiento electoralístico que se nos avecina, sino dejarlos a ustedes, ciudadanos mexicanos y ciudadanas mexicanas, decidir por quién nos Cambian™.

Desde aquí quiero pues expresarle mi más sincero agradecimiento a la Virgen de Guadalupe™, por habernos hecho el milagro de conservarnos estos seis años, y le dedico estas últimas palabras a la señora Martha y a mis hijos y a mis hijas, y a sus hijos y a sus hijas, que tanto hemos apoyado. Dios los bendiga a todos y a todas.

El Tamarindillo, 1 de septiembre de 2006.

Fig. V.20. Martha Sahagún y su esposo después de su V informe de gobierno.

Selecciona la opción correcta:

1. El Congreso de la Unión está formado por:

   a) Una cámara
   b) Una cámara y un tripié
   c) 32 equipos de primera división
   d) 11 jugadores
   e) Puras curules vacías

2. Señala con una cruz el nombre de tres personajes que hayan sido diputados:

   ☐ Francisco Xavier
   ☐ "El Púas" Olivares
   ☐ Octavio Paz
   ☐ Chita
   ☐ Vicente Fox
   ☐ Silvia Pinal
   ☐ Lassie
   ☐ Martha Sahagún
   ☐ Jaime Sabines
   ☐ Luis Miguel

3. El Congreso de la Unión está facultado por la Constitución™ para:

   a) Insultar al presidente
   b) Insultar a la primera dama
   c) No hacer nada
   d) Legislar en materia de juegos y armas de fuego
   e) Aumentarse el sueldo

4. ¿Quién es el diputado más guapo de la LIX Legislatura de la Cámara de Diputados?

   a) Jorge Kahwagi
   b) Carlos Salinas de Gortari
   c) Emilio Chuayffet
   d) Martha Sahagún
   e) Manlio Fabio Beltrones

5. ¿Quién es el senador más insoportable de la LIX Legislatura?

   a) Diego Fernández de Cevallos
   b) Diego Fernández de Cevallos
   c) Diego Fernández de Cevallos

6. ¿Cuántos diputados se necesitan para aprobar una ley?

   a) 2
   b) Cualquiera y Carlos Salinas
   c) 35
   d) 1627
   e) 1/3 de diputado

Actividad extraescolar

Sigue a tu legislador
Entretente con este divertido juego:
Identifica a tu legislador, diputado, senador, asambleísta o
diputado local y dedícate a perseguirlo para controlar sus
actividades. Tómale fotos cuando salga de cada restaurante
y hotel de paso, y realiza una guía de los mejores sitios para
visitar en tu ciudad. Luego, llama a la secretaria particular de tu
diputado, senador, asambleísta o diputado local y chantajéalo.

...y todavía siguen usando peluca.

CAPÍTULO VI

El Poder Judicial:
La tremenda corte

Si el Poder Ejecutivo es como Dios padre y el Legislativo como el hijo, al Judicial le corresponde ser esa blanca paloma cuyo sentido nadie es capaz de comprender, pero que en teoría debería encargarse de velar por las relaciones familiares. En otras palabras: el Legislativo propone, el Ejecutivo dispone y el Judicial se encarga de justificarlo todo.

En México, el Judicial es el poder más desconocido por parte de los habitantes del país. Mientras que casi cualquiera –salvo Vicente Fox– sabe quién es el presidente de la República, y más de uno puede dar el nombre de algún diputado o senador, casi nadie conoce el nombre del presidente de la Suprema Corte de Justicia (ver cuadro).

FIG. VI.1. Alegoría de los tres poderes: no es casualidad que el Judicial sea el de la extrema derecha.

ENCUESTA
¿Cuál es el nombre del presidente de la Suprema Corte de Justicia de la Nación?

10% 10%
20% 5%
10%
35%

○ Diego Fernández de Cevallos.
● Martha Sahagún.
○ Raúl Salinas de Gortari.
● Carlos Salinas de Gortari.
◐ El Chapo Guzmán.
● NS/NC/Le vale madres.

Encuesta telefónica realizada a 87 millones de mexicanos. Margen de error ± 76 por ciento.

FIG. VI.2. 88% de los mexicanos está convencido de que *La tremenda corte* y la Suprema Corte son la misma cosa.

1. El Poder Judicial de la Federación

Según el artículo 94 de la Constitución Política de los Estados Unidos Mexicanos™, el Poder Judicial de la Federación se compone de los siguientes órganos:

SUPREMA CORTE DE JUSTICIA

¿Sabías que...

...la Suprema Corte de Justicia se llama así porque se tradujo literalmente de la Constitución de los Estados Unidos de América la expresión Supreme Court of Justice?
En español correcto, debería llamarse Corte Suprema de Justicia o, mejor aún, Tribunal Supremo o Los once desconocidos.

FIG. VI.3. Mariano Azuela, actual presidente de la Suprema Corte de Justicia de la Nación.

Tribunal Electoral

Consejo de la Judicatura

Jurado Popular de Ciudadanos

Juzgados de Distrito

Tribunales Colegiados de Circuito

Tribunales Unitarios de Circuito

La Suprema Corte de Justicia se compone de once ministros, que durarán quince años en el cargo. La Constitución™ también se preocupa muy bien de establecer que su remuneración NO podrá disminuir pero sí aumentar, claro, durante el tiempo de su encargo: una sabia disposición que tiene en cuenta que por lo general cada ministro debe mantener a sus hijos, nietos y bisnietos.

La Constitución también prevé, muy sabiamente, que al término de los 15 años cada ministro reciba un "haber por retiro". Como por lo general los ministros no viven más de tres o cuatro años después de haber abandonado su puesto, de este modo se garantiza que sus hijos, nietos y bisnietos puedan seguirse manteniendo durante tres o cuatro décadas.

1814

El Tribunal Supremo de Justicia trabaja en Ario, Michoacán. No tiene validez.

1823

Tribunal Supremo de Justicia inexistente. Los conflictos se redimen ″a la *Tláhuac*″.

1824

Los liberales eligen el nombre de Corte Suprema de Justicia. Los conservadores mantienen el de Tribunal. Esta confusión provoca agruras, acidez e indigestión.

Fɪɢ. VI.4. El edificio de la Suprema Corte, en Pino Suárez 2, es considerado el más feo del Centro Histórico.

1865

A partir del decreto del 8 de noviembre, la Corte deja de existir porque se le considera inútil. Actualmente es igual de inútil, pero por lo menos sí existe.

1920

Aparece por primera vez la "H" antecediendo a Suprema Corte de Justicia.

1928-1994

La Suprema Corte de Justicia se reconoce oficialmente como el Supremo Centro de Capacitación de Porristas del Poder Ejecutivo (sccppe).

1994

Para cortar el cordón umbilical a los porros y a las porristas y convertirlos en magistrados de verdad, se hace una reforma constitucional. Los pompones de las porristas son remplazados por martillos de la justicia y por primera vez, gracias a la transparencia, el país sabe que los ministros ganan más de 400 mil pesos al mes.

2000

El presidente Vicente Fox confunde el Tribunal Superior de Justicia con la Suprema Corte de Justicia y a los ministros de la Suprema Corte con ministros protestantes.

Fɪɢ. VI.5. Momento en que el presidente Vicente Fox se dispone a confesarse con el ministro Mariano Azuela.

¿QUÉ DIABLOS HACE LA SUPREMA CORTE?

La reforma a la Constitución™ aprobada en 1994 establece que la Suprema Corte podrá conocer —en el sentido bíblico— los siguientes asuntos:

- Pleitos, litigios, peleas, bofetones, manazos, riñas, disputas, altercados, contiendas, jalones de pelos, piquetes de ojos, ganchos al hígado y pinchazos que se produzcan entre la Federación, los estados, los municipios, el Distrito Federal, el Ejecutivo y el Legislativo. Por tratarse de pleitos a muerte, la Corte no conocerá de los siguientes conflictos:

  - Vicente Fox y Andrés Manuel López Obrador.
  - Manlio Fabio Beltrones y Emilio Chuayffet.
  - Andrés Manuel López Obrador y Cuauhtémoc Cárdenas.
  - Roberto Madrazo y Arturo Montiel.
  - Jude Law y Sienna Miller.
  - Felipe Calderón y Santiago Creel.
  - Vicente Fox y Diego Fernández de Cevallos.
  - Vicente Fox y Martha Sahagún.

- Las acciones de inconstitucionalidad que tengan por objeto disminuir el poder de los gobernantes o quitarle privilegios a algunos empresarios.

- Los recursos de apelación contra sentencias de jueces de distrito comprados, amañados, doblegados y anexas.

Gracias a esta reforma, los ministros de la Suprema Corte de Justicia en realidad casi no conocen de nada, pudiendo dedicar su tiempo libre a la filatelia, la numismática y el golf, o a someterse a las revisiones médicas que necesitan casi a diario. Los menores de 70 años también recurren a la liposucción.

¿Sabías que...

...las resoluciones de los distintos tribunales del país se denominan fallos porque ellos mismos reconocen que nunca le atinan?

ASUNTOS RESUELTOS POR LA SCJN 1945-2005			
Año	Asuntos presentados	Asuntos archivados	Asuntos resueltos en favor del Ejecutivo
1945	1456	0	1456
1955	1456	0	1456
1965	1456	0	1456
1975	1456	0	1456
1985	1456	0	1456
1995	10	8	2
2005	8	7.5*	0.5**

* Entre estos se encuentra la negativa a Jorge Castañeda, que presentó una iniciativa para entrar a fondo en el caso de las candidaturas ciudadanas.

** Se trata de la controversia presentada por el presidente Fox contra el Congreso de la Unión en 2004, con motivo de la Ley de Ingresos, que está casi resuelta.

Requisitos para ser ministro

La Constitución™ establece en su artículo 95 que, para ser ministro de la Suprema Corte de Justicia de la Nación se necesita:

I. Ser ciudadano mexicano por nacimiento o porque no le quedó de otra.

II. Tener cuando menos 85 años cumplidos el día de la designación.

III. Poseer, el día de la designación, título profesional de licenciado en Derecho expedido por la Universidad Nacional Autónoma de México. En su defecto, haber presentado el examen de admisión para la Universidad Nacional Autónoma de México y haber sido rechazado.

IV. Gozar de alguna reputación y no haber sido condenado más de una vez por delito que amerite pena corporal de más de diez años de prisión; pero si se tratare de robo, fraude, falsificación, abuso de confianza u otro que lastime seriamente la buena fama podrá ser elegido directamente.

V. Haber pasado menos de siete meses de vacaciones en la Riviera durante los dos años anteriores al día de la designación.

VI. No haber sido secretario de Estado, jefe de departamento administrativo, Procurador General de la República o de Justicia del Distrito Federal, senador, diputado federal ni gobernador de algún estado o jefe del Distrito Federal, durante el año previo al día de su nombramiento, pero sí amigo de cualquiera de ellos.

Los nombramientos de los ministros deberán recaer preferentemente entre aquellas personas que hayan servido con eficacia, capacidad y probidad en la impartición de justicia o que se hayan distinguido por su honorabilidad, competencia y antecedentes profesionales en el ejercicio de la actividad jurídica. En su defecto, puede ser nombrado ministro cualquier individuo con título de abogado o sin él.

Fig. VI.6. Alegoría en la puerta principal de la Suprema Corte de Justicia que representa a Martha Sahagún y a sus hijos.

El arsenal de los ministros de la Suprema Corte

FIG. VI.7. Toga y birrete adquiridos en Graduation Outfit, Inc., proveedora oficial de la Suprema Corte y las High Schools de California.

FIG VI.8. Taza para el atole de las mañanas.

FIG. VI.9. Aparato para la sordera.

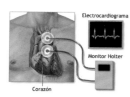

FIG. VI.10 Reanimador cardíaco para casos de emergencia.

FIG. VI.11. Nuevo modelo de balanza, símbolo de la justicia contemporánea.

Los ministros de la Suprema Corte de Justicia

Mariano Azuela... y los de abajo:

EJERCICIO PARA EL ALUMNO

Traza una línea entre el nombre de cada ministro de la Suprema Corte y su foto:

- Ministra Paulina Rubio
- Ministro Enrique Guzmán
- Ministra Paty Chapoy
- Ministro Saddam Hussein
- Ministro Pistachón Zigzag
- Ministro Adal Ramones
- Ministro Sergio Andrade
- Ministro Ricardo Salinas Pliego
- Ministro Claudio Brook
- Ministro Raúl Velasco

ALGUNOS DATOS RELEVANTES SOBRE LOS MINISTROS DE LA SUPREMA CORTE DE JUSTICIA	
	Número de ministros
Integrantes	Mariano III y sus diez ministros (o sea once).
Estudiaron Derecho en la UNAM	8/11
Quisieron estudiar derecho en la UNAM pero no pudieron	3/11
Ganan mucho, mucho, pero mucho dinero (en serio: MUCHO)	11/11
Trabajan más de una hora diaria	1/11
Han leído la Constitución en los últimos seis meses	0/11
Creen que México es un país justo.	10/11, el otro no recuerda la definición de justicia
Lloraron con el desenlace de The Michael Jackson Trial	11/11
Recuerdan a Digna Ochoa	¿A quién?
Han ido a tomar el té con Martha a Los Pinos	11/11
Tienen cara de disfrutar su trabajo	2/11, sólo la cara.
Tienen una vida interesante	0/11
Tienen una vida	0/11

Transcripción de una discusión del pleno de la Suprema Corte de Justicia

Ministro presidente: Señores ministros, ¿no creen que ya sería hora de empezar a discutir el expediente SCJ/01/05?

Ministro ponente: Pues la verdad yo todavía no me he terminado mi cuernito, y a fin de cuentas a nadie le importa lo que decidamos nosotros. No conozco una sola persona en México que sepa lo que es una controversia constitucional.

Ministro 2: ¿Podrían pasarme la mantequilla, por favor?

Ministro presidente: Creo que tiene razón, señor ministro. Ya nadie me respeta. Voy a todas partes y nadie me reconoce. La gente no me toma en cuenta, y en teoría soy tan importante como el presidente.

Ministro ponente: Así pasa, pero mejor. ¿Para qué quiere meterse en broncas, señor ministro presidente? Lo mejor es tener un perfil bajo, no hacer olas, luego viene la gente de la prensa y nos hace caer en puras contradicciones, y quién nos quita la pena.

Ministro presidente: ¿Por qué por una vez no hacemos las cosas como se debe? ¿Quién nos manda a meternos en los problemas de los otros? A nosotros siempre nos va como al cohetero: Si fallamos a favor de uno, mal; si fallamos a favor del otro, mal.

Ministro 2: Perdonen que insista pero, ¿podrían pasarme la mantequilla?

Ministro ponente: Propongo que echemos un volado. Así nadie nos podrá echar la culpa de favorecer a nadie.

Ministro presidente: ¡Gran idea, señor ministro! ¿Alguien tiene una moneda?

Ministro 2: O me pasan la mantequilla o me abstengo.

Ministro ponente: Ahí va... si cae águila, gana el presidente; si cae sol, el Congreso. A la una, a las dos...

Ministro presidente: ¿Qué pasó?

Ministro 2: Pues que la moneda cayó en medio de la mantequilla y se quedó paradita.

Ministro presidente: Así es esto de la justicia. No nos quedará más remedio que archivar el expediente.

Ministro 2: Y pedir otro plato de mantequilla, ni modo.

FIG. VI.12. Los ministros Mariano Azuela y Genaro Góngora discuten un caso.

LAS SALAS DE LA SUPREMA CORTE

De acuerdo con la Ley Orgánica del Poder Judicial de la Federación, la Suprema Corte puede funcionar en pleno o por salas. Tras la reforma judicial de 1994, la corte ya sólo tiene dos salas: una de cine y otra de masaje.

FIG. VI.13. Primera sala de la Suprema Corte.

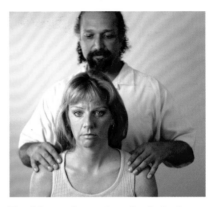

FIG. VI.14. Segunda sala de la Suprema Corte.

EL JUICIO DE AMPARO

Siempre que alguien se encuentra frente a un pequeño problema —haber defraudado al país, haber robado un banco completo, haber asesinado a un candidato a la Presidencia, haber desfalcado al gobierno del Distrito Federal, etcétera—, lo primero que se le ocurre es "ampararse".

Para muchos, el amparo es el escudo protector que impide que un malvado y perverso agente de la ley llegue y los detenga. Gracias a esta prístina institución, decenas de criminales y políticos —apenas hay diferencia— han logrado esquivar las inicuas trampas de la policía y han podido refugiarse en cómodos y confortables *spas* y centros de reposo en Suiza, la Provenza o las islas del Caribe.

¿Sabías que...

...la policía judicial no depende del Poder Judicial sino del Ministerio Público, que depende a su vez del presidente de la República, quien está por debajo de su esposa? Esto quiere decir que no depende de nadie y por eso la policía judicial hace lo que se le pega la gana.

FIG. VI.15. El Amparo antes y después de pasar por las manos de los ministros de la Suprema Corte.

LA JUSTICIA

La principal misión del Poder Judicial es que se haga justicia. Traído y llevado de aquí para allá, ensuciado y maniatado, este concepto aún resulta muy difícil de definir.

DEFINICIONES DE JUSTICIA

MINISTRO MARIANO AZUELA Presidente de la SCJN	ANDRÉS MANUEL LÓPEZ OBRADOR Candidato del PRD a la Presidencia	ROBERTO MADRAZO Candidato del PRI a la Presidencia	VICENTE FOX DE SAHAGÚN Expresidente de México	RAÚL SALINAS DE GORTARI Víctima inocente
"La justicia es lo que la ley dice que es Justicia."	"La jujtijia ej lo que ej jujto para las caujaj jujtaj, ej decir: lo que yo digo que ej jujtijia."	"Justicia... justicia... como que me suena la palabra."	"¿Y yo por qué? Eso pregúntenselo al cura Mariano Azuela."	"La justicia a veces tarda, pero al final siempre llega."

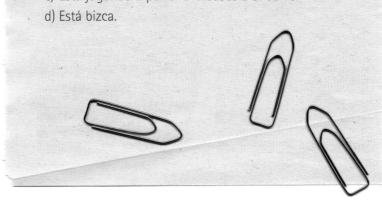

EJERCICIO PARA EL ALUMNO

Selecciona la opción correcta:

La representación de la justicia es una mujer medio desnuda con una venda en los ojos y una balanza en las manos porque:

a) La tienen secuestrada unos policías judiciales.

b) Fue al mercado y no soporta ver el alza de los precios.

c) Está jugando a ponerle la báscula al burro.

d) Está bizca.

Fig. VI.16. Alegoría de la justicia en México, mural que se encuentra en la sede de la SCJN en Pino Suárez 2.

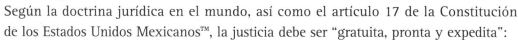

Según la doctrina jurídica en el mundo, así como el artículo 17 de la Constitución de los Estados Unidos Mexicanos™, la justicia debe ser "gratuita, pronta y expedita":

- **Gratuita:** significa que los demandantes y los acusados no tendrán que pagar más que las mordidas correspondientes para cada paso sucesivo de un juicio, pero nada más.
- **Pronta:** significa que los tribunales resolverán cada caso en tiempos razonables, los cuales por ningún motivo excederán los cien años.
- **Expedita:** significa que los tribunales no tardarán más de quince años en atender una solicitud urgente de justicia de un particular.

He aquí dos ejemplos de cómo se siguen estos principios en nuestro país:

CASO UNO

Crónica de la denuncia por robo de mi sedán 2000

- Me robaron el carro en una esquina de Satélite apuntándome con una pistola.
- Voy al Ministerio Público a levantar la denuncia.
- Pago $50.00 al policía de la entrada para que me indique la ventanilla adecuada.
- Pago $50.00 para que la secretaria me diga que no es mi delegación y que necesito acudir al ministerio de mi domicilio (en la Roma).
- Pago $50.00 al policía de la entrada de mi delegación.
- Pago $50.00 a la secretaria para que me tomen la declaración.
- Pago $25.00 para papelería de mi declaración (hojas blancas).
- Pago $100.00 para que coloquen mi declaración en el archivo de asuntos inmediatos y no en el de asuntos pendientes desde 1997.
- Aprehenden al ladrón. Pago $5 000.00 para que no lo dejen salir hasta que yo lo identifique.
- Lo consignan ante el juez de lo penal. Pago $5 000.00 para que inicie el juicio.
- El ladrón se declara inocente, a pesar de las fotos de un aficionado que lo inculpan sin lugar a dudas.
- Le asignan al ladrón un abogado de oficio. Éste me pide $5 000.00 para defender al ladrón "a mi favor".
- Pago $1 000.00 a un abogado que me promete ganar el caso y me dice que es el más importante de los diez que lleva.
- Se presentan pruebas, fotos y vehículo encontrado en casa del compadre del ladrón, y pago $3 500.00 a los peritos para que las tomen en cuenta.
- Los peritos judiciales verifican las pruebas a lo largo de 3 años, y cada mes me piden $500.00 para seguir con el caso, "para no olvidarlo".
- El juez de la primera instancia resuelve en mi contra. El ladrón pagó $20 000.00 para ser declarado inocente.
- Me demanda el ladrón por daño moral en contra de su buen nombre.
- Me consignan ante el Ministerio Público.

- Me asignan un abogado de oficio, le pago $7 000.00 para que tome mi caso como el más importante de los 10 278 que lleva.
- Me consignan ante el Ministerio Público de mi delegación.
- Pago $1 000.00 al policía de la entrada para que no me pegue.
- Pago $2 000.00 al Ministerio Público para que no se vea mala onda.
- Apelo la decisión del primer juez, y le pago $3 000.00 para que falle a mi favor.
- El juez es cuñado del compadre del ladrón. Falla en mi contra.
- Mi abogado me pide $100 000.00 para solicitar un amparo y ganarlo.
- En total, el procedimiento se lleva 8 años. Pago $60 000.00 para ser declarado inocente.
- El juez colegiado de circuito me niega el amparo.
- Ingreso en el penal de Santa Martha Acatitla. La sentencia por daño moral es de 3 años.

TOTALES

Gastos totales por denunciar el robo de mi auto: **$240 325.00**

Costo del carro en el mercado: **$75 000.00**

Tiempo invertido: **más de 80 000 horas**

Noches sin dormir: **más de 3 000**

Años de cárcel (para el ladrón): **0**

Años de cárcel (para mí): **3**

Costo de tener un sistema de justicia mexicano: **no tiene precio.**
Para todo lo demás está **Mastercard.**

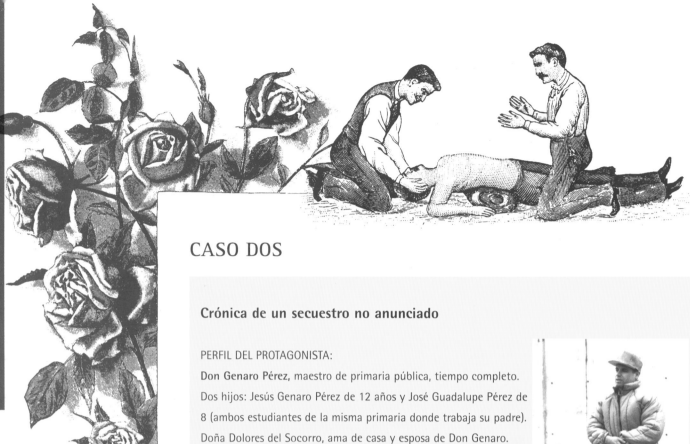

CASO DOS

Crónica de un secuestro no anunciado

PERFIL DEL PROTAGONISTA:

Don Genaro Pérez, maestro de primaria pública, tiempo completo.
Dos hijos: Jesús Genaro Pérez de 12 años y José Guadalupe Pérez de
8 (ambos estudiantes de la misma primaria donde trabaja su padre).
Doña Dolores del Socorro, ama de casa y esposa de Don Genaro.
Casa en Infonavit. Tienen un vochito año 86. Familia sin antecedentes
penales.

ACONTECIMIENTOS:

- **05/06/06.** Cuando a Don Genaro le llegó despensa gratuita de
  WALMART por ser el cliente número 10 000, un vecino ardido le
  habla a la PGR acusándolo de parecerse al "Chapo Guzmán".
- **06/06/06** (número subliminal, ¿casualidad?). Don Genaro sale
  de su casa, como todos los miércoles, a las 8 de la mañana.
  Tres policías lo esperan en la esquina de su casa.
- **06/06/06. Dos minutos más tarde.** Le parten a Don Genaro su mandarina en gajos y lo obligan
  a hacer lagartijas. Como hienas hambrientas no dejan de reírse, patearlo, golpearlo y escupirle.

DATOS CURIOSOS:

- Los polis llevan listas toallas que se amarran en los puños y pies para que los golpes no queden
  marcados y sólo sean heridas internas. ¡Qué listos!
- De vez en cuando los tiras prenden su cigarrito marca Delicados y lo apagan en los brazos de
  Don Genaro.
- No falta el buen "tehuacanazo" con chile piquín y toques eléctricos con la batería de la patrulla
  en el cuerpo de Don Genaro.
- Lo secuestran por una semana y media.
- Lo amenazan con matar a su familia si no firma un papel donde admite ser el "Chapo Guzmán".
- Los policías actualmente viven en Miami. En el mar, la vida es más sabrosa.
- Don Genaro pasará 27 años en la cárcel, el caso jamás se siguió. Familia con paradero desconocido.

Algunos casos notables
en la historia judicial del México reciente

Caso: Otros posibles candidatos *vs* AMLO.
Situación: Desafuero de AMLO, para meterlo en la cárcel e impedir su candidatura por violar una resolución judicial.
Veredicto: "No tengo por qué pedir disculpas a nadie". Caso cerrado.

Caso: Echeverría y "El halconazo".
Situación: Expresidente Echeverría de 83 años acusado de genocidio en 1971.
Veredicto: No se puede comprobar que lo hizo a propósito. Fue sin querer.

Caso: Colosio y "La culebra".
Situación: Al ritmo de "La culebra", el candidato del PRI a la Presidencia de la República fue asesinado en el norte del país, durante un discurso público.
Veredicto: Después de seis años, la SCJN declaró que lo mató un asesino solitario, esquizofrénico, que tuvo una infancia traumática y que le tenía coraje a Colosio porque se parecía a su padre. Ahora tiene una obsesión compulsiva por escuchar "La culebra".

Caso: Fox y "Quiero mi presupuesto 2005".
Veredicto: La cámara baja dio por concluida la controversia constitucional en materia del presupuesto y, después de 10 meses de diferendo con el Ejecutivo, acordó con Hacienda liberar $80 176.7 millones. Mientras tanto, sólo hubo dinero para los vestidos de Martha.

Caso: Nahum Acosta.
Situación: Acusado de delincuencia organizada; lo señalan como filtrador de información de la presidencia a capos del narcotráfico del cártel de Héctor Beltrán Leyva.
Veredicto: Después de jugar un Chin chan pu, primero se decidió que fuera consignado a las autoridades. Apenas estaba entrando, cuando se cambió el veredicto y quedó en libertad.

Caso: Posadas.

¡Ay, perdón! Me equivoqué de blanco.

Caso: Digna Ochoa.
Situación: La defensora de los derechos humanos se suicidó de cinco balazos en la espalda. Junto al cuerpo se encontró una nota de amenaza contra integrantes de la Comisión de Derechos Humanos.
Veredicto: Las autoridades se preguntan quién es Digna Ochoa.

Caso: Niño chamaqueado.
Situación: Jorge Emilio González Martínez fue videograbado negociando un soborno por dos millones de dólares.
Veredicto: Nadie ha logrado quitarle el dulce al niño.

Caso: Castañeda *vs* IFE.
Situación: Impugnación de Jorge Castañeda a la resolución que le impide ser candidato independiente.
Veredicto: La SCJN falló contra Jorge Castañeda, ignorando la Constitución, señalando que sin partido político no hay candidatura.

Caso: Muertas de Juárez.
Situación: Desde 1993 más de 380 mujeres asesinadas y 600 desaparecidas en la ciudad fronteriza.
Veredicto: "No hay suficientes pruebas. En todo caso, que las chamacas y señoras ya no usen escotes ni minifaldas".

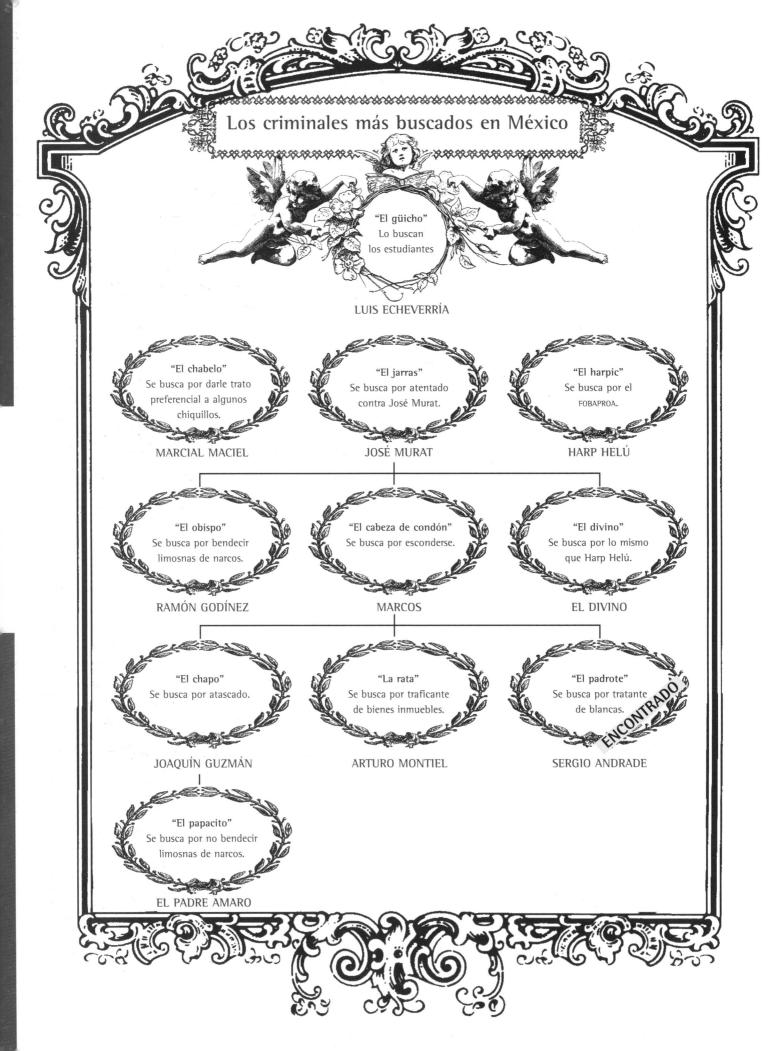

Los criminales más buscados en México

"El güicho"
Lo buscan
los estudiantes

LUIS ECHEVERRÍA

"El chabelo"
Se busca por darle trato
preferencial a algunos
chiquillos.

MARCIAL MACIEL

"El jarras"
Se busca por atentado
contra José Murat.

JOSÉ MURAT

"El harpic"
Se busca por el
FOBAPROA.

HARP HELÚ

"El obispo"
Se busca por bendecir
limosnas de narcos.

RAMÓN GODÍNEZ

"El cabeza de condón"
Se busca por esconderse.

MARCOS

"El divino"
Se busca por lo mismo
que Harp Helú.

EL DIVINO

"El chapo"
Se busca por atascado.

JOAQUÍN GUZMÁN

"La rata"
Se busca por traficante
de bienes inmuebles.

ARTURO MONTIEL

"El padrote"
Se busca por tratante
de blancas.

ENCONTRADO

SERGIO ANDRADE

"El papacito"
Se busca por no bendecir
limosnas de narcos.

EL PADRE AMARO

La lotería del caso Ruiz Massieu

Juega con la lotería del caso Ruiz Massieu y canta cada una de las cartas componiendo
una rima en honor de los personajes involucrados.

Carta 01

EL AMANTE

EL INOCENTE

EL BUFETE DE
ABOGADOS

EL PENAL

LA FIANZA

EL TERCERO
PERJUDICADO

LA CADENA
PERPETUA

LA SENTENCIA

EL LUGAR
DEL CRIMEN

LA PRUEBA
JUDICIAL

LA PACA

LA IMPUNIDAD

Carta 02

171

¿Quién es el culpable?

Descubre con este divertido juego quién fue el verdadero asesino del cardenal Juan Jesús Posadas Ocampo.

El cardenal Juan Jesús Posadas Ocampo fue asesinado el 24 de mayo de 1993 en Guadalajara, Jalisco. El cuerpo se encontró en el interior de un auto. Lo encontró la señorita Escarlata. Al parecer, sus gritos se escucharon en toda la ciudad. No se han descubierto las causas de la muerte, pero sí hay varios objetos que pudieron ser usados para cometer el crimen:

SOGA

VENENO

CANDELABRO

PISTOLA

CÁLIZ

TABIQUE

COMEDOR

ESTANCIA

SALA DE BILLAR

BIBLIOTECA

SALA

SALA DE MÚSICA

ESTUDIO

SALÓN DE BAILE

COCINA

Sin palabras.

CAPÍTULO VII

La partidocracia
(¿o será "cleptocracia"?)

1. La partidocracia (2000-?)

En el año 2000 se cumplió la profecía lanzada años atrás
por el célebre sofista don Jesús Reyes Heroles, y la forma
impura del sistema político mexicano al fin dio paso a la
forma pura; es decir, el fin de la monarquía absoluta sexenal
y el establecimiento de un nuevo régimen controlado por
unas cuantas sociedades anónimas (s.a.) a las que se daba
el nombre de partidos políticos. La transición de un sistema
al otro no se llevó a cabo abruptamente, sino que se debió
a una larga acumulación de factores.

INTRIGAS CORTESANAS

Peleas internas en la dinastía PRIncipesca llevan a la rebelión
a dos antiguos miembros de la corte, el exchambelán mayor
Porfirio Muñoz Ledo y el exguardasellos Cuauhtémoc
Cárdenas Solórzano.

FIG. VII.1. La partidocracia (por suerte, sólo
0.10% de la población sabe leer y entiende
esto).

FIG. VII.2. Los antiguos cortesanos Muñoz Ledo y Cárdenas
se levantaron contra el PRÍncipe Miguel 1, "El zonzo".

FIG. VII.3. El caudillo Manuel J. Clouthierix, uno de los más feroces jefes bárbaros.

FIG. VII.4. Imagen de Lady Martha MacSahagún en el momento de arrebatarle la corona a su esposo Vicente MacFox.

LAS INVASIONES BÁRBARAS

Tribus incivilizadas provenientes del norte del país invaden la capital de la monarquía.

LA DESAPARICIÓN DE LOS PRÍNCIPES

Al derrotar a la dinastía priista en una contienda histórica, el caudillo Vicente Fox decidió acabar para siempre con la figura presidencial, eliminando todos sus poderes y convirtiéndola sólo en un cargo decorativo.

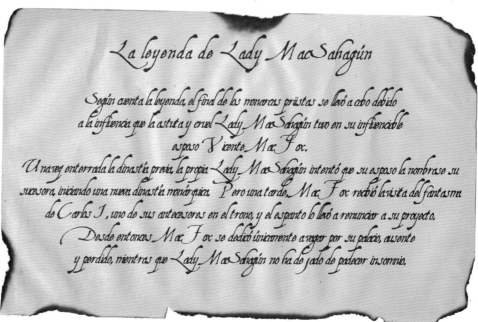

La leyenda de Lady MacSahagún

Según cuenta la leyenda, el final de los monarcas priistas se llevó a cabo debido a la influencia que la astuta y cruel Lady MacSahagún tuvo en su influenciable esposo Vicente MacFox.

Una vez enterrada la dinastía previa, la propia Lady MacSahagún intentó que su esposo la nombrase su sucesora, iniciando una nueva dinastía monárquica. Pero una tarde, MacFox recibió la visita del fantasma de Carlos I, uno de sus antecesores en el trono, y el espanto lo llevó a renunciar a su proyecto.

Desde entonces MacFox se dedicó únicamente a vagar por su palacio, ausente y perdido, mientras que Lady MacSahagún no ha dejado de padecer insomnio.

Ante la falta de un poder central, son los caudillos de las distintas tribus del país quienes, a partir del año 2000, se reparten el control de México. Así, en vez de un monarca absoluto sexenal, como en tiempos pasados, se instaura un gobierno de distintos señores de la guerra, que controlan por completo los pequeños territorios que gobiernan.

FIG. VII.5. Vicente Fox, encargado de sepultar la figura presidencial.

VERACRUZ, RINCONCITO DONDE HACEN SU NIDO LOS VOTOS DUROS DEL PRI.

FIG. VII.6. Ulises Ruiz, déspota de Oaxaca.

¡Y QUE CONSTE QUE YO NO INTENTÉ SECUESTRARME A MÍ MISMO!

FIG. VII.7. Fidel Herrera, reyezuelo de Veracruz.

A MÍ NI HACIÉNDOME REPETIR LAS ELECCIONES PUDIERON GANARME.

Fig. VII.8. Manuel Andrade, señor de la guerra de Tabasco.

¡DE LA QUE ME SALVÉ!

Fig. VII.9. Sergio Estrada Cajigal, sátrapa de Morelos.

EJERCICIO PARA EL ALUMNO

Organízate con tus compañeros y funda tu propio partido político.

Sigue las instrucciones:

1. Inventa un nombre usando alguna de las siguientes palabras: democrático, social, alianza, México, democracia, nacionalista, unión, pueblo, revolución.
2. Invéntate un logo que sea más o menos vistoso, o al menos utiliza un color específico (olvídate del verde, blanco, rojo, amarillo, azul y naranja que ya están tomados).
3. Sácate de la manga dos o tres lemas de campaña. Cualquier cosa sirve.
4. Pide un préstamo al banco en el programa de apoyo a changarros.
5. Imprime un tríptico, de preferencia a color, donde señales tus principios de acción (puedes copiarlos de los partidos que ya existen).
6. Píde a tus amigos y familiares que se sumen a tu partido. Inventa un cargo a cada uno. Elige entre las siguientes palabras: secretario general, presidente, director general, consejero delegado, CEO, gerente, jefe de personal, tesorero, vocal (de la A a la U), delegado regional, delegado estatal, delegado municipal, achichincle, chofer, vocero, jefe de giras.
7. Pide tu registro ante el IFE presentando miles de hojas con firmas ilegibles.
8. Pide tu registro ante la Secretaría de Hacienda como PYME (Pequeña y mediana empresa).
9. Empieza a disfrutar de las contribuciones que te da el Estado mexicano.
10. Pasa la charola a otros empresarios.
11. Haz rendir tu dinero en una cuenta de inversión o, mejor, deposítalo en Suiza.
12. Escoge de entre tus amigos y familiares quiénes serán tus candidatos a la presidencia, diputados, senadores, asambleístas, gobernadores y presidentes municipales.
13. Alíate al PRI, al PAN o al PRD para que no pierdas tu registro.
14. Negocio redondo.
15. Diversifica tu empresa, de preferencia en el extranjero.

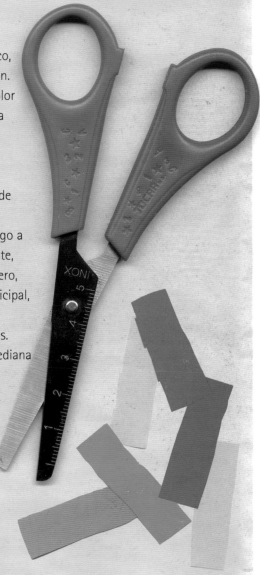

2. El IFE y las elecciones

El IFE (Impunidad, Fraude, Etcétera) es el árbitro encargado de pitar en los enfrentamientos entre los distintos partidos de México. Está formado por ocho consejeros ciudadanos y un consejero presidente, aunque hasta la fecha no se sabe a quién aconsejan.

FIG. VII.10. El presidente del IFE.

¿De verdad crees que tu voto cuenta? El año 2000 fue el año del cambio™, año en que el pueblo mexicano eligió a Vicente Fox como gobernante. Pero, ¿cuántos mexicanos y mexicanas realmente decidieron quién sería el futuro presidente de México? Los siguientes datos pueden ayudarte a responder esta pregunta:

- Número de habitantes en 2000: 97 483 412.
- Ciudadanos inscritos en el padrón electoral: 58 782 737.
- Número de mexicanos que asistieron el 2 de julio a votar: 37 601 618.
- Número de mexicanos que votaron por el PAN: 15 104 164.
- Ahora la respuesta es muy simple: sólo 15.49% de la población total de México eligió al presidente Vicente Fox.

¿Sabías que...

...el voto mexicano es el más caro del mundo?

Financiamiento público para campañas antes de 1994	$ 3.00 por persona
Financiamiento público para campañas en 1994	$36.00 por persona
Financiamiento público para campañas en 2000	$41.00 por persona
Financiamiento público para campañas en 2003	$94.00 por persona
Financiamiento público para campañas en 2003 más presupuesto del IFE para elecciones de 2003	$290.00 por persona
Financiamiento público para campañas en 2003 más presupuesto del IFE de 2001 y 2002 (años previos a elecciones)	$700.00 por persona
Costo estimado tomando en cuenta fondos privados, precampañas, primarias, aportaciones ilegales, dinero del extranjero	$3 000.00 por persona
Lista nominal de electores en 2003	64 710 596
Costo total de la elección	$194 131 788 000.00

Trata de decir en voz alta el costo total de la elección de 2003.

Fig. VII.11. El consejero presidente Luis Carlos Ugalde dando fe y legalidad al corruptímetro.

Licenciatura en fraude electoral impartida por el IFE

PROGRAMA DE ESTUDIOS

Soborno I
Nivel principiante. En esta primera parte de la materia, usted aprenderá a sobornar a personas para que voten a favor de su candidato. Le ofrecemos un mes de prácticas con todos los materiales incluidos, entre ellos playeras, gorras, refrescos, carne, tacos, tortas, chalupas *(made in China)*.

Soborno II
Nivel intermedio. Usted podrá sobornar a los funcionarios de casillas para poder modificar las urnas como a usted le plazca. Le ofrecemos *tips* infalibles, además de sugerencias de regalos: un *six-pack* de Corona™, una docena de cajas de cigarros, un pase doble para pornocinema, etcétera.

Soborno III
Nivel avanzado. Esta materia tiene como objetivo sobornar al gobierno para favorecer a un candidato. Posibles regalos: un auto (robado), un pase triple para el *tabledance* "No se lo digas a mamá", una suscripción a cualquier cervecería (un año gratis de cervezas), un reloj Rolex™ (robado), etcétera.

Caídas de sistemas (en casos de emergencia)
Contamos con la presencia del mayor especialista mundial en la materia, el Lic. Manuel Bartlett Díaz, y la más alta tecnología. Si ningún otro método funciona, ésta es la solución. Aquí sólo necesita aprender a desconectar las computadoras. Con la inscripción se lleva totalmente gratis unos guantes *anti-shock*.

Falsificación de credenciales para votar
La falsificación de credenciales permite la votación de todos los electores deseados sin necesidad de que existan. Nuestras instalaciones cuentan con un laboratorio con tecnología revolucionaria para falsificar, cortesía de *Useless Trash of the USA*. Al inscribirse le regalamos un cheque por un millón de pesos (si rebota es pura casualidad, no aceptamos reclamos).

¿Cómo revivir a personas muertas para votar?
Maestra: Francisca Zetina Chávez, alias "La Paca", ¡aunque usted no lo crea! Tenemos contacto con fuerzas sobrenaturales que nos ayudan a conseguir votos de personas que ya se petatearon o estiraron la paca (ah, no, perdón, la pata). Como regalo de inscripción ofrecemos una osamenta y una bola de cristal mágica.

Seminarios optativos

Método internacional "carrusel"
En esta licenciatura de calidá, no podía faltar esta técnica infalible. El carrusel, tal como el juego, consiste en llevar una y otra vez a las personas para que voten y así ganar más votos. La inscripción es gratuita y regalamos una caja con 10 máscaras pa' despistar.

Método del "tamal"
Una de las formas más efectivas para aumentar votos. Este famoso método consiste en doblar el voto, y dentro de éste meter todos los votos que sean posibles. Al inscribirse, gana un curso gratuito de papiroflexia y quince tamales oaxaqueños.

Método del "ganado"
La solución para obtener la mayor cantidad de votos es llevar el mitote a las casillas. Aquí lo preparamos profesionalmente para ser acarreador. Además, le prestamos por un día un camión guajolotero en buenas condiciones. Si trae a sus amigos para que se inscriban, le regalamos un collar contra el chupacabras.

Robo nocturno de urnas electorales
En esta licenciatura no sólo aprenderá a defraudar sino a robar. El robo de urnas electorales permite disminuir o desaparecer los votos del contrincante y aumentar los de su propio candidato. Al día siguiente sólo tiene que regresar la urna a su lugar como si nada hubiera ocurrido. Le regalamos una malla para la cara, unos guantes negros y un disco con la canción de *Misión imposible*.

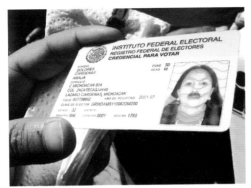

Credencial de elector
(aunque no sea de usted)

Torta pal camino
(patrocinada por su partido favorito)

Chesco, pa' pasarse la torta
(igualmente patrocinado)

Certificado de afiliación a su partido
(por el cual votará en secreto)

Gorra pal calor
(obviamente patrocinada por
su partido)

3. El PRI, S.A. de C.M.V.[1]

El Partido del Robo Indiscriminado (PRI) representa la esencia misma de México. Tras gobernar el país de manera absoluta durante 71 años, ahora se encuentra en pleno proceso de restructuración a fin de convertirse —o al menos aparentar ser— un organismo político democrático.

Para lograr esta reconversión, el hasta hace poco presidente del PRI, el ideólogo y líder tabasqueño Roberto Madrazo, propuso a la asamblea general de su partido añadir las palabras "democrático, demócrata, democratización y democracia" en todos los estatutos y principios del partido. De acuerdo con su recomendación, ahora una de estas cuatro palabras debe aparecer cuando menos tres veces en cada párrafo de los mismos. Gracias a esta remodelación de fondo, el PRI se ha convertido en una institución "moderna" que poco se parece ya al partido autoritario del pasado (reciente).

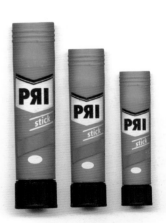

FIG. VII.12. Generación tras generación, pegados al poder.

1 Sociedad Anónima de Capital Muy Variable.

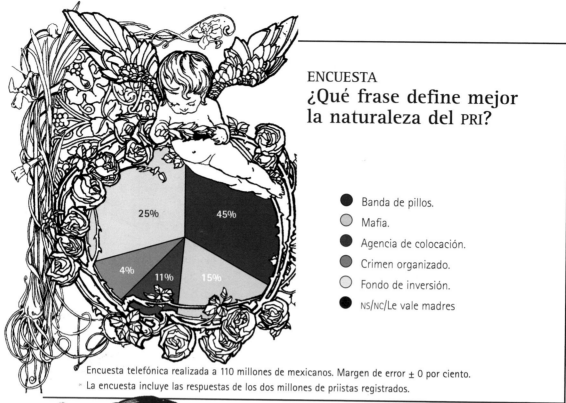

ENCUESTA
¿Qué frase define mejor la naturaleza del PRI?

- ● Banda de pillos.
- ◔ Mafia.
- ● Agencia de colocación.
- ◑ Crimen organizado.
- ○ Fondo de inversión.
- ● NS/NC/Le vale madres

25% · 45% · 4% · 11% · 15%

Encuesta telefónica realizada a 110 millones de mexicanos. Margen de error ± 0 por ciento.
La encuesta incluye las respuestas de los dos millones de priistas registrados.

Una de las características centrales del PRI es que, a diferencia de cualquier otro partido en México o el mundo, simplemente no tiene ideología ni principios. Desde el primer momento Plutarco Elías Calles, su fundador, pensó que éstos sólo servirían para complicar las cosas. Desde entonces, el PRI administró el país sin otro objetivo que repartirlo entre sus miembros.

¿Sabías que...

...aunque la monarquía absoluta sexenal concluyó en el año 2000, hay catorce estados de la República que sólo han conocido el gobierno del PRI, en más de madio siglo?

1. Sonora
2. Coahuila
3. Tamaulipas
4. Veracruz
5. Sinaloa
6. Durango
7. México
8. Hidalgo
9. Colima
10. Oaxaca
11. Campeche
12. Quintana Roo
13. Tabasco
14. Puebla

Fig. VII.13. Sede nacional del PRI, en Insurgentes Norte, el día en que Roberto Madrazo fue elegido candidato de la unidad para las elecciones de 2006.

182

FIG. VII.14. Cartel del PRI en 1938.

FIG. VII.15. Cartel del PRI en 1945.

FIG. VII.16. Cartel del PRI en 1952.

FIG. VII.17. Cartel del PRI en 1968.

FIG. VII.18. Cartel del PRI en 1976.

FIG. VII.19. Cartel del PRI en 1982.

FIG. VII.20. Cartel del PRI en 1991.

FIG. VII.21. Cartel del PRI en 1999.

FIG.VII.22. Cartel del PRI en 2006.

El PRI fue fundado en 1929 por el entonces PRíncipe de México, Plutarco Elías Calles, quien tomó como modelo al NSDAP y al PCUS en su intento de construir un Partido Nacional; es decir, único o casi único, con el nombre de PNR (Partido que Nació Robando). La idea de Calles era que el Partido (desde entonces así, con mayúsculas) aglutinase en su interior a toda la sociedad o, más bien, a todo México o, más bien todavía, todos los recursos de México.

Después de tres décadas de levantamientos y homicidios políticos entre los distintos caudillos revolucionarios, el PNR permitiría que los distintos factores reales de poder pudiesen ponerse de acuerdo en lo oscurito, repartiéndose el país sin necesidad de matarse.

En 1938, el general Lázaro Cárdenas decidió remozar el PNR y cambió su nombre por el de PRM (Partido del Robo Mayoritario), hasta que en 1946 el también general Manuel Ávila Camacho le concedió su nombre actual.

FIG. VII.23. Lotería histórica utilizada por Plutarco Elías Calles para repartir los distintos estados de la República entre los diferentes caudillos. Cortesía del Museo de la Democracia del PRI.

FIG. VII.24. Miembros del CEN del PRI a su llegada a la sede nacional del partido.

HAY QUE HACER ALGO CON ESE SEÑOR LÓPEZ...

FIG. VII.25. Emilio Chuayffet, líder de la fracción priista en la Cámara de Diputados.

Organigrama del PRI

PRESIDENTE

COMISIÓN DE HONOR Y JUSTICIA

SECRETARÍA GENERAL

COORDINACIÓN DE ASUNTOS JURÍDICOS

COORDINACIÓN DE GIRAS

COORDINACIÓN DE INTERNACIONALES

COORDINACIÓN DE PRENSA

Fig. VII.26. Carlos Hank, ideólogo del PRI durante la segunda mitad del siglo XX.

Fig. VII.27. ¿Quién dice que los políticos son demasiado serios?

Fig. VII.28. Logo del PAN.

2 Sociedad Antiabortista,
de Cristo y la Virgen.

4. El PAN, S.A. de C.V.[2]

El Partido de Antiguos Novicios (PAN) surgió en 1939 a partir de la iniciativa de un grupo de antiguos Misioneros del Espíritu Santo que se oponían a la tiranía del PRI y, sobre todo, a su vertiente laica y anticatólica.

Durante sus primeras décadas de vida, los heroicos padres misioneros que fundaron el PAN fueron vejados, amenazados, robados y vilipendiados por los PRíncipes que gobernaban el país. Todos los sistemas posibles de fraude, intimidación, soborno, cohecho y tortura fueron utilizados contra sus militantes, que aun así resistieron con la idea de que al fin y al cabo su reino no era de este mundo.

No fue sino hasta 1989, cincuenta años después de su fundación, que un candidato del PAN por fin obtuvo la victoria —o más bien, la primera vez que le fue reconocida— a la gubernatura de un estado. Se trató de Ernesto Ruffo Appel, en Baja California. A partir de ese momento, el PAN comenzó a transformarse de manera acelerada. Pronto los mártires que iniciaron el partido se vieron desplazados por hordas de bárbaros que no compartían los ideales de pureza, fe y, sobre todo, castidad de sus predecesores.

Fig. VII.29. Eugenio Pacelli, fundador del PAN.

Fig. VII.30. Imagen de Efraín González Luna, primer candidato del PAN a la presidencia, después de las elecciones de 1952.

Fig. VII.31. El beato Miguel Pro, uno de los ideólogos del PAN.

Fig. VII.32. Ernesto Ruffo, a punto de ocupar por primera vez la casa de gobierno de Baja California.

Fig. VII.33. Encabezados por caudillos como Manuel "Barbablanca" Clouthier, Vicente "El largo" Fox y Rodolfo "El negro" Elizondo, los bárbaros del norte no dejaron piedra sobre piedra de la antigua tradición pacífica del PAN.

Fig. VII.34. Monseñor Diego, en el momento de compartir la palabra de Dios con una joven.

En las elecciones de 1994, el candidato del PAN a la presidencia fue monseñor Diego Fernández de Cevallos, quien estuvo a punto de convertirse en el primer gobernante del país no emanado de las filas del PRI. Sin embargo, cuando las encuestas le daban ya la ventaja sobre Ernesto Zedillo, monseñor Fernández recibió la visita del espíritu de Santa Teresita del Niño Jesús, quien le recomendó dedicarse a la oración y a las plegarias para purificar su cuerpo y su alma. Monseñor Diego le hizo caso y desapareció de la contienda, para quedar en un honroso y nada problemático segundo lugar.

Fig. VII.35. En su típico atuendo de bárbaros del norte, Martha Sahagún y su esposo.

Por fin, en el año 2000, los sueños de los padres fundadores del PAN se vieron coronados cuando Martha Sahagún obtuvo sorpresivamente la Presidencia de la República, terminando así con la monarquía priista que alcanzaba los 70 años.

Ideario político del PAN:

1. Amarás a Fox sobre todas las cosas.
2. No tomarás el nombre de Martha en vano.
3. Santificarás el 2 de julio.
4. Honrarás a tu padre Vicente y a tu madre Martha.
5. No matarás a ningún cardenal.
6. No fornicarás ni tomarás la píldora del día siguiente.
7. Robarás solamente para tus hijos (y los de tu mujer).
8. No levantarás falsas estadísticas.
9. No revelarás tus pensamientos y deseos impuros.
10. Codiciarás los bienes del Estado en secreto.

y el Departamento de Ley de Juegos y Sorteos, presentan su telenovela:

Donde usted llorará,

se emocionará,

estará del lado de los elegidos,

comprenderá la amistad,

festejará utopías,

y aprenderá a gobernar un país.

5. El PRD, S.A. de C.V.[3]

FIG. VII.36. La evolución de un escudo...

3 Sociedad Alérgica a la Claridad en sus Valores.

El Partido del Rumbo Desviado (PRD) surgió a partir de una escisión en el PRI, cuando un grupo de líderes descontentos con la falta de métodos democráticos (de puestos para ellos) fundó la llamada Corriente Democrática, oponiéndose al reinado de Miguel I, "El zonzo". La Corriente Democrática decidió entonces buscar una alianza con los antiguos partidos minoritarios del país para enfrentarse al sucesor de Miguel I, el economista Carlos Salinas de Gortari.

El ingenioso hidalgo don Cuauhtémoc de Michoacán, hijo del exPRíncipe Lázaro I "El bueno", formó entonces una alianza con el PFCRN (Partido del Ferrocarril), el PARM (Partido Auténtico del Robo Minoritario) y el PPS (Partido Pobre y Solitario) y, en compañía de su fiel escudero, Porfirio Panza, se lanzó a deshacer los entuertos tramados por los priistas durante las décadas anteriores.

Pero Carlos Salinas de Gortari y los demás miembros de la dinastía priista jamás permitirían que el renegado don Cuauhtémoc se hiciese con el poder, así que invocaron las malas artes del hechicero Bartlettín, quien realizó un conjuro que eliminó a don Cuauhtémoc de la contienda.

Pese a que los maleficios del mago Bartlettín se cumplieron y don Cuauhtémoc fue apaleado una y otra y otra vez a partir de julio de 1988, los miembros de la antigua Corriente Democrática se aliaron con el viejo Partido Mexicano Socialista para fundar el PRD a principios de 1989. El nuevo partido decidió asumir una posición de izquierda social y democrática, lo cual en términos reales significó que el partido aglutinó a todos los grupos, grupúsculos, facciones y bandas de la desbalagada izquierda mexicana.

FIG. VII.37. Momento de la separación de la Corriente Democrática del PRI.

FIG. VII.38. Don Cuauhtémoc de Michoacán y su fiel escudero —hasta 1997—, Porfirio Panza.

FIG. VII.39. El mago Bartlettín en el momento de conjurar la caída del sistema.

Tras años de exilio y destierro, en 1994 Don Cuauhtémoc volvió a perder (esta vez legítimamente) frente a Ernesto I, "El soso". En 1997 el PRD al fin obtuvo su primer triunfo relevante: el gobierno de la ciudad de México, encabezado por el propio Don Cuauhtémoc, quien sólo estuvo unos meses en el cargo y volvió a presentarse a las elecciones. En esta ocasión perdió ante Martha Sahagún y su esposo. A la fecha sigue pensando en ser candidato una cuarta, quinta y sexta vez.

Para las elecciones de 2006, el PRD por fin ha decidido adoptar un nuevo animal totémico en lugar del águila que cae. El pejelagarto es un fósil vivo que habita los pantanos del sureste de México, sobre todo en el estado de Tabasco. A diferencia de otros peces, posee una doble hilera de dientes que le permite sobrevivir a sus predadores, en especial al tiburón de agua dulce, *Madrasus corruptus*.

FIG. VII.40. Don Cuauhtémoc tras las elecciones de 1988.

FIG. VII.41. Don Cuauhtémoc tras las elecciones de 1994.

FIG. VII.42. Don Cuauhtémoc tras las elecciones de 2000.

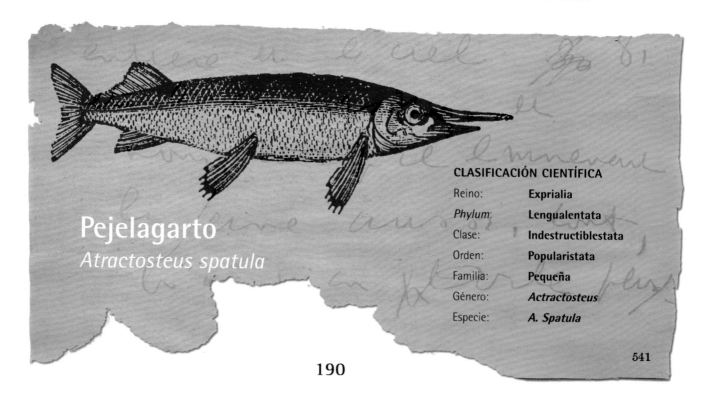

Pejelagarto
Atractosteus spatula

CLASIFICACIÓN CIENTÍFICA

Reino:	**Exprialia**
Phylum:	**Lengualentata**
Clase:	**Indestructiblestata**
Orden:	**Popularistata**
Familia:	**Pequeña**
Género:	***Actractosteus***
Especie:	***A. Spatula***

541

Manifiesto del Partido de la Revolución Democrática

Por Andreas Manuelus Marx & Marcelus Ebrengels

Un espectro se cierne sobre México: el del populismo. Contra este espectro se han conjurado en santa jauría todas las potencias del viejo partido, el presidente, los radicales panistas y los polizontes norteamericanos. El populismo es ya reconocido como una potencia por todas las naciones latinoamericanas. Es hora de que los populistas expresen a la luz del día y ante el mundo entero sus ideas, sus tendencias, sus aspiraciones, saliendo así al paso de esa leyenda con un manifiesto de su partido. Con este fin se han congregado en México D.F. los representantes populistas de diferentes países y redactado el siguiente Manifiesto, que aparecerá en lengua española, inglesa, francesa, alemana, italiana, flamenca, danesa, china, cubana, coreana, tzotzil y afrikaans. Resumiendo: los populistas apoyan a todos (todos) los movimientos revolucionarios que se planteen contra el régimen social y político imperante.

Los populistas laboran por llegar a la unión y a la inteligencia de los partidos democráticos de todos los países. Los populistas no tienen por qué guardar encubiertas sus ideas e intenciones. Abiertamente y en video casero declaran que sus objetivos sólo pueden alcanzarse derrocando por la violencia todo el orden social existente. Tiemblen, si quieren, las clases gobernantes ante la perspectiva de una revolución populista. Los proletarios, con ella, no tienen nada que perder, como no sea sus cadenas. Tienen, en cambio, un mundo entero que ganar. Recuperaremos (nosotros sí) los ideales históricos de la Revolución Mexicana, la vigencia plena de la Constitución y la legitimidad de nuestro gobierno y nuestros gobernantes. Populistas del mundo, ¡uníos!

Álbum de familia del PRD

Los tatarabuelos

Desembarcaron en tierras mexicanas con las grandes ideas que darían fruto años más tarde.
Se establecieron en un pequeño pueblo del estado de Michoacán.

Los abuelos

La siguiente generación ganó espacios políticos importantes.
Juntos diseñaron el escudo familiar.

Los hijos

Como en cualquier familia, los hijos crecieron
con la misma educación pero con el tiempo
cada quien tomó su camino. Algunos de ellos se
toleran, otros no pueden ni verse. El hermano
mayor es el más serio de todos y quiere controlar
al resto. El menor, más humilde, sólo quiere
controlar al país. La mascota de la familia es un
homenaje al expresidente Jolopo.

ROSARIO SALVAJE

¿Chayo Salvaje o chayotes ahumados?
Chayo vive con su madrastra en una colonia
pobre de la ciudad de México, es muy ingenua
y parece niño. Un buen día pasa por la casa
de una familia rica a robarse unas manzanas
pero Carlos, el dueño de la casa, la descubre.
Él es amable con ella, no la denuncia y en
vez de eso le regala un maletín lleno de
billetes. Ella se enamora perdidamente de él,
quien está en un pleito constante con sus
socias, y para hacerlas enojar se casa con
la salvaje de Rosario. Sus socias hacen todo
lo posible para deshacerse de ella, mientras
Chayo se vuelve cada día más hermosa. Un
día, Chayo descubre que el canalla de Carlos
sólo la ha desposado para conseguir mejores
contratos. Decidida a abandonarlo lo busca
en su oficina y se entera de la fuga de Carlos
a Cuba en busca de chayotes más jugosos...

CADA MAÑANA PIDO A LA VIRGEN,
QUE ÉL ME AME, COMO LO AMO
YO... ROSA*RIO* SALVAJE.

Rosario Salvaje

FIG. VII.43. Chayo a
corazón abierto.

FIG. VII.44. Chayo después
de ser expulsada del PRD.

6. La chiquillada

Además de contar con tres partidos grandes, México también tiene cuatro microchangarros que participarán en las elecciones de 2006.

I. CONVERGENCIA, S.A.

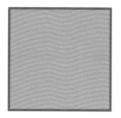

FIG. VII.45. Dante Delgado, presidente y fundador de Convergencia.

FIG. VII.46. Escudo de Convergencia.

FIG. VII.47. Declaración de principios de Convergencia.

FIG. VII.48. Programa de acción de Convergencia.

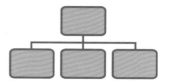

FIG. VII.49. Organigrama de Convergencia.

II. PVEM, S.A. DE C.E.V.[4]

Álbum fotográfico del Partido Verde Ecologista de México

---

4 Sociedad Anónima de Capital Extremadamente Variable.

FIG. VII.50. Tres diputados ecologistas haciendo su labor en la cámara.

FIG. VII.51. El diputado Arturo Escobar y el exsecretario de Medio Ambiente, Víctor Lichtinguer, presentando su último disco, *El tucanazo.*

Fig. VII.52. El diputado federal, Jorge Kahwagi, seduciendo a una diputada.

Fig. VII.53. Descubrimos el pasado de Jorge Emilio González, actual CEO del Partido Verde Ecologista.

Fig. VII.54. Jorge Emilio González, CEO del PVEM, cortando la malahierba.

Fig. VII.55. Después de arduas investigaciones genéticas, descubrimos que la fundadora del PVEM, Sara Castellanos Cortés, es la hermana perdida de Paquita la del Barrio.

Fig. VII.56. Protagonistas de la tercera temporada de *Reverde* que se transmite a las 19:00 horas por el Canal de las Estrellas.

195

Los Politóscares

Elige al ganador o ganadora de cada terna:

FIG. VII.57. A solicitud de los nominados, la Academia de Negras Ciencias y Artes está considerando cambiar la estatuilla que se da a los ganadores de los politóscares por este nuevo modelo.

MEJOR ACTOR

Los nominados son:
- Luis Echeverría, por *Terminator*.
- Carlos Salinas de Gortari, por *Una frente brillante*.
- Andrés Manuel López Obrador, por *El proceso*.

Y el Politóscar es para...

MEJOR GUIÓN

Los nominados son:
- Luis Donaldo Colosio, por *La pistola de mi hermano*.
- Jorge Castañeda, por *Spanglish*.
- Héctor Aguilar Camín, por *Traición al amanecer*.

Y el Politóscar es para...

MEJOR ACTRIZ

Las nominadas son:
- Rosario Robles, por *La amante*.
- Beatriz Paredes, por *María Candelaria*.
- Cecilia Occelli, por *La suerte de la consorte*.

Y el Politóscar es para...

MEJOR EDICIÓN

Los nominados son:
- Manuel Bartlett, por *La caída*.
- Víctor Cervera Pacheco, por *Yucatán: el regreso*.

Y el Politóscar es para...

MEJOR PELÍCULA

Los nominados son:
- George Bush y Vicente Fox, por *Una pareja de idiotas*.
- Martha y Vicente, por *La dama y el vagabundo*.
- Francisco Labastida y Humberto Roque, por *Los hombres X*.

Y el Politóscar es para...

MAQUILLAJE

Los nominados son:
- Marta Sahagún, por *Las pestañas asesinas*.
- Patricia Mercado, por *La mujer invisible*.
- Dolores Padierna, por *Tomando la cámara*.

Y el Politóscar es para...

MEJOR CORTOMETRAJE

Los nominados son:
- René Bejarano, por *El maletín*.
- Jorge Emilio González, por *Me chamaquearon*.
- Gustavo Ponce, por *Miedo y asco en Las Vegas*.

Y el Politóscar es para..

MEJORES EFECTOS ESPECIALES

Los nominados son:
- Miguel de la Madrid, por *San Juanico*.
- Miguel de la Madrid, por *El terremoto*.
- Miguel de la Madrid, por *El hombre gris*.

Y el Politóscar es para...

MEJOR DIRECTOR

Los nominados son:
- Carlos Salinas, por *Stuart Little*.
- Roberto Madrazo, por *Buenos muchachos*.
- Rosario Robles, por *Esposas desesperadas*.

Y el Politóscar es para...

MEJOR ACTOR DE REPARTO

Los nominados son:
- Manuel Bribiesca, por *Todo sobre mi madre*.
- Carlos Abascal, por *Todo lo que siempre quiso saber sobre el sexo y nunca se atrevió a preguntar*.

Y el Politóscar es para...

MENCIÓN HONORÍFICA AL MÁS SEXY

Los nominados son:
- El Subcomandante Marcos, por *El hombre de la máscara de lana*.
- Santiago Creel, por *Pollitos en fuga*.
- José López Portillo, por *El perro andaluz*.

Y el Politóscar es para...

POLITÓSCAR A LA TRAYECTORIA

- Cuauhtémoc Cárdenas, por la trilogía *El candidato*.

Castillo Peraza
el Espiscopado te apoya

VOTA HOY

SOLODARYDAR

PAN

arrepiéntete
mañana

MI PALABRA
ES LA LEY

**MANIFIESTO
ESTUDIANTIL**

68

**LOS ESTUDIANTES
CON DIAZ ORDAZ**

*Álvaro Manrique
de Zúñiga*

*Marqués de
Villamanrique
¡Vota por el
mejor Virrey hoy!*

**¿LE CREES A
MADRAZO?**

**Malestar
para tu
familia**

**PORQUE LOS BUENOTES
SOMOS MÁS**

YO TAMPOCO

¡VOTA POR LOS CANDIDATOS 100% NATURALES!

RUBIO NATURAL: Santiago Creel
ZURDA NATURAL: Pablo Gómez
MITÓMANO NATURAL: Roberto Madrazo
CLEPTÓMANO NATURAL: Arturo Montiel
MAMÓN NATURAL: Jorge Castañeda
PSICÓPATA NATURAL: Marcelo Ebrard
BELLEZA NATURAL: Elba Esther Gordillo
VENDIDO NATURAL: Jorge Emilio González

*100% GARANTIZADOS
NATURALES Y EMBOTELLADOS
DE ORIGEN*

CAPÍTULO VIII

Campañas y elecciones:
nuestro dinero, su diversión

Las preguntas de los seis millones cuatrocientos mil pesos:[1] ¿Importan las campañas políticas en México?, ¿a quién le importan?, ¿a alguien le importan?, ¿para qué importan?, ¿por qué no las importan?

Claro que importan. No sirven, pero importan. Importan porque el país estaría muy poco decorado sin los espectaculares, las mantas, las bardas, las pintas, los carteles, los autobuses. La radio no sobreviviría sin sus *jingles* políticos, las televisoras no podrían acumular fortunas multimillonarias en cada periodo electoral, Emilio Azcárraga no podría ser uno de los hombres más ricos del mundo, los ejecutivos de Televisa no podrían comprarse un yate cada dos años. En fin, la vida sería incolora, inodora e insípida como en las democracias civilizadas.

Desde hace diez años, México está acostumbrado a presenciar la campaña permanente: esa que empieza el primer día de cada sexenio, cuando el país se pregunta quién será el siguiente presidente. Si lo pensamos bien, es un poco absurdo competir seis años para tener solamente un día de gloria. Pero como es menos complicado estar en campaña que gobernar, todos toman la ruta más fácil.

El primer momento de una campaña es cuando los aspirantes declaran que no quieren ser candidatos. Se dan por muertos. Dicen que regresarán al rancho. Dicen que harán lo que el pueblo quiera. Dicen que quieren pasar más tiempo con su familia. Dicen que sólo son primeras damas. Dicen que en este momento sólo son secretarios de Gobernación. Pero tras bambalinas comienzan a hablarles a sus amigos, enemigos, parientes lejanos, parientes cercanos y a los medios internacionales para anunciar que "no van". Después se dedican a colocar espectaculares, a dar conferencias mañaneras 365 días al año, a dar entrevistas

Fig. VIII.1. La pre-pre-precampaña que no fue (¡chin!).

¿Sabías que...

...Cuauhtémoc Cárdenas es el único mexicano que nació siendo candidato a la presidencia y nunca ha ganado?

---

1 Cifra ajustada por la inflación.

FIG. VIII.2. El que después de todo sí fue.

FIG. VIII.3. La precampaña del PRI.

a los medios, a pagar entrevistas a los medios y a otorgar concesiones de casinos (si fuera necesario) con tal de que les crean: "No van".

Este proceso se conoce como la pre-precampaña, de la cual se sabe poco. Se intuye que cuesta mucho dinero, que las fuentes de su financiamiento son poco claras, que son recursos desperdiciados. Se intuye, pero no se sabe porque este proceso no está regulado. Esto quiere decir que el IFE está demasiado ocupado imprimiendo boletas para el voto de los mexicanos en el extranjero, rechazando candidaturas independientes y aprobando estatutos de partidos familiares.

De la pre-precampaña se pasa a la precampaña, donde todos los pre-precandidatos se convierten en precandidatos. Esto entraña más carteles, espectaculares, pintas, entrevistas y dinero. En esta etapa también surgen los grupos de oposición al candidato "oficial". Todos Unidos Contra Madrazo (TUCOM), Todos Unidos Con la Izquierda (TUCOI), Todos Unidos Contra Montiel (TUCOM), Todos Unidos Contra Marcelo (TUCOM), Todos Unidos Contra el Cáncer (TUCOC), Todos Unidos Contra el Acné (TUCOA), Todos Unidos Contra la Calvicie (TUCLAC), Todos Unidos Contra La Clase Política (TUCLACP).[2]

2 Colgate Palmolive patrocinó Todos Unidos Contra la Caries (TUCC).

¿Sabías que...

...originalmente los candidatos estrella del TUCOM PRI eran Enrique Jackson y Tomas Yarrington, pero como sus apellidos no llaman a la unidad nacional (sino todo lo contrario) fueron prontamente desechados?

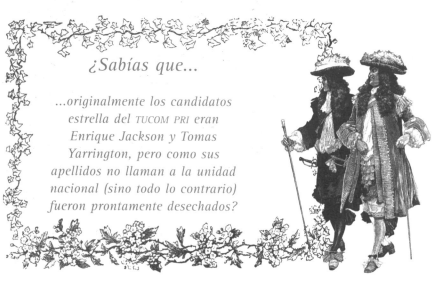

FIG. VIII.4. Pero nosotros más.

Durante las precampañas, la camaradería entre las distintas facciones de los diferentes partidos es digna de verse. Se abrazan y se acuchillan, se besan y se traicionan, firman convenios de civilidad y publican las cuentas de los hijos del adversario. Este periodo revela la democracia interna de los partidos, la cual les permite a todos actuar como caníbales dentro del marco de la ley. Los golpes terminan cuando las encuestas declaran quién es el verdadero ganador. Y en ese momento todos se vuelven amigos otra vez, excepto los que ya partieron en busca de un mejor hueso en otro partido. Todo lo que se dijeron entre sí queda en el olvido en el momento de la "operación cicatriz".

Pero el fenómeno de las campañas permanentes es relativamente nuevo. Antes, las campañas servían para informarle a la población quién iba a ser el presidente. El elegido, el destapado, el bueno. Las imágenes del ganador designado eran colocadas a lo largo y ancho del país para que la gente supiera por quién votar, aunque su voto no contara. Así fue como el país se enteró quiénes eran Luis Echeverría, José López Portillo, Miguel de la Madrid, Carlos Salinas y Ernesto Zedillo.

La televisión también ayudaba ignorando al candidato de oposición si acaso existía. Las campañas servían para dar la imagen de que en México había democracia. Una democracia al estilo PRI, que en otros países se conoce como "la dictadura perfecta".

Las campañas comenzaron a importar cuando al PRI no le quedó más remedio que competir. Esto fue después del fraude electoral de 1988, el levantamiento zapatista de 1994, el asesinato de Luis Donaldo Colosio, el asesinato de José Francisco Ruiz Massieu y el error de diciembre. O sea, costó poco convencer al PRI de la necesidad de compartir apenas el poder. Para eso se hicieron las reformas electorales de 1996, que buscaban nivelar el terreno de juego entre el PRI y los demás. Se pensó que la mejor manera de hacerlo era dándole a los partidos mucho dinero para que pudieran gastarlo en las campañas. Esto en México se llama "equidad en la contienda".

A partir de ese momento todos podían gastar más o menos lo mismo, y se produjo la histórica elección de 1997, donde Cuauhtémoc Cárdenas sonrió y ganó por primera vez. Su sonrisa, desconocida hasta ese momento, nació porque el nuevo Instituto Federal Electoral le pagó la campaña.

Fig. VIII.5. Apóyalos al 0-1900-349-ROBAR.

Fig. VIII.6. Candidato disponible.

FIG. VIII.7. Zzzzz...

Para otros, el acceso inusitado a los medios ha resultado ser un arma de doble filo. Ahí está el caso de Carlos Castillo Peraza, el primer candidato del Partido Acción Nacional que perdió un debate contra sí mismo en televisión. Al PRI tampoco le fue mejor, dado que su candidato Alfredo del Mazo tiene dientes falsos, lo cual llevó a pensar que reflejaba la esencia real de su partido. Los candidatos descubrieron que como les iba en la pantalla les iba en la elección. Y ello abrió una nueva era en la historia de México: la *mediocracia*, entendida como la mediocridad de la cracia.

1. El ciclo electoral, también conocido como "circo"

En México, el ciclo electoral se repite y se repite y se repite y se repite y se repite... El país parece vivir en una campaña continua en la que los candidatos sonríen, viajan, reparten *souvenirs*, prometen muchas cosas y después nadie los vuelve a ver, excepto quizá en algún *spot* televisivo donde salen muy sonrientes después de haber ganado. O se sabe que ahora son embajadores en algún país nórdico, porque ya perdieron.

Tabla periódica de elecciones en México
Cómo interpretarla...

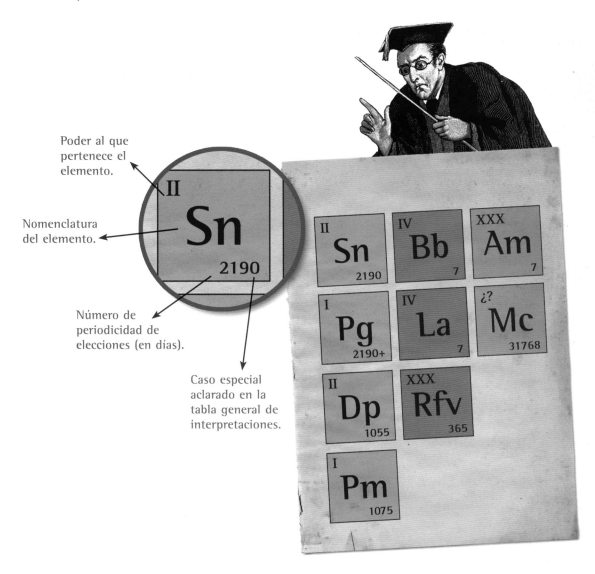

Poder al que pertenece el elemento.

Nomenclatura del elemento.

Número de periodicidad de elecciones (en días).

Caso especial aclarado en la tabla general de interpretaciones.

TABLA PERIÓDICA DE ELECCIONES EN MÉXICO			
Poder	Nomenclatura	Gobierno	Periodicidad (en años)
II	SN	Senado	Cada seis años
I	PG	Presidente y gobernadores	Cada seis años o cuando pueda destituirlo el Congreso
II	DP	Diputados o cámara baja (federal y local)	Cada tres años
I	PM	Presidentes municipales	Cada tres años
desconocido	MC	El político menos corrupto	Cada vez que pasa el cometa Halley
IV	BB	Big Brother (referencia al de George Orwell)	Cada semana
IV	LA	La Academia™	Cada semana
Sin clasificar	RFV	El rey feo del carnaval de Veracruz	Cada año
Sin clasificar	AM	El tinte de pelo para Arturo Montiel	Cada semana

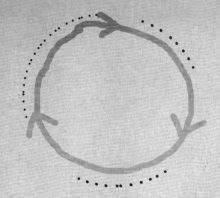

Conforme el país se ha vuelto más "democrático", el círculo electoral es más visible (más redondo y más caro).

El cambio más importante de las campañas en los últimos años es el costo del maquillaje, del bótox, del estilista, del encuestador, del sastre, del estratega político, del masajista y el costo de los favores que te hará la televisión si le caes bien a sus dueños. Pero, como dicen, la credibilidad no tiene precio.

Gastos de campaña para ser diputado

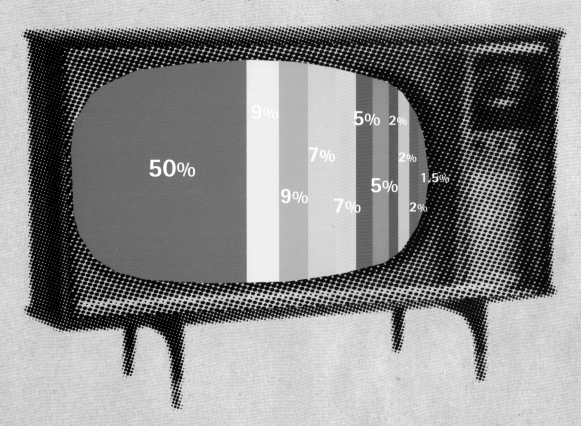

1.5% Botes de pintura para pintar paredes de toda la delegación con el nombre del candidato.	**0.50%** Harina y agua para el engrudo con el que se pegan los posters con la foto del candidato.
2.0% Asesor de campaña para que salgan "buenas fotos" del candidato.	**5.0%** Presupuesto para huevos para aventarle al candidato opositor.
2.0% Cámara de video para incriminar al candidato opositor.	**6.0%** Soborno para silenciar a la amante.
2.0% Investigador privado que busque secretos vergonzosos del candidato opositor.	**7.0%** Pago al prestanombres.
	8.0% Pago al encuestólogo para asegurar primer lugar en la encuesta mensual.
3.0% Presupuesto para inyecciones de bótox y colágeno.	**9.0%** Pago mensual a los expertos en "ingeniería electoral".
5.0% Mantas, posters, *flyers* y manzanas con estampita con foto del candidato.	**50.0%** Paquete VTTP (Verte Todo el Tiempo en las Pantallas) que se paga a las televisoras.

Esta gráfica demuestra por qué "un político pobre es un pobre político".™ El que no tenga dinero, que pierda toda esperanza. En México, la política es sólo para quienes la puedan pagar y los únicos que pueden hacerlo son los partidos (y alguno que otro empresario con ganas de conservar su concesión). Gracias a Dios, el privilegio partidista de mandar está protegido por la Suprema Corte, el COFIPE, la Biblia, el *Código Da Vinci* y la Piedra Rosetta. La partidocracia es una fortaleza infranqueable, como lo descubrió Jorge Castañeda.

Afortunadamente, quien quiera ser candidato siempre puede ir a tocar a la puerta de un partido. Es más, no le queda de otra. Lo bueno es que hay muchas opciones clasificadas por colores. Para los mochos, está el azul; para los corruptos, el tricolor; para los reaccionarios, el amarillo; para los niños, el verde y para los oportunistas, el anaranjado. Por ello, Patricia Mercado no ha logrado ganar ninguna de las contiendas en las que se ha presentado: no ha escogido ningún color (sugerencia: el rosa está de moda). Aparte de los colores, los partidos se distinguen por "plataformas", "ideologías" y "principios". En cuanto a plataformas, hay de todos tipos: de corcho, de madera, de goma y tipo Gloria Trevi. En cuanto a las ideologías, depende del presidente en turno y su clase social. Los partidos liderados por hombres blancos de clase media tienden a ser tecnocráticos, mientras que los liderados por emigrantes de pueblos como Macuspana, tienden a ser nacional revolucionarios. En cuanto a los principios, el país sigue a la espera de sus finales.

205

ORDEN DEL DÍA
XII Asamblea Nacional de los Partidos Políticos

	PRIISTAS	PANISTAS	PERREDISTAS
7:00	Acarreo de grupos de la CNC, el SNTE, SNTSS y demás sindicatos afiliados corporativamente.	Misa.	Manifestación en la sede del evento.
7:30	Desayuno con cabilderos.	Desayuno con empresarios.	Desayuno con taxistas piratas.
8:00	Clases de carterismo en el metro para jóvenes priistas, por Arturo Montiel.	Misa.	Guerra de tribus.
10:00	"Cómo ser cínico y no morir en el intento", conferencia magistral impartida por el catedrático Enrique Peña Nieto.	Conferencia magistral impartida por Vicente Fox: "Las inagotables bondades de la estabilidad macroeconómica y el diálogo".	Premiación a la tribu ganadora y conferencia magistral impartida por el líder moral del PRD, Cuauhtémoc Cárdenas: "Manejo de rencor, estrés y resentimiento".
11:00	"Fraude, mapaches e impugnaciones... Ganando a toda costa", por Fidel Herrera.	Misa.	"Arma tu propio compló", por Andréj Manuel.
12:00	"Desviación de recursos: la bendición del fuero", por Carlos Romero Deschamps.	"Manos manchadas: el sucio arte de hacer política", por Felipe Calderón Hinojosa.	"Paternalismo, ese gran milagro", por Pablo Gómez.
13:00	"Longevidad, riqueza e impunidad: factores esenciales para dirigir la CTM", por el espíritu de Fidel Velázquez con mediación de La Paca.	Misa.	"Diez razones por las que no puedes dejar que McDonald's ni otras fuerzas imperialistas absorban tu conciencia", por Julio Boltvinik.
14:00	Comida para todos los acarreados. Tortas, tamales y gorras a cambio de sus votos.	Comida patrocinada por Bimbo, Cruz Azul, Telmex, CCE y "Amigos de Felipe".	Comida financiada por los policías del Gobierno del Distrito Federal.
15:00	"¿Democracia? Ni la veo, ni la oigo", Carlos Salinas de Gortari.	Misa.	"Asquerosos neoliberales, la eficiencia mata", por Martí Batres.
16:00	"Tecnócratas vs Dinosaurios: ¿cuándo es momento de irse al PRD?", como invitado especial Porfirio Muñoz Ledo.	"Cómo conseguir amigos como los de Fox", por Lino Korrodi.	"Financiamiento de campañas y diseño de celdas", por René Bejarano y Dolores Padierna.
17:00	Clases de videojuegos con el Niño Verde.	"El arte de verse y vestirse bien", por Martha Sahagún.	Reconciliación de las tribus y espectáculo multimedia de Rosario Robles.
18:00	"Corrupción, compra de conciencias y eliminación de contrincantes", sesión de meditación e introspección para todos los priistas.	Caravana de camionetas a misa en el Pedregal.	Toma del Paseo de la Reforma, manifestación de regreso.

Los partidos proveen a los candidatos con la estructura, apoyo financiero y acarreados que necesitan para una campaña política. A cambio, los candidatos prometen quedarse dentro de ese partido hasta que les surja algo mejor en otro. Típicamente este acuerdo entraña un pacto de sangre. En caso de no existir tal, se vale "un pacto de civilidad". El candidato, entonces, promete respetar la plataforma hasta el momento en que alguien le pague por dejar de hacerlo. Por eso es posible que existan ideologías contradictorias dentro del mismo partido. Es el caso del PRI, por ejemplo, donde la misma persona declara estar tanto a favor como en contra del incremento al IVA.

De vez en cuando, algunas personas han sugerido que este sistema no representa a nadie más que a los miembros de los partidos, pero los partidos dicen que "más vale una democracia cara y poco representativa que una democracia barata y funcional". Esto es porque la que existe funciona muy bien para ellos: así pueden ser corruptos y diputados, actores de *Big Brother* (nos referimos al de George Orwell, no al programa de Televisa, por lo que no pregunten por regalías) y legisladores, abogados privados y representantes públicos, *strippers* y magistrados de la Suprema Corte. Como no hay reelección, su única misión en la vida es caerle bien a los jerarcas de sus partidos. Y, como todos sabemos, es más fácil quedar bien con un manojo de personas que con 50 millones de votantes. Aquellos que son tan desangelados que ni siquiera a ellos pueden convencer de sus virtudes, terminan pronto con su carrera política y rápidamente son olvidados. Nosotros queremos agradecer su participación en la desgastante vida política y les ofrecemos aquí un tributo.

¿Sabías que...

...pudiendo hacer lo mismo que sus predecesores (o sea, vivir de su pensión), Ernesto Zedillo es el único expresidente que actualmente trabaja y además lo hace como catedrático?

2. La gira: aprendiendo a odiar el país que gobernarás

FIG. VIII.8. Todo México es territorio electoral.

Una vez que los candidatos han decidido con qué partido se lanzarán, comienza el arduo proceso de la construcción de la campaña. Éste es el momento en que los candidatos desarrollan la estrategia que los llevará al poder, o sea, aquello en lo que han estado pensando desde la primaria. El primer paso es la definición; en otras palabras, cómo ser electo sin tener que pronunciarse sobre ningún tema espinoso como la privatización de PEMEX o la relación con Estados Unidos. Afortunadamente, en este proceso de definición sólo hay una opción: el "centro" del espectro político, ese lugar donde todos hablan de crear empleos, mantener la estabilidad, combatir la pobreza, defender la soberanía y alabar al Teletón.

Para posicionarse, los candidatos necesitan un buen equipo, un grupo de personas que los ayude a decir lo que tienen que decir y a usar palabras como "el pueblo", "la Revolución y "este gran país". Necesitan alguien que los ayude a transmitir el mensaje de que pueden hacer las cosas, obtener resultados y tomar decisiones impopulares, aunque no lo hayan hecho nunca en su vida política. Dentro del equipo de asesores es indispensable contar también con un astrólogo, un dramaturgo, un maestro de español y un manicurista. Este *dream team* es el que gana la elección en espera de un buen puesto y, la mayoría de las veces, acaba peleado con el candidato al que ayudó a ganar. En algunos casos, un miembro del equipo termina casándose con el candidato.

Operador político oculto

Coordinador de imagen y publicidad

Operador político oculto

Caza mapaches

El candidato

*Coordinador de relaciones públicas
y comunicación social*

Coordinador de finanzas

*Coordinador de encuestas
y opinión pública*

Joven idealista "El Mosh"

Hacker

Coordinador de mapaches propios

Después de que los candidatos se han definido a sí mismos, deben definir a sus adversarios. Para ello es crucial encontrar un buen adjetivo. Éste debe ser fácil, memorable, *catchy* y capaz de quedar pegado en el imaginario colectivo como Martha Sahagún a la vicepresidencia de Vicente Fox. Aquí hay una lista de los mejores adjetivos:

Después de que la candidatura ha sido establecida y se ha definido al candidato, la campaña puede comenzar (aunque en la mayor parte de los casos, empieza años antes de la fecha oficial). Dependiendo del cargo, los candidatos quizá tengan que enfrentarse a una pre-pre-pre-pre-pre-precampaña en la que busquen demostrar que tienen más dinero que sus contrincantes. El mensaje de ésta es: si tienen tanto dinero, algo deben saber de política. Concluida esa etapa, los candidatos suelen enfrentarse en las elecciones primarias, esas en las que casi nadie vota. Estos procesos son un tiempo en el que quienes tienen puestos políticos se olvidan de ellos y salen a conocer a las personas a las que llevan años ignorando. Es como ser secretaria en una oficina y cada tres o seis años tomarse ocho meses para hacer otro trabajo, mientras conserva el que tiene. Algunos llaman a esto paracaidismo. México lo llama "democracia".

1) Antes de la campaña
2) Durante la campaña
3) Después de la campaña

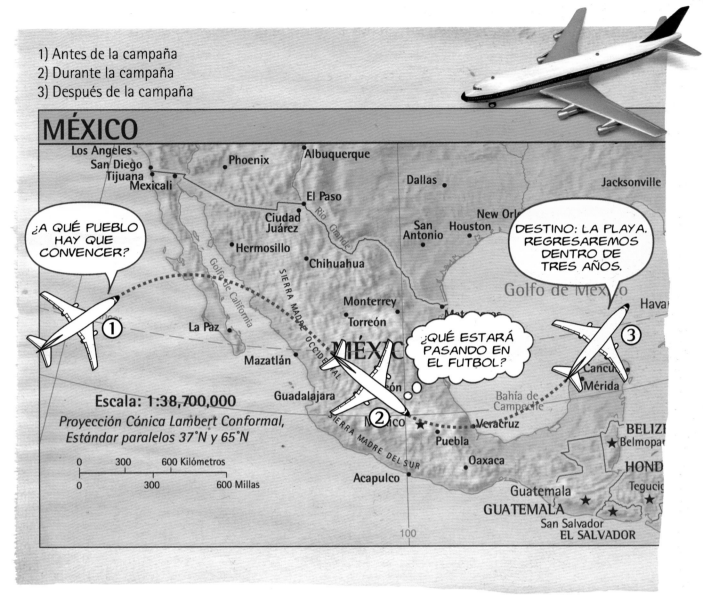

Fig. VIII.9. Las tres etapas de la campaña.

3. Promoción del producto

En toda campaña llega el momento de vender al candidato como si fuera una poción capaz de curar cualquier mal. Para ello, no hay mejor medio que la televisión, ese lugar donde no hay una sola regla, donde lo único que cuenta es cuánto se paga por aparecer. Los estándares de las campañas políticas pueden ser iguales a los comerciales que promocionan curar la calvicie a la primera aplicación. En la televisión, un candidato puede presentarse, defenderse, reinventarse, destrozar a su adversario o inventar lo que quiera. La pantalla es suya por módicos 681 millones de pesos.[3]

La televisión también sirve para diseminar todas esas ideas prefabricadas, lavadas y planchadas, que los candidatos pronuncian campaña tras campaña frente a las fuerzas vivas del país.

3 Como los que el gobernador Enrique Peña Nieto ha ofrecido por aparecer en los noticieros de Televisa.

El discurso de campaña pronunciado frente a:

MENSAJE POLÍTICO	JÓVENES	CAMPESINOS	TERCERA EDAD	EMPRESARIOS	CARICATURISTAS
"Es un gusto estar aquí...	...con el futuro de México (y los votantes indecisos a quienes necesito comprar)."	...con quienes día a día nos piden subsidios."	...con los sabios del país."	...con los que realmente importan."	...con los que realmente educan a la población."
"De ser presidente les prometo...	...legalizar la mariguana y mucho rock."	...renegociar el TLCAN y el reparto renovado de los ejidos."	...dentaduras postizas, descuentos en guayaberas y zapatos bicolor."	...monopolios e impunidad."	...despedir a Eugenio Derbez de la industria del doblaje."
"Acabaré con...	...los granaderos que obstaculizan sus apasionados festejos después de los partidos de futbol."	...ustedes, perdón, con la pobreza."	... el mataviejitas."	...los competidores."	...la censura de *South Park*."
"Como dice mi ídolo...	...Marilyn Manson."	...Emiliano Zapata."	...Mr. Magoo."	...Carlos Slim."	...Walt Disney."
"Mi adversario dice...	...que invertiré en más alcoholímetros y prohibiré la venta de alcohol después de las 18:00."	...que ojalá emigren a Guatemala."	...que va a aplicar IVA a papillas, pañales, bastones y lentes bifocales."	...que cree en la competencia."	...¡Mueran los moneros!"
"Gracias...	...ahí se ven."	...y no se olviden de votar por el color X de la boleta."	...espero que vivan lo suficiente para ir a votar."	...por su dinero. No les voy a fallar."	...eso es to... eso es to... eso es todo amigos."

¿SERÁ UN PRESAGIO DE SU GOBIERNO?

HOY, HOY, ¡UY!... SE ME OLVIDÓ PONERME DESODORANTE.

FIG. VIII.10. No hay que descuidar el lenguaje corporal del candidato.

Compra de votos

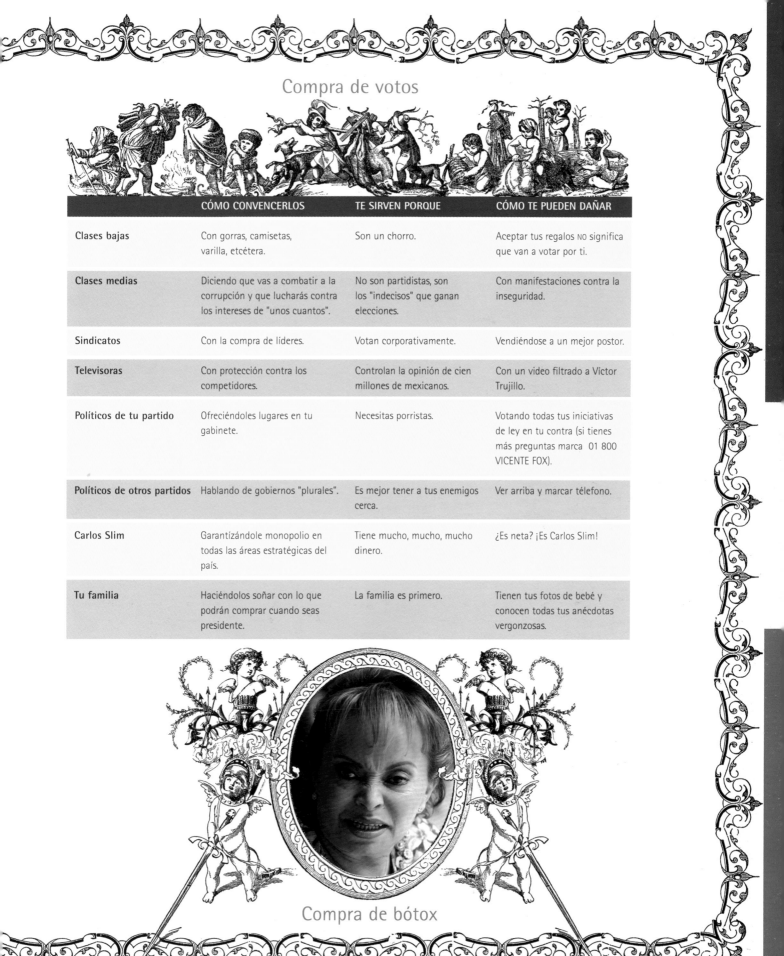

	CÓMO CONVENCERLOS	TE SIRVEN PORQUE	CÓMO TE PUEDEN DAÑAR
Clases bajas	Con gorras, camisetas, varilla, etcétera.	Son un chorro.	Aceptar tus regalos NO significa que van a votar por ti.
Clases medias	Diciendo que vas a combatir a la corrupción y que lucharás contra los intereses de "unos cuantos".	No son partidistas, son los "indecisos" que ganan elecciones.	Con manifestaciones contra la inseguridad.
Sindicatos	Con la compra de líderes.	Votan corporativamente.	Vendiéndose a un mejor postor.
Televisoras	Con protección contra los competidores.	Controlan la opinión de cien millones de mexicanos.	Con un video filtrado a Víctor Trujillo.
Políticos de tu partido	Ofreciéndoles lugares en tu gabinete.	Necesitas porristas.	Votando todas tus iniciativas de ley en tu contra (si tienes más preguntas marca 01 800 VICENTE FOX).
Políticos de otros partidos	Hablando de gobiernos "plurales".	Es mejor tener a tus enemigos cerca.	Ver arriba y marcar teléfono.
Carlos Slim	Garantízándole monopolio en todas las áreas estratégicas del país.	Tiene mucho, mucho, mucho dinero.	¿Es neta? ¡Es Carlos Slim!
Tu familia	Haciéndolos soñar con lo que podrán comprar cuando seas presidente.	La familia es primero.	Tienen tus fotos de bebé y conocen todas tus anécdotas vergonzosas.

Compra de bótox

LOS SEIS GRANDES MOMENTOS DE LAS CAMPAÑAS NEGATIVAS

Es difícil definir una campaña negativa antes del año 2000, ya que el candidato oficial solía ser un hombre limpio y sin cola que le pisaran; sin embargo, después de una exhaustiva investigación mercadológica éstos han sido nominados los mejores momentos de las campañas negativas:

1. Dale un Madrazo al dedazo

Con esta singular campaña, Roberto Madrazo intenta diferenciarse del candidato oficial, aunque usted no lo crea. Pero dada la cultura de la línea priista lo único que logra es mandar el mensaje de que su adversario, Francisco Labastida, es el bueno, el elegido, el oficial. La cargada se lanza a su favor, llevándolo a la derrota en el año 2000.

2. Campaña *boomerang* contra el desafuero

Con esta singular campaña, el gobierno de Vicente Fox intenta sacar de la contienda presidencial al puntero, Andrés Manuel López Obrador. Para ello, habla del "Estado de derecho" (como si existiera) y del apego a la legalidad definida por el brillante jurista Carlos Vega Memije. Para quitarle popularidad al Peje, todo el gobierno se dedica a repetir su nombre las 24 horas del día durante tres meses. Esto tiene un efecto muy claro sobre el reconocimiento de su nombre: ¡aumentó!

3. Labastida educa al pueblo de México sobre sus defectos

El objetivo de esta campaña fue informar, a quien no se hubiera enterado, que Francisco Labastida, candidato del PRI en el año 2000, es apodado "chaparro", "mandilón" y "la vestida" por sus hijos.

4. José María Bocanegra y el beso de la muerte

En 1829 se hace público que un tal Bocanegra se postula para la presidencia. El pánico cunde por las ciudades al correr el rumor de que el candidato es llamado así por la cantidad de mentiras que dice y por ser portador de la peste. Por eso tiene tan extraño color de labios... Con la amenaza de darle el "beso de la muerte" a cualquier otro que quisiera arrebatarle el cargo, este personaje ocupa la presidencia del 18 al 26 de diciembre. Como se aburre rápidamente decide dedicarse a Hacienda (1833) y Relaciones Exteriores (1837, 1841-1844) donde su singular característica facial le da aún más poder que como cabeza de Ejecutivo.

5. Pokuepetek y el dedo equivocado

En 1503, Pokuepetek, hijo de Xocoyotl y heredero al trono azteca, comienza su campaña para legitimar su reinado. Su publicista, un taimado totonaca llamado Priyólotl, dibuja un dedo de más en la pluma de la guacamaya real, lo que lleva a pensar que ha surgido una maldición del quinto sol... El siempre crédulo y supersticioso pueblo mexica ve a Pokuetepek como un preludio al fracaso y lo destierra. Entonces, Priyólotl es nombrado monarca por ser el único cuya imagen de campaña no incluye un desastre.

6. Por ser heredero de Morelos...

Esta campaña comienza con el rumor de que José Nepomuceno Méndez es el hijo ilegítimo del héroe de Independencia José María Morelos y Pavón (el parecido físico es innegable). Tal linaje de auténtico mexicano, le asegura a Méndez la oportunidad de ser presidente interino antes de Porfirio Díaz, con tal suerte que se vuelve uno de sus hombres de confianza e incluso vuelve a ser considerado como el sucesor del mandatario. Pero un chico listo del gabinete de Díaz sugiere la imposibilidad de que Méndez sea hijo de Morelos por el hecho de que el aspirante a candidato nació en 1824, mientras que Morelos murió en 1815. Méndez alega que su gestión es la más larga de la historia, pero su compló sólo convence a 3% de la población.

FIG. VIII.11. Condones con la foto del candidato.

más PATRULLAS

más LUGAR PARA APLICAR FRASE SUGERIDA

FIG. VIII.12. Espectaculares multiusos.

4. La campaña política ideal

Todo buen político sabe que para ganar una elección en México debe regalar muchas cosas con su nombre. Antes los políticos regalaban Tierra y Libertad™, pero cuando eso se les acabó comenzaron a regalar encendedores, plumas, pelotas, delantales, cobijas, gorras y todos aquellos artículos sin los cuales la vida de la especie humana es impensable.

Frases sugeridas para aplicar según las necesidades de cada entidad del país

- Más vivienda para Arturo Montiel.
- Más seguridad para los técnicos de futbol.
- Más agua para los habitantes de Cancún.
- Más empleo para los familiares de Nico.
- Más canchas para la Selección Nacional.
- Más bomberos por camión.
- Más calles "5 de Mayo".
- Más drenaje para el PRI.
- Más electricidad para Lucerito.
- Más clínicas de salud mental.
- Más, más, más.
- Más escuelas para mascotas.
- Más parques para mascotas.
- Más apoyo al campo (Militar Número Uno).
- Más apoyo jurídico a Ahumada.
- Más de lo mismo.
- Maseca.
- Más azul.
- Masiosare.
- Más o menos.

Fɪɢ.VIII.13. Transportes para afiliar *nerds*.

Fɪɢ. VIII.14. ¿Quién dice que no hay propuestas?

Fɪɢ. VIII.15. Moda Totalmente Panista.

Los siete hábitos de las campañas altamente eficaces

Si bien regalar cosas siempre ha sido muy útil, también se recomienda seguir los siguientes hábitos para lograr una campaña altamente eficaz:

NO SE RECOMIENDA...

Mostrar la existencia de hijos mayores de 15 años, con extravagancias harto criticables, como molestar a cantantes o actividades en las que sean retratados *in fraganti* (cuidar cuentas bancarias también).

Aparecer en un *spa* de lujo, comiendo langosta, caviar o alguna otra cosa que sólo 1% de los mexicanos consume más de tres veces en su vida.

Visitar zonas rurales con ropa de diseñador que necesita tintorería.

Utilizar lemas incomprensibles, largos y carentes de sentido.

"Sigamos avanzando por la izquierda"

"Mover a México para que las cosas se hagan"

"Porque los buenos somos más"

Sonreír al visitar víctimas de un desastre o al hacer referencia a ellas.

Hablar, hablar, hablar...

Tapizar todas las paredes y puentes con carteles, unos encima de otros, compartiendo espacio con anuncios de discotecas y espectaculares del doctor Simi.

SE RECOMIENDA...

Mostrar a los adorables hijos pequeños que ven a su padre, el candidato, como la luz de sus vidas y que son incapaces de hacer algo malo.

Ser capaz de ingerir grandes cantidades de tamales, tacos y otras delicias culinarias de los pueblos que se visiten (y no enfermarse de salmonelosis).

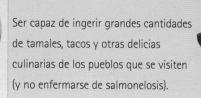

Usar botas, guayaberas y todo aquello que se vea común y similar con el atuendo de la mayoría de la población.

Utilizar frases cortas, concretas y directas que puedan ser aplicadas en cualquier actividad cotidiana.

HOY, HOY, HOY
¡...todo es un compló!

Visitar víctimas de desastres naturales con el ceño fruncido y lágrimas en los ojos.

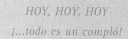

Una cancioncilla con un estribillo pegajoso que toquen en todas las estaciones de radio a todas horas.

"Naranja, naranja...
¡Esto es convergencia!"

Usar 60% de tu presupuesto para *spots* en la tele.

De vez en cuando surge una campaña con un sello distintivo con algo que la hace diferente a todas las demás. Las campañas memorables han producido *souvenirs* que forman parte integral de la historia de México, y que pueden ser adquiridos en mercadolibre.com a precios módicos.

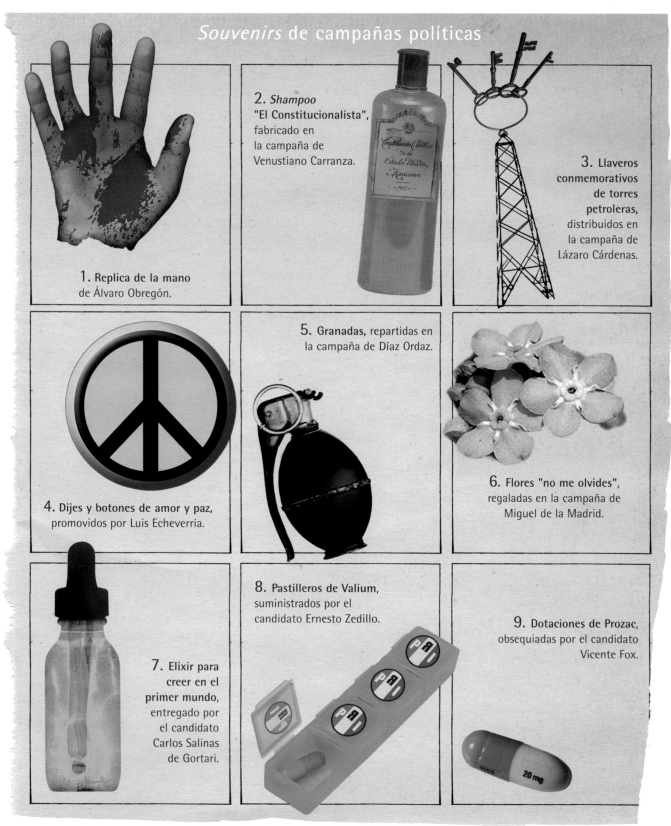

Souvenirs de campañas políticas

1. Réplica de la mano de Álvaro Obregón.

2. *Shampoo* "El Constitucionalista", fabricado en la campaña de Venustiano Carranza.

3. Llaveros conmemorativos de torres petroleras, distribuidos en la campaña de Lázaro Cárdenas.

4. Dijes y botones de amor y paz, promovidos por Luis Echeverría.

5. Granadas, repartidas en la campaña de Díaz Ordaz.

6. Flores "no me olvides", regaladas en la campaña de Miguel de la Madrid.

7. Elixir para creer en el primer mundo, entregado por el candidato Carlos Salinas de Gortari.

8. Pastilleros de Valium, suministrados por el candidato Ernesto Zedillo.

9. Dotaciones de Prozac, obsequiadas por el candidato Vicente Fox.

Un instrumento crucial para cualquier candidato es su medio de transportes, ya que revela mucho de su personalidad, sus recursos, su proyecto de nación y su signo astral.

Por su montura le reconoceréis...

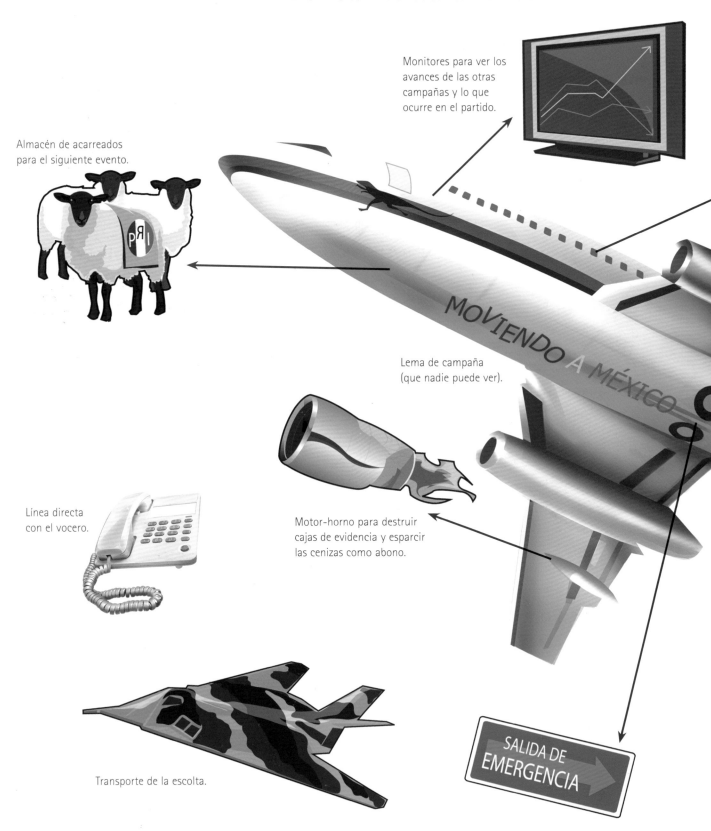

Monitores para ver los avances de las otras campañas y lo que ocurre en el partido.

Almacén de acarreados para el siguiente evento.

Lema de campaña (que nadie puede ver).

Línea directa con el vocero.

Motor-horno para destruir cajas de evidencia y esparcir las cenizas como abono.

SALIDA DE EMERGENCIA

Transporte de la escolta.

MOVIENDO A MÉXICO

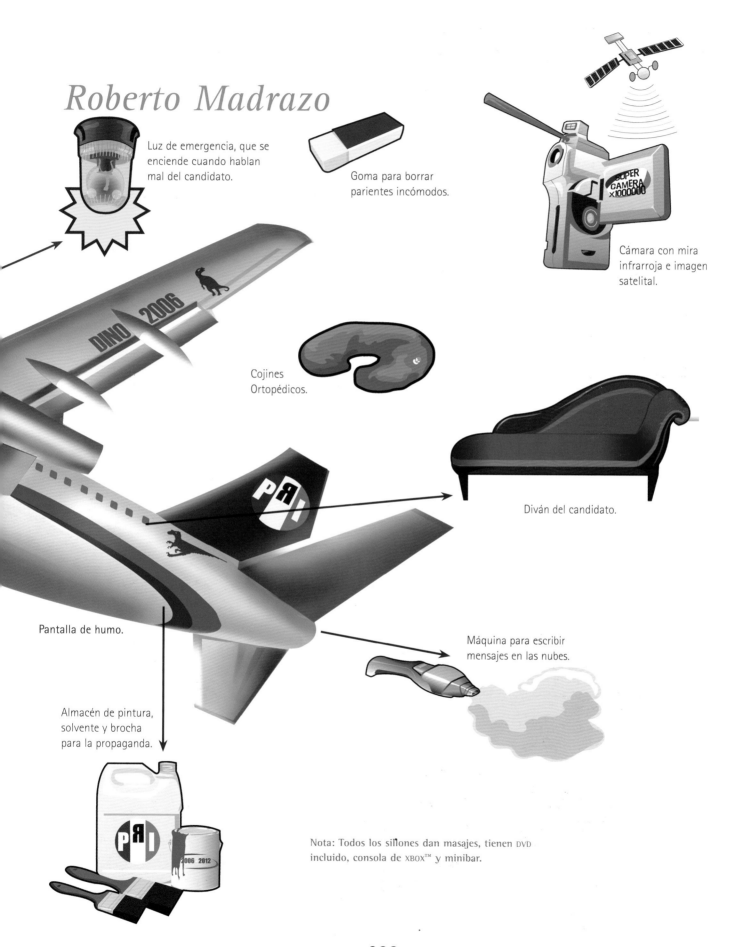

Roberto Madrazo

Luz de emergencia, que se enciende cuando hablan mal del candidato.

Goma para borrar parientes incómodos.

Cámara con mira infrarroja e imagen satelital.

Cojines Ortopédicos.

Diván del candidato.

Pantalla de humo.

Máquina para escribir mensajes en las nubes.

Almacén de pintura, solvente y brocha para la propaganda.

Nota: Todos los sillones dan masajes, tienen DVD incluido, consola de XBOX™ y minibar.

Site del episcopado mexicano.

Minibar con agua y jugo de naranja.

Propuestas de posibles lemas de campaña.

¡FECAL HOY HOY HOY!

Equipo para spots de último minuto.

¡VOTACALDERÓN!

Plataforma con altavoz.

Área de entrevistas y transporte de la familia y allegados.

Impresora para los carteles de campaña.

Capilla.

Escalera de mano para colocar mantas.

soy el mejor ✓

Área de práctica de debates.

Centro de encuestas.

224

Felipe Calderón

Transporte de la escolta.

Televisión para ver las campañas de los otros.

Capilla.

Retrovisor con cámara de vigilancia.

Botiquín de primeros auxilios y lentes de repuesto.

Faros ultrapotentes para la niebla.

Mensajes motivacionales y de superación personal.

¡triunfa en la vida!

Sillas especiales para mantener la postura de la espalda y no causar dolor de lumbago.

Nota: el autobús fue decorado por Moda Casa™ in Home. Todos los muebles, equipo y transporte fueron amablemente donados por colaboradores y amigos del candidato por medio de transferencias bancarias electrónicas.

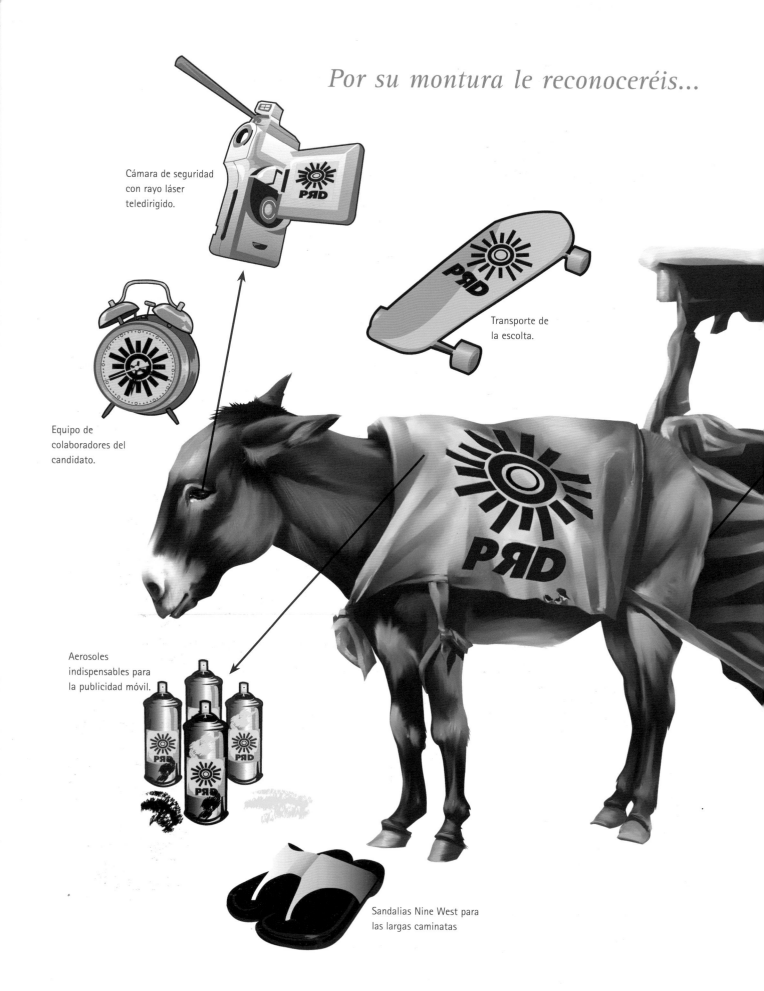

Cámara de seguridad con rayo láser teledirigido.

Transporte de la escolta.

Equipo de colaboradores del candidato.

Aerosoles indispensables para la publicidad móvil.

Sandalias Nine West para las largas caminatas

Andrés Manuel López Obrador

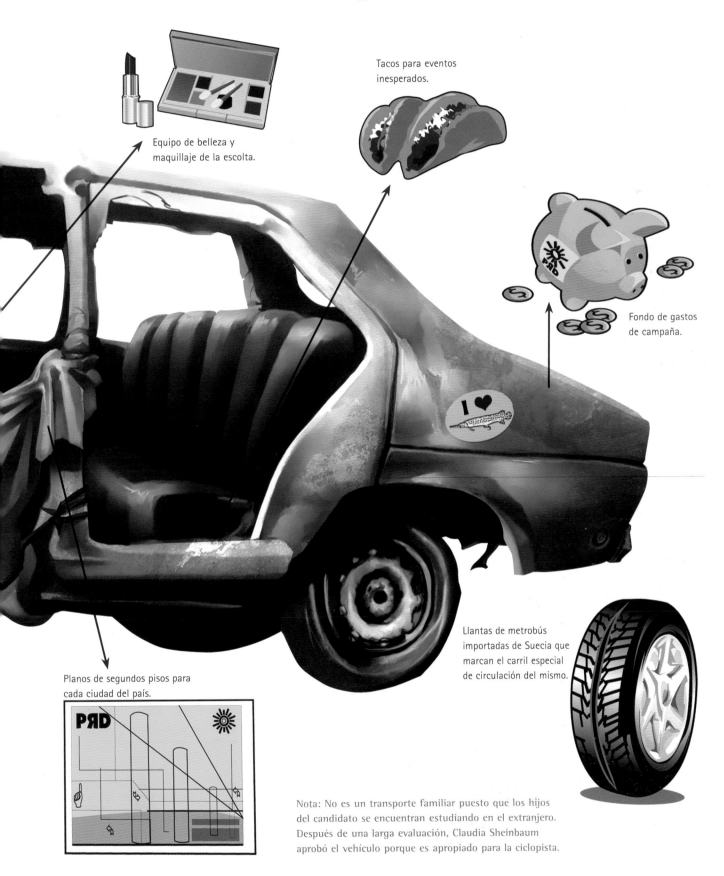

Equipo de belleza y maquillaje de la escolta.

Tacos para eventos inesperados.

Fondo de gastos de campaña.

Planos de segundos pisos para cada ciudad del país.

Llantas de metrobús importadas de Suecia que marcan el carril especial de circulación del mismo.

Nota: No es un transporte familiar puesto que los hijos del candidato se encuentran estudiando en el extranjero. Después de una larga evaluación, Claudia Sheinbaum aprobó el vehículo porque es apropiado para la ciclopista.

Ser candidato es una ardua tarea, ya que requiere de mucho tiempo, esfuerzo y dinero de los contribuyentes. Por ello, sólo deberían ser candidatos las personas que tienen "eso"; esa cualidad inasible y etérea que los hace ganar. Los franceses lo llaman *je ne sais pas quoi*; los mexicanos lo llaman "pantalones".

EJERCICIO PARA EL ALUMNO

Ese no sé qué que qué sé yo...
...que tienen los políticos. Ese "algo" que los hace ganar elecciones, riqueza y poder. Honestamente: ¿lo tienes?

Encierra en un círculo la opción correcta:

1. Capacidad para llenar una hora de discurso y no decir realmente nada.   Sí   No

2. Habilidad para esquivar la verdad sin mentir.   Sí   No

3. Sonrisa perfecta y enjundioso apretón de manos que confunde
   a los enemigos que destrozaste previamente.   Sí   No

4. Disposición para usar maquillaje ante las cámaras de televisión.   Sí   No

5. Cinismo para prometer lo imposible y hacerlo sonar factible.   Sí   No

6. Facilidad para decir que sí y que no al mismo tiempo.   Sí   No

7. Aptitud para contestar algo que no tiene NADA que ver
   con lo que te preguntaron.   Sí   No

8. Malicia para llenar de ilusión a millones de pobres a quienes
   nunca tuviste la intención de liberar de la pobreza.   Sí   No

9. Grupo de amigos poderosos que puedan financiar tu campaña.   Sí   No

10. Habilidad para autoexiliarte durante un sexenio en el que serás odiado
    por TODOS y culpado de TODO y regresar sonriente como "facilitador social".   Sí   No

RESULTADOS:
- **De 0 a 3 "sí":** Lo siento. Vas a tener que trabajar para ganarte un sueldo. La profesión que elijas dependerá de tus habilidades y tus gustos, pero definitivamente NO podrás ser un político.
- **De 4 a 7 "sí":** Digamos que tienes lo suficiente para aspirar a ser un político de medio pelo. Puedes contender por una presidencia municipal o para ser diputado plurinominal suplente.
- **De 8 a 10 "sí":** ¡Felicidades! Es el destino... puede que incluso seas presidente. ¿Necesitas un encuestólogo? Adjunto mi curriculum.

Tipos de voto en México
Algunas definiciones de voto:

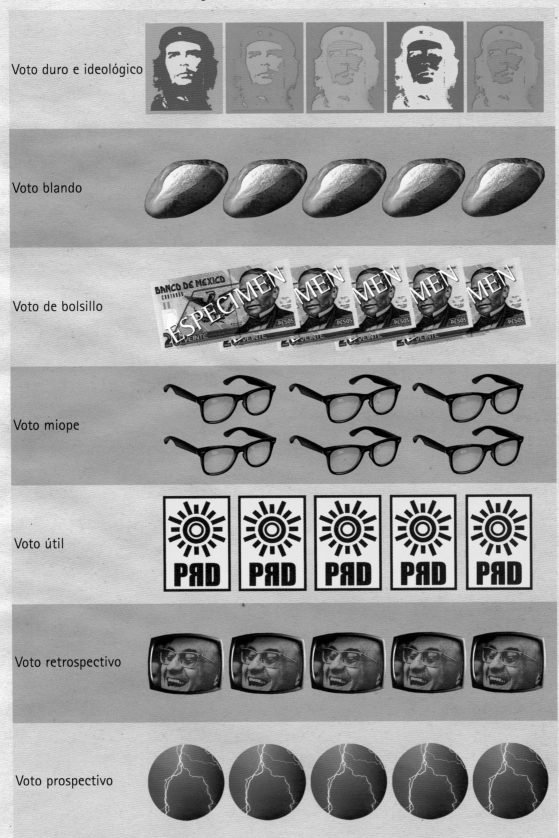

Voto duro e ideológico

Voto blando

Voto de bolsillo

Voto miope

Voto útil

Voto retrospectivo

Voto prospectivo

Cuestionario

Responde las siguientes preguntas:

1. ¿Por qué los legisladores no aprobaron una reforma a la Ley electoral que disminuiría los tiempos de campaña?
   a) Porque no la leyeron.
   b) Porque sí la leyeron.
   c) Porque no querían pasar más tiempo con su familia.
   d) Porque querían acumular millas.
   e) Porque tendrían que trabajar en vez de hacer campaña.
   f) Todas las anteriores.

2. ¿Por qué dura seis meses la campaña presidencial?
   a) Para que el candidato conozca las necesidades del país.
   b) Para que el candidato y su equipo de campaña disfruten de tours todo pagado.
   c) Para dar tiempo a que un candidato se muera y sea sustituido por otro.
   d) Para gastar, mucho, mucho, mucho dinero de los contribuyentes.

3. ¿Para qué sirven las campañas políticas?
   a) Para nada.
   b) Para nada.
   c) Para nada.
   d) Para nada.
   e) Todas las anteriores.

4. ¿Qué tienen en común los siguientes políticos?

a) Un pésimo estilista.

b) Un pésimo dentista.

c) Un pésimo fotógrafo.

d) Un pésimo sastre.

e) Un pésimo proyecto de país.

f) Todas las anteriores.

5. ¿Para qué necesitan los candidatos al electorado?

a) Para no sentirse solos.

b) Para tener con quien hablar.

c) Para usar sus impuestos en nombre del país.

d) Para ganar elecciones.

e) Todas las anteriores.

f) Ninguna de las anteriores.

2 de octubre de 1968: "Hoy fue un día soleado".

CAPÍTULO IX

Los medios:
the truth is out there

1. La televisión: el primer poder

Con frecuencia se dice que los medios son el cuarto poder, porque vigilan a los otros tres. Como de costumbre, en México las cosas son diferentes. Aquí, los medios no son contrapeso: son el peso. Comparados con el "primer poder", los demás son sólo pesos mosca. Las verdaderas decisiones no se toman en Los Pinos, en San Lázaro o Xicoténcatl, sino en las oficinas de las televisoras de Chapultepec o el Ajusco. Pero no son decisiones arbitrarias, siempre tienen un fin muy claro: aumentar el *rating* y proteger sus intereses. Si esos llegaran a coincidir con el interés público, habría que modificar el *business plan*. No cabe duda: ¡tenemos mucho que celebrar! Los medios nos dan telenovelas, filtraciones, teletones, agresiones personales a sus adversarios, *reality shows* dentro y fuera del estudio, Big Brother (por cierto, nos estamos refiriendo al de George Orwell, no al de Televisa, por lo que ni intenten cobrarnos regalías) desde Los Pinos, La Academia™ (la que canta y la que opina). No cabe duda, se merecen *El privilegio de mandar*™.

Como quedará claro en este capítulo, los medios cumplen con muchas responsabilidades cruciales para el desarrollo de las sociedades democráticas. Entre estas heroicas tareas se encuentran: esparcir rumores con o sin fundamento, fomentar la creatividad por medio de todas las formas posibles de amarillismo, promover el uso de la hipérbole a través de la exageración rutinaria y, si sobra algo de tiempo, proveer análisis y contexto. Dedican la mayor parte de su tiempo y recursos no a monitorear al gobierno, sino a lo que está haciendo la otra televisora. Y ambas compiten por plagiar antes que la otra algún programa de las televisoras europeas y estadounidenses. A veces escrutan al gobierno, pero sólo cuando éste pronuncia las palabras "una tercera cadena".

¿Sabías que...

...la palabra "medios" contiene la palabra "dios", porque así se perciben a sí mismos?

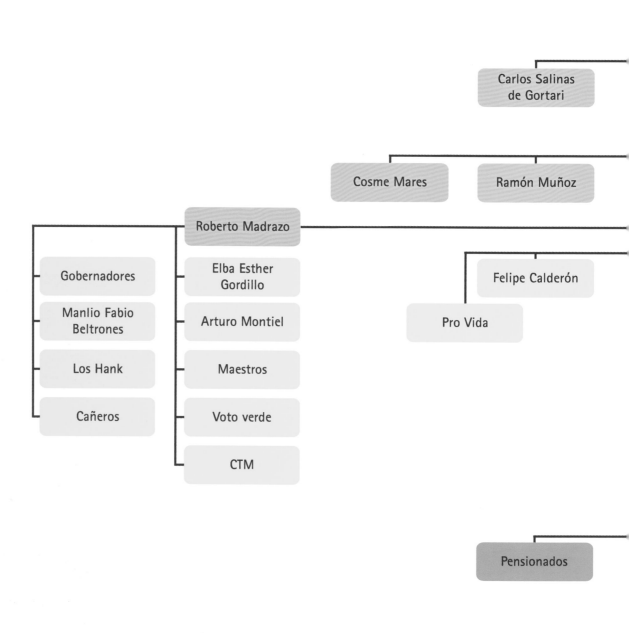

Carlos Salinas de Gortari

Cosme Mares

Ramón Muñoz

Roberto Madrazo

Gobernadores

Elba Esther Gordillo

Felipe Calderón

Manlio Fabio Beltrones

Arturo Montiel

Pro Vida

Los Hank

Maestros

Cañeros

Voto verde

CTM

Pensionados

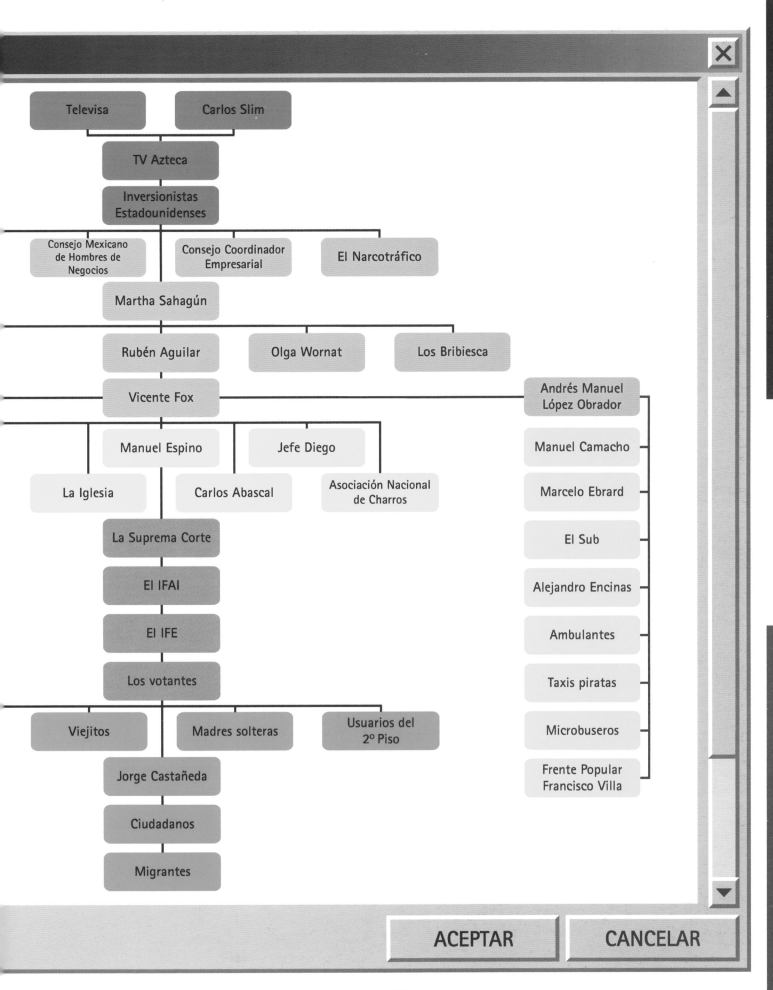

235

Lo bueno es que con tal planilla de profesionales podemos dormir tranquilos. Por lo menos sabemos que todos son guapos y guapas, saben leer el *teleprompter*, reconocen la diferencia entre una bolsa Louis Vuitton original y una pirata, tienen paciencia con las maquillistas, su cabello reacciona bien a distintas marcas de tintes, todos han ganado premios que otorga su propia televisora y saben conjugar los verbos en primera persona.

Gracias a ellos, México ha vivido grandes momentos en la historia de los medios de comunicación. Momentos estrujantes, impactantes, delirantes, alucinantes, horripilantes y rocinantes. A esas mujeres y hombres que han forjado patria, les damos hoy las gracias y nada más.

MOMENTOS ESTELARES DE LOS MEDIOS DE COMUNICACIÓN EN MÉXICO

En el inicio, Dios creo a Adán, a Eva, a la manzana, a la víbora y a los periodistas...

Primer medio de comunicación que nos miente.

2 de octubre de 1968

"Hoy fue un día soleado" (sic, sick).

1972

 a  por hablar de Bomberito Juárez y Manguerita Maza de Juárez. ¿Creerán que ser bombero es inadmisible?

1988

Transmisión de campañas presidenciales:  (Cárdenas) *vs*

1989

a por transmitir SIN AUTORIZACIÓN una entrevista realizada con "la Quina", al día siguiente de que Carlos Salinas de Gortari lo apresara.

1993

El "Tigre" Azcárraga califica a como un "soldado del PRI".

¿Se habrá referido a estos: o a estos: ?

1998

Lolita de la Vega ( ) sobrevuela el campamento zapatista La Realidad y, al detectar observadores internacionales, desde el aire concluye: "Esos extranjeros son los que manejan y manipulan a nuestros indígenas chiapanecos de una forma contundente, son quienes les dan las órdenes". Y eso motivó a a contratar más abogados extranjeros, siempre y cuando fueran tan eficaces como los observadores.

2000 y 2005

Lili Tellez, la única reportera que ha sobrevivido 29 puñaladas, tres autos bomba, cuatro episodios de salmonelosis y diecinueve cirugías plásticas, recibe el Premio Nacional de Periodismo "Paco Stanley", por su compromiso con la verdad y la mentira.

2002

 Fuerzas parapoliciales de invaden y suspenden la programación

de **CЧI Canal 0Ϡ**. Frente a esto pregunta: "¿Y yo por qué?".

2003

  se convierte en agente del Ministerio Público y lincha públicamente a

(bueno, alguien tenía que enjuiciarlo).

Marzo 2005

 Tiempo aire dedicado a su muerte: 584 694 328.09 minutos.

Tiempo aire dedicado a su desafuero: cuatro minutos en el Canal del Congreso.

2005

 Actúa en el primer episodio de la telenovela "El regreso del rey" y es nominado al premio TV y Novelas en la categoría de "Política ficción".

Estos instantes de gloria demuestran que la democracia en México es el gobierno "del pueblo para los medios" y revelan que en este país realmente existe la transparencia; la transparente manera en la cual los medios manipulan la agenda pública. Como diría Maquiavelo: "El fin justifica a los medios". Esto lo dijo antes de que lo maquillaran para salir en el segmento de "En la opinión de... Maquiavelo". El compromiso de los medios es con la verdad, la objetividad, la solidaridad, el amor y el dinero. Por eso no son sólo una necesidad pública sino un centro de entretenimiento y una fábrica de candidatos presidenciales. Su historia debería ser una inspiración para todos los mexicanos emprendedores que sueñan construir duopolios.

239

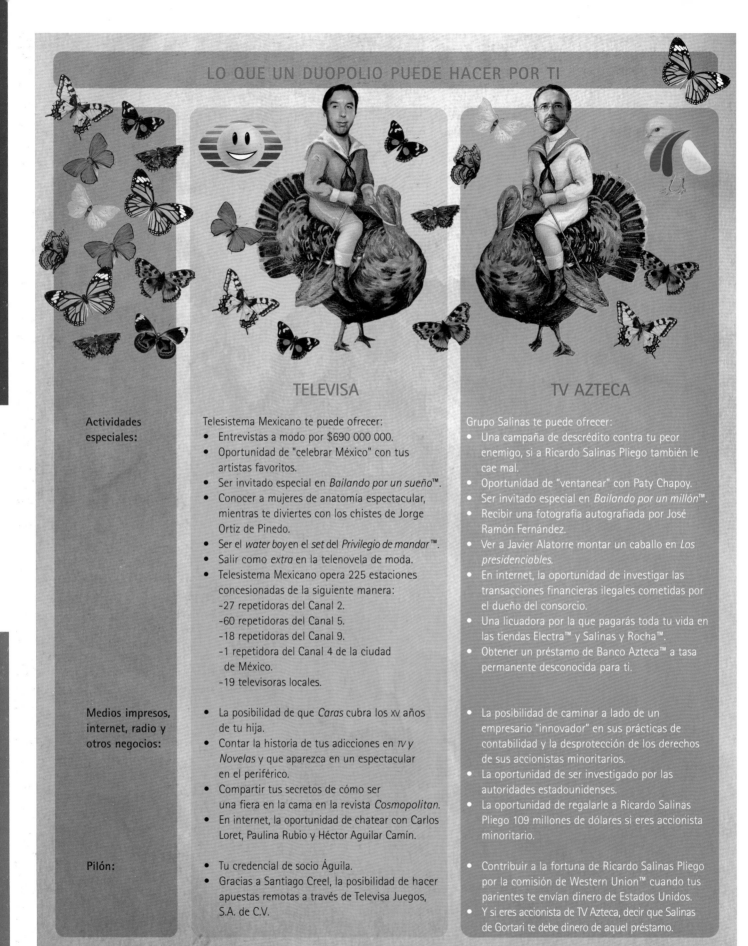

TELEVISA

TV AZTECA

Actividades especiales:

Telesistema Mexicano te puede ofrecer:

- Entrevistas a modo por $690 000 000.
- Oportunidad de "celebrar México" con tus artistas favoritos.
- Ser invitado especial en *Bailando por un sueño*™.
- Conocer a mujeres de anatomía espectacular, mientras te diviertes con los chistes de Jorge Ortiz de Pinedo.
- Ser el *water boy* en el *set* del *Privilegio de mandar*™.
- Salir como *extra* en la telenovela de moda.
- Telesistema Mexicano opera 225 estaciones concesionadas de la siguiente manera:
  -27 repetidoras del Canal 2.
  -60 repetidoras del Canal 5.
  -18 repetidoras del Canal 9.
  -1 repetidora del Canal 4 de la ciudad de México.
  -19 televisoras locales.

Grupo Salinas te puede ofrecer:

- Una campaña de descrédito contra tu peor enemigo, si a Ricardo Salinas Pliego también le cae mal.
- Oportunidad de "ventanear" con Paty Chapoy.
- Ser invitado especial en *Bailando por un millón*™.
- Recibir una fotografía autografiada por José Ramón Fernández.
- Ver a Javier Alatorre montar un caballo en *Los presidenciables*.
- En internet, la oportunidad de investigar las transacciones financieras ilegales cometidas por el dueño del consorcio.
- Una licuadora por la que pagarás toda tu vida en las tiendas Electra™ y Salinas y Rocha™.
- Obtener un préstamo de Banco Azteca™ a tasa permanente desconocida para ti.

Medios impresos, internet, radio y otros negocios:

- La posibilidad de que *Caras* cubra los xv años de tu hija.
- Contar la historia de tus adicciones en *tv y Novelas* y que aparezca en un espectacular en el periférico.
- Compartir tus secretos de cómo ser una fiera en la cama en la revista *Cosmopolitan*.
- En internet, la oportunidad de chatear con Carlos Loret, Paulina Rubio y Héctor Aguilar Camín.

- La posibilidad de caminar a lado de un empresario "innovador" en sus prácticas de contabilidad y la desprotección de los derechos de sus accionistas minoritarios.
- La oportunidad de ser investigado por las autoridades estadounidenses.
- La oportunidad de regalarle a Ricardo Salinas Pliego 109 millones de dólares si eres accionista minoritario.

Pilón:

- Tu credencial de socio Águila.
- Gracias a Santiago Creel, la posibilidad de hacer apuestas remotas a través de Televisa Juegos, S.A. de C.V.

- Contribuir a la fortuna de Ricardo Salinas Pliego por la comisión de Western Union™ cuando tus parientes te envían dinero de Estados Unidos.
- Y si eres accionista de TV Azteca, decir que Salinas de Gortari te debe dinero de aquel préstamo.

Además, ambas empresas poseen equipos de futbol, sistemas de televisión por cable, compañías telefónicas y un sinfín de cosas más sin las cuales nuestra vida no sería la misma. El duopolio televisivo en México es una experiencia existencial, hipnótica, absorbente. Como diría Enrique Iglesias: es casi una "experiencia religiosa".

Nadie sabe exactamente cómo surgió la televisión en México. Creemos que Quetzalcóatl le otorgó la concesión a Hernán Cortés a cambio de apoyo para su campaña presidencial. Pero eso es pura especulación y no ha sido confirmado por los medios. Por lo pronto, en un proceso absolutamente transparente, regulado y de cara a la opinión pública, la primera gran cadena nacional acabó en manos de la familia Alemán. Esta heroica familia hizo "todo lo posible" por resistir la cooptación, la imposición de línea, la compra de silencio y la complicidad con el gobierno; al parecer "todo lo posible" no es suficiente, por eso a sus herederos no les ha quedado otro remedio más que celebrar México, como se los ha pedido desde 1968 Gustavo Díaz Ordaz.

> *"Yo no pido silencio, el cómplice de lo negativo, yo pido simple y sencillamente que se le dé importancia a lo que es más importante: lo positivo... no hay que oír más acerca de desorden y crímenes en México... oigamos junto con estas noticias preocupantes acerca de los éxitos brillantes, los logros, los pasos que hemos dado en el camino al progreso."*

Gustavo Díaz Ordaz, discurso pronunciado al Congreso Nacional de Editores el día *de la libertad de prensa, el 9 de junio de 1968.*

Por eso, en México, la autocensura también se conoce como celebración y la represión gubernamental nunca fue mostrada en las pantallas. Y, ¿cuál es el problema de esto? Durante décadas los dueños de las televisoras y la elite política consiguen lo que quieren. Los dueños de los medios quieren asegurar sus ganancias y los del gobierno asegurar su longevidad: en México esto se llama sinergia o "la regulación existente".

La televisión rápidamente se impone sobre cualquier otro medio, garantizando con ello la paz social, el conformismo y la fortuna de la familia Azcárraga. Y desde el 2 de agosto de 1993, la fortuna de la familia Salinas Pliego.

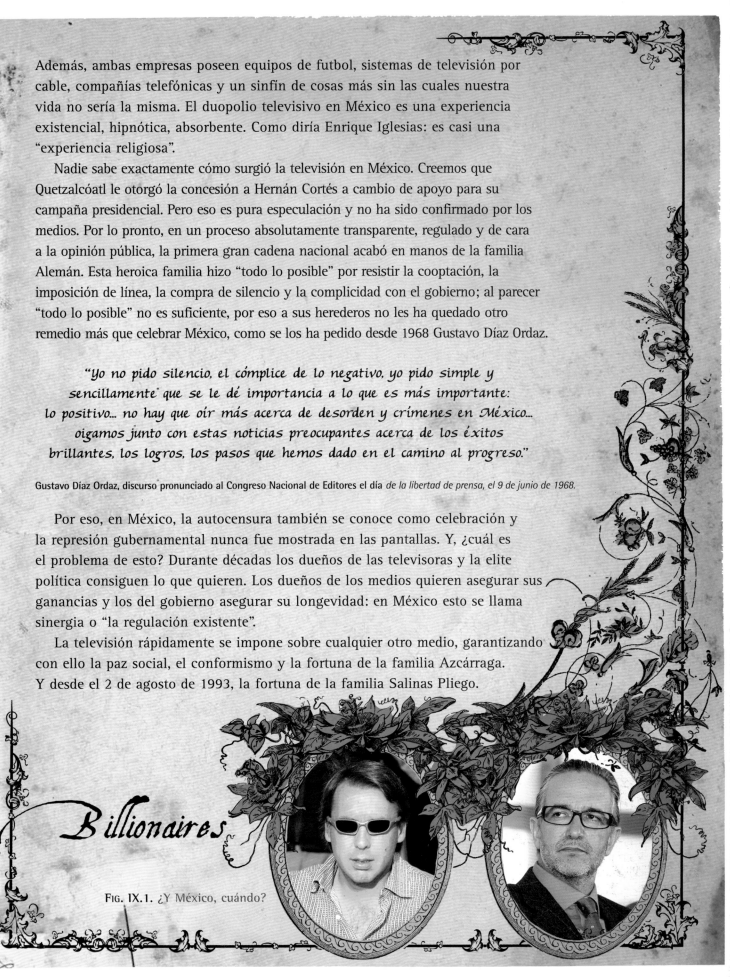

Billionaires

FIG. IX.1. ¿Y México, cuándo?

En menos de 50 años la televisión se consolida como el principal medio de comunicación en México. Televisa florece bajo la democracia estilo PRI. Y durante décadas tiene cautivo a 80% de la audiencia, hasta que el "innovador" Ricardo Salinas Pliego descubre una nueva forma de comprar una televisora estatal con un préstamo del hermano del presidente y le arrebata 1% de *rating* a Televisa. Con la compra de más cables, satélites, canales de alta definición y conciencias, la compañía logra ser reconocida como la "secretaría de educación", el "ministerio de la información" o hasta el "ministerio de la verdad".

El poder de la televisión mexicana construye una realidad virtual donde no hay masacres de estudiantes, devaluaciones del peso, ni fraudes electorales, ni candidatos de oposición... por lo menos hasta 1988.

Las cosas han cambiado mucho desde entonces; la "competencia" en las pantallas y en las calles ha obligado a cubrir cosas que antes se consideraban inventadas y a inventar otras. La globalización, internet, la presión del IFE y la insistencia del Chapulín Colorado han dado fruto. En la elección presidencial de 1994, Cuauhtémoc Cárdenas aparece ya en pantalla y en 1997 incluso aparece ganando. También ayuda que el "Tigre" Azcárraga haya colgado los tenis y que su hijo el "Tigrillo" haya declarado en una entrevista con la revista *Proceso*: "No soy político... Más que eso, no creo que tener una buena relación con figuras políticas nos va a beneficiar en términos de lo que nos importa: yo creo en el *rating*". Este énfasis en el *rating* por encima de "la política" lleva a la creación de un nuevo tipo de celebridad en México: el locutor, que además de locutar, también elucubra, lubrica y lucra.

Los locutores mexicanos son héroes. Son más rápidos que un avión privado de Azcárraga Jean, son más fuertes que las leyes a favor de la competencia, más inteligentes que un garbanzo y más osados que un Gansito Marinela™. Arriesgan su vida, su reputación y su manicure para traernos las noticias en el momento en que suceden, desde el "surimi" hasta Tláhuac. Aun cuando el ejército no llega, Carlos Loret de Mola sí.

Modelo P-347

Siempre en búsqueda de la verdad, la razón, la objetividad, y otros tantos temas esotéricos y de su interés, para que usted esté bien informado. Transmitiéndole en este su noticiero una visión clara y única de los HECHOS de la actualidad... Esta noche en Hechos...

Reportaje especial sobre las apariciones de extraños animales que han aterrorizado a diversas poblaciones del país. Oriundo de Tabasco, previamente visto en las inmediaciones del D.F., este exótico y complejo espécimen amenaza con convertirse en algo más que una plaga nacional...

Seguiremos la pista del huracán del momento, gracias al arrojo de nuestros valientes reporteros que ahora se encuentran en el lugar de la acción, arriesgando sus vidas, trayendo hasta nuestras pantallas la verdadera historia de los pueblos arrasados por el lodo, las familias divididas por la angustia y los torrentes. Además se sospecha que, en buena parte, este nuevo huracán ha sido auspiciado por el hampa narcosatánica y tiene fuertes vínculos con el narcotráfico.

Además, una tierna y conmovedora historia de amistad simple y desinteresada. Un ejemplo de sencillez, honradez y de cómo la calidez humana y los buenos sentimientos siempre triunfarán a pesar de las adversidades que el mundo les presente. Una historia de lucha y sufrimiento, de traición, sabiduría, tenacidad y logros...

Platicaremos a fondo con uno de los supervivientes de la devaluación de 1982 y del sismo de 1985...

Y para mantenernos al tanto con la política nacional actual... los "Hechos de peluche" nos harán reír con su agudísimo, suspicaz, incisivo e inteligente sentido del humor.

Conoceremos la xxv parte de la investigación periodística sobre Ceferina "La mamacita" Huerta, uno de los pocos personajes relacionados con el narcotráfico que ha sobrevivido a sus embates, al ser vecina del primo del hermanastro de la novia del capo asesinado a tiros el pasado martes en Nuevo Laredo.

Veremos un poco el panorama mundial.

Condoleeza Rice mantuvo un diálogo largo y privado con la sensual actriz Angelina Jolie, desatando la ira del primer mandatario del vecino país por haberse perdido dicho encuentro. Claro, si yo fuera Bush también me molestaría si no me invitan, pero eso hizo que se pasara a fase cuatro, de emergencia extrema, en la batalla contra el terrorismo. Hay que recordar que en la fase ocho, Bush le pedirá a la armada nacional nuevamente que entre en la contienda en pro de la paz mundial.

Todo esto y más... ¡esta noche en Hechos!

La apertura de las televisoras es innegable. Antes sólo existía Jacobo Zabludovsky y ahora hay de chile, dulce y manteca: guapos, viejos, vendidos, feos, rellenos, rellenadas y otros más. En pocas palabras, los locutores que el país necesita.

Aunque hay algunas maravillosas excepciones...

FIG. IX.2. Santa Carmen y San Javier contemplando al "Rayo de Esperanza".

NOTICIEROS Y NOTICIERAS

Noticiero con Bolita Ayala
- Lunes a viernes
  2:30 de la tarde
  Canal de las Estrellas

A las ¿qué?
- Lunes a viernes
  3 de la tarde
  Canal 4TV
  (¿Y quién la conoce?)

Tras el *rating* inexistente
- Lunes
  11:45 de la noche
  Canal de las Estrellas
  (¿Y quién la conoce?)

Opraheimer presenta
- Miércoles
  11:45 de la noche
  Canal de las Estrellas

Las noticias por Guapela
- Lunes a viernes
  9 de la noche
  Canal 4TV

México: viejo siglo
- Lunes 11 de la noche
  Canal 4TV
  Martes 11:45 de la noche
  Canal de las Estrellas

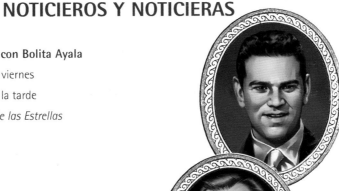

Primero yo
- Lunes a viernes
  6 de la mañana
  Canal de las Estrellas

Noticiero con Joaquín López
- Lunes a viernes
  10:30 de la noche
  Canal de las Estrellas

Zona en renta
- Jueves
  11:45 de la noche
  Canal de las Estrellas

El cristal con que se espía
- Lunes a viernes
  7 de la mañana
  Canal 4TV

El noticiero que nadie ve
- Sábados 10 de la noche
  y domingos 8 de la noche
  Canal 4TV

Los reporteros ¿y las reporteras?
- Último viernes del mes
  11:45 de la noche
  Canal de las Estrellas

Cada uno decide cómo armar su noticiero, teniendo siempre en cuenta los siguientes lineamientos:

CRITERIOS DE SELECCIÓN DE NOTICIAS EN LAS TELEVISORAS

- Conocido magnate (cuyo nombre no podemos mencionar por temor a no ser publicados) autorizó su transmisión.
- Norberto Rivera no cree que sea un pecado hablar del tema.
- No daña la imagen de los Bribiesca, de los Sahagún o posibles combinaciones.
- Tiene algo que ver con la Selección Nacional.
- Aparece mucha sangre, se habla de sangre, provoca sangre.
- No quisiéramos dejar de insistir en la conveniencia de imágenes con sangre.
- Hay gente llorando.
- Daña a algún candidato presidencial.
- Es posible pedir la "opinión" a muchos "expertos".
- Es "el video de un aficionado".
- Tiene algo que ver con El Niño Verde.

¿Sabías que...

...Paty Chapoy le dio a Martha Sahagún la receta para las pechugas presidenciales que cocinó en la televisión?

248

Cada locutor, aparte de su sello, desarrolla una forma personal, muy personal, de dar las noticias. Se vuelven como miembros de tu familia, no necesitas escucharlos para saber lo que están pensando y lo que sienten.

¿Qué dicen realmente sus caras?

"¿Me darías tu teléfono?"

"My name is Bond, James Bond."

"Uops, la fuente no estaba confirmada."

"¿Y ahora qué podré inventar?"

"¿Qué le compramos al jefe? Lo tiene toooooooodo."

"Que no hay pex, que en el gobierno federal nadie ve noticias (no se enteraron)."

¿Sabías que...

...Brozo fue Robespierre en una vida anterior,

y que Jacobo Zabludovsky alguna vez fue bailarín de ballet?

LA PREGUNTA DE ESTA NOCHE ES: ¿ALGUIEN HA VISTO MI MODESTIA? SI LA RESPUESTA ES *SÍ*, MARQUE AL 060. SI LA RESPUESTA ES *NO*, NI SE APURE: YO TAMPOCO.

249

Para justificar las 23 horas 45 minutos de amarillismo, quince minutos al día las televisoras le dan cabida a la opinión de los expertos. Estos suelen ser intelectuales mexicanos de gran renombre y firma bonita, como se verá a continuación:

EN OPINIÓN DE...

"CELEBREMOS MÉXICO CON AMOR Y CON ILUSIÓN, CELEBREMOS ESTE GRAN PAÍS QUE NO ES TUYO Y NO LE DA QUESO A LOS CUYOS."

Topo Gigio

TRANSCRIPCIÓN DE SU OPINIÓN: "SIN HILOS YO NO ME SÉ MOVER, NO PUEDO ANDAR, MUCHO MENOS CORRER... SOY EL VOCERO PRESIDENCIAL".

Pinocho

"APÚRENSE A COMPRAR SUS CUATRO CASAS, QUE A LAS DOCE SE ACABA LA MAGIA."

Cenicienta

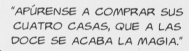

"MIS SIETE GUARROS SE LLAMAN: TONTÍN, GRUÑÓN, SABIO, ESTORNUDO, FELIZ, TÍMIDO Y DORMILÓN... Y ESTOY ESPERANDO EL BESO DEL NIÑO VERDE."

Blanca Nieves

"NADA MÁS VENGO A TRABAJAR POR MI GENTE, A CREAR MI FUNDACIÓN VAMOS MÉXICO, A AMPLIAR MI GUARDARROPA, A VIAJAR POR TODO EL MUNDO.

MI CANASTA ESTÁ LLENA DE AMOR PARA TODOS LOS MEXICANOS Y TODAS LAS MEXICANAS."

Caperucita

"SÓLO QUIERO QUE ME CUMPLAN 3 DESEOS: IMPUNIDAD, OLVIDO Y ABSTENCIONISMO."

Aladino

"YO SÉ QUE NADIE ME QUIERE, Y QUE TODOS SE BURLAN DE MÍ... ME MARCHARÉ MUY LEJOS Y VIVIRÉ MUY SOLO."

Patito feo

"LOS ACABARÉ, LOS AGARRARÉ, AUNQUE SEA LO ÚLTIMO QUE HAGA, LO ÚLTIMO..."

Gárgamel

Las televisoras también invitan de vez en cuando a prestigiados comentaristas políticos, cuyo cerebro se analiza a continuación:

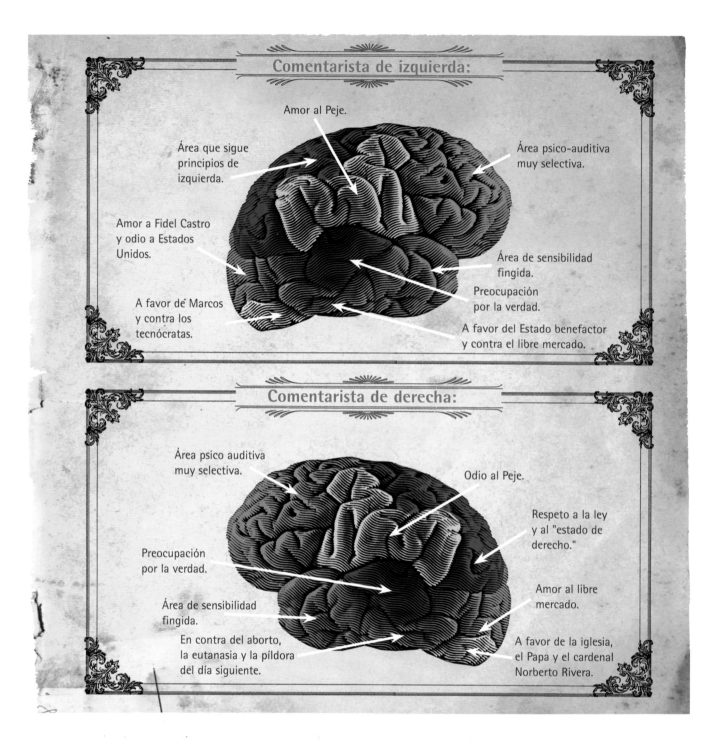

Comentarista de izquierda:

Amor al Peje.

Área que sigue principios de izquierda.

Área psico-auditiva muy selectiva.

Amor a Fidel Castro y odio a Estados Unidos.

Área de sensibilidad fingida.

Preocupación por la verdad.

A favor de Marcos y contra los tecnócratas.

A favor del Estado benefactor y contra el libre mercado.

Comentarista de derecha:

Área psico auditiva muy selectiva.

Odio al Peje.

Respeto a la ley y al "estado de derecho."

Preocupación por la verdad.

Amor al libre mercado.

Área de sensibilidad fingida.

En contra del aborto, la eutanasia y la píldora del día siguiente.

A favor de la iglesia, el Papa y el cardenal Norberto Rivera.

Los comentaristas son recursos indispensables que cualquier televisora necesita para demostrar su compromiso con los temas relevantes de la agenda pública. Porque si no aparecieran en la pantalla, los televidentes podrían pensar que las televisoras tienen como único objetivo idiotizar a la población o volverla adicta a la cobertura de deportes.

Su programación lo dice todo...

Lunes   *Martes*

05:00hrs.	ESPECIALES DE RTC
05:10hrs.	LA HORA DEL DOCTOR SIMI
05:40hrs.	LENTE LOCO
06:00hrs.	PRIMERO... NOTICIAS
09:00hrs.	HOY
12:00hrs.	LA DUEÑA
13:00hrs.	VIDA TV
14:30hrs.	EL NOTICIERO
15:00hrs.	EL CHAVO
16:30hrs.	PABLO Y ANDREA
17:00hrs.	EL AMOR NO TIENE PRECIO
18:00hrs.	MUJER, CASOS DE LA VIDA REAL
19:00hrs.	REBELDE
20:00hrs.	CONTRA VIENTO Y MAREA
20:30hrs.	BARRERA DE AMOR
21:00hrs.	LA ESPOSA VIRGEN
22:00hrs.	EL PRIVILEGIO DE MANDAR
22:30hrs.	EL NOTICIERO
23:15hrs.	DEBATE NOTICIERO TELEVISA DEPORTES
23:45hrs.	PARTIDOS POLÍTICOS

05:00hrs.	ESPECIALES DE RTC
05:10hrs.	FARMACIAS SIMILARES
05:40hrs.	LENTE LOCO
06:00hrs.	PRIMERO... NOTICIAS
09:00hrs.	HOY
12:00hrs.	LA DUEÑA
13:00hrs.	VIDA TV
14:30hrs.	EL NOTICIERO
15:00hrs.	EL CHAVO
16:30hrs.	PABLO Y ANDREA
17:00hrs.	EL AMOR NO TIENE PRECIO
18:00hrs.	MUJER, CASOS DE LA VIDA REAL
19:00hrs.	REBELDE
20:00hrs.	CONTRA VIENTO Y MAREA
20:30hrs.	BARRERA DE AMOR
21:00hrs.	LA ESPOSA VIRGEN
22:00hrs.	LA FAMILIA PELUCHE
22:30hrs.	EL NOTICIERO
23:15hrs.	NOTICIERO TELEVISA DEPORTES
23:45hrs.	MÉXICO, NUEVO SIGLO

Por si no fuera suficiente con la programación habitual, las televisoras también ofrecen espectáculos gratuitos extra: luchas, peleas de box, conciertos por la paz, películas viejas por las cuales no pagan derechos de autor y el último capítulo de la pelea a muerte entre Paty Chapoy y Juan José Origel. Gracias a todo eso, los medios gozan de una extraordinaria confiabilidad y merecen el mayor respeto de la población.

Fig. IX.3. El pleito entre Paty Chapoy y Juan José Origel.

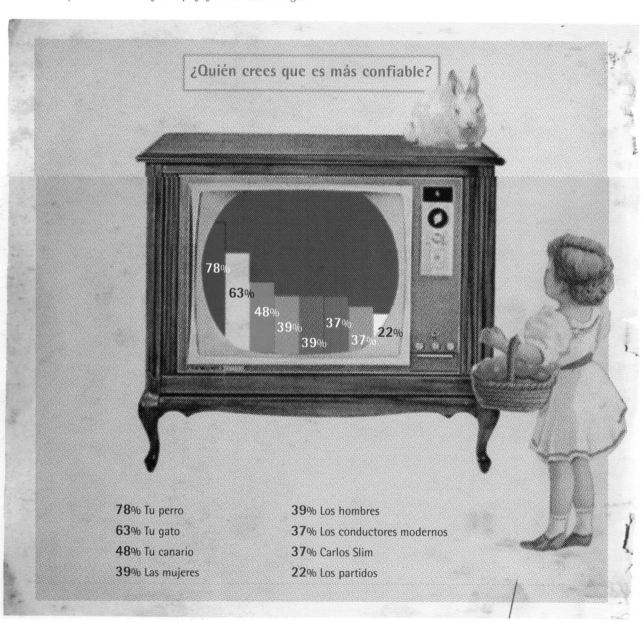

¿Quién crees que es más confiable?

78% Tu perro
63% Tu gato
48% Tu canario
39% Las mujeres

39% Los hombres
37% Los conductores modernos
37% Carlos Slim
22% Los partidos

2. El poder para vender cien mil ejemplares (¡yupi!)

Afortunadamente, no todo el país sucumbe al poder de las televisoras; siempre estarán ahí los cien mil lectores de la prensa escrita. Siempre estarán ahí esos ciudadanos heroicos que saben leer y que tienen acceso a la televisión por cable.

Lejos quedaron los tiempos de las gacetillas pagadas en los periódicos y los "chayotes" que se le entregaban a quienes cubrían fuentes oficiales. Antes los presidentes promovían golpes de Estado dentro de los periódicos como lo hizo Luis Echeverría contra Julio Scherer en 1973. Hoy en día, las esposas de los presidentes demandan a las revistas en vez de cerrarlas.

FIG. IX.4. San Julio Scherer.

I ♥

obseso

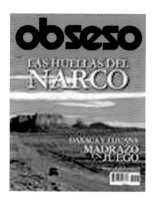

En los viejos tiempos, la prensa escrita dependía de la publicidad pagada por el gobierno y el gobierno usaba su presupuesto para castigar a las publicaciones independientes y recompensar a las obedientes. Por suerte, conocido magnate cuyo nombre no podemos mencionar por temor a no ser publicados, llegó para librarnos de eso. Ahora, la mayoría de la prensa no depende de la publicidad oficial sino de la empresa de conocido magnate cuyo nombre no podemos mencionar por temor a no ser publicados. Porque él aprendió las lecciones más importantes entre los medios y el poder: "No pago para que me peguen"[1] y "No te instalo una línea telefónica para que hables mal de mí"[2].

Atrás quedaron las épocas en las que los reporteros recibían entre 95 y 1500 pesos mensuales en un sobre blanco por parte de funcionarios gubernamentales; atrás quedaron las canastas navideñas, los boletos de avión, los aparatos electrodomésticos... Ahora sólo les entregan un video grabado en casa (o en la oficina de algún empresario) evitándoles todo trabajo de perseguir la noticia o mantener la tan exaltada objetividad. De hecho, la objetividad periodística depende del cristal con que se mira. Para algunos medios, la objetividad consiste en atacar a la derecha y proteger a la izquierda; para otros, en lo contrario. De lo que se trata es de vender, vender, vender y vender. Y por si no quedó claro: VENDER.

Esta urgencia mercantil ha llevado a los medios a diversificar su amarillismo, a publicar en primeras planas de los periódicos fotografías de todo tipo: Carlos Salinas de Gortari probando remedios contra la calvicie, Beatriz Paredes haciendo ejercicio en Slim Center, Martha Sahagún practicando vudú contra el director de la revista *Proceso*, Andrés Manuel López Obrador viajando en el avión privado de su chofer Nico, Vicente Fox tomando su régimen diario de Prozac y otras imágenes que preferirías no haber visto.

Cada medio refleja sus filias y sus fobias particulares, a quién ama y a quién odia, a quién protege y de quién se protege.

1 Cita atribuida a Echeverría en un momento de lucidez.

2 Cita atribuida a Juan González, técnico de una de las empresas telefónicas en México. Si fuera monopólica sería sólo una coincidencia.

La Formada

MEXICO, DISTRITO FEDERAL • AÑO 22 • NUMERO 7723 • laformada.web.mx • VIERNES 24 DE FEBRERO DE 2006

10 PESOS

Hace AMLO milagros

Conmovidos hasta las lágrimas por la austeridad de la campaña de Andrés Manuel, los pobladores de Jojutla recibieron hoy al candidato perredista a la Presidencia de la República, Andrés Manuel López Obrador. Inspirados por los ricos tamales que se ofrecieron en su comparecencia, los asistentes comprometieron su voto y la tercera parte de su salario por la campaña "Purifica a tu país". Quienes estuvieron presentes afirman que Andrés Manuel pudo curar a un niño leproso con sólo tocarlo, devolvió la vista a un ciego con su bendición y revivió a un tal Lázaro Cárdenas. Al mismo tiempo arremetió contra esos ¡"·$%&/()(/&% empresarios que sólo quieren aprovecharse de la fortuna de los pobres, arrebatándoles sus tamales. Y para terminar, cogió un tamal, lo partió en dos y se multiplicó de tal manera que le dio de comer a todo el pueblo.

www.retorna.com

RETORNA

CORAZÓN DE MÉXICO

$ 10.00
110 páginas,
7 secciones
Año 13
Número 4,450

Se desenmascara el "efecto tamal"

¿Usted de qué tamal comió?

15% dulce

25% rojos

60% verdes

El candidato perredista a la presidencia de la República, Andrés Manuel López Obrador, arremetió en su acto proselitista, en Jojutla, contra los empresarios que dan empleo a este país. En su comparecencia, se sirvieron tamales que fueron comprados al primo del candidato al triple de su precio de mercado. Además, impresionó a los asistentes con sencillos trucos de magia, los cuales fueron plagiados del *show* de 1992 de David Copperfield en Las Vegas. Estos actos consistieron en devolverle la vista a un enfermo de conjuntivitis, contratar al doble de Lázaro Cárdenas y quitarle el maquillaje a un niño. Las estadísticas muestran que sólo 23 % de quienes comieron tamales verdes creyeron en la capacidad del candidato de hacer milagros, mientras que 89 % de quienes comieron tamales de dulce apoyarán al candidato como resultado de sus habilidades sobrenaturales. Se sospecha que el elevado nivel de azúcar con el que se preparan los tamales pudo ser un factor determinante. Al repunte de AMLO en las encuestas, el cual estos sucesos provocaran, se le conoce como "el efecto tamal".

258

▣ ElTimancieroArn XXV N° 7009   México D.F. Martes 28 de febrero de 2006 $10.00 M.N.

Aumenta precio del tamal en México

Según declaraciones de los presentes en el acto de campaña del candidato perredista a la Presidencia de la República, Andrés Manuel López Obrador, en Jojutla, el candidato fue capaz de un verdadero "milagro": elevar el precio del tamal de dulce en México. Dado que los presentes creyeron en las habilidades mesiánicas del candidato, se apresuraron a comerlos, provocando una escasez inmediata. Esto, a su vez, elevó el precio del tamal de dulce en el mercado internacional. El fenómeno "TAMLO" ha beneficiado a los productores de maíz y a los cañeros, quienes piensan ya en votar por el candidato que les ha ofrecido protección contra posibles competidores extranjeros. Según expertos, este fenómeno podría generar presiones inflacionarias, por lo que las expectativas del Índice Nacional de Precios al Consumidor Tamalero fueron ya ajustadas.

Evolución del precio
del tamal de dulce

Era un domingo soleado. Nadie imaginaba la tragedia por la que Yocasta Sánchez moriría víctima de un tamal verde servido durante el acto de campaña del candidato perredista a la Presidencia de la República, Andrés Manuel López Obrador, en Jojutla. Los testigos aseguran que un hueso de pollo incrustado en la garganta de la víctima fue el motivo del desangramiento que causara su muerte. Otros testigos afirman haber visto una lucha pasional por un tamal de dulce entre el amante y el esposo de Yocasta que terminara en el apuñalamiento de la mujer. Cuando los chisguetes de sangre comenzaron a brotar del cuerpo de la víctima, se pidió el socorro de las milagrosas manos del candidato, quien no pudo ayudar a la pobre desvalida argumentando que "todo era un compló".

	NOTICIEROS TELEVISA	NOTICIAS TV AZTECA	CANAL 11	CANAL 40	RADIO TELEVISA	RADIO AZTECA
Cómo consiguen sus historias	Aportación de fuentes anónimas y donaciones "altruistas" de material clasificado.	Donde se junten mas de 3 patrullas, 2 ambulancias, 40 personas y haya sangre, mucha sangre.	Viendo la transmisión de los otros canales.	R.I.P.	Utilizando sus antenas para captar conversaciones telefónicas.	Repitiendo lo dicho en la televisión.
Titular favorito	Tiempo de dar.	En exclusiva...	Gracias por sintonizarnos.	R.I.P.	Esperen, nos llegó un boletín especial...	En las expertas palabras de...
Orden de secciones	Desastre, desastre, escándalo, escándalo, espectáculo, deportes y entrevista.	Denostación contra enemigos de la televisora, denostación contra enemigos de la televisora, experiencia traumática de alguien irrelevante, espectáculos, juguetes, deportes.	Cultura, cultura, bostezo, cultura, cultura, bostezo.	R.I.P.	Celebremos México, celebremos México, deportes, deportes, deportes, secretos W, celebremos México.	Reporte de tráfico, loa a Ricardo Salinas Pliego, crítica a AMLO, loa a Ricardo Salinas Pliego.
Principal tema de reportaje	La desgracia más reciente de algún pueblo desconocido.	¡Narco!	La cultura de México.	R.I.P.	Consejos de belleza con los egresados de Big Brother (ya saben, el de Orwell).	Consejos de canto e historias de superación personal con los egresados de *La Academia*™.
Mejor campaña / noticia	Teletón, Teletón...	Estatua del Papa, juguetes, A Quién Corresponda...	?????	¡Salvemos Canal 40! (fallida por cierto).	Teletón, Teletón...	Estatua del Papa, juguetes, *A Quien Corresponda*.
Perfil de conductor / reportero	Que salga bien a cuadro y obedezca las órdenes sin chistar.	Que sepa leer *telepromter*.	Egresado del Poli, pues...	R.I.P.	Que tenga un programa de televisión del cual puedan citar todas las cápsulas.	Más gritones que los de la tele.
Palabras frecuentes	Yo.	Nuestro fabuloso, grandioso, innovador, visionario jefe: Ricardo Salinas Pliego.	Gracias.	R.I.P.	Como dije ayer en la televisión.	Como nos dijo que dijéramos Ricardo Salinas Pliego...
Imágenes más usadas	*Close ups* de Adela Micha.	La sonrisa de Ricardo Salinas Pliego.	Cuadro expresionista animado.	R.I.P.	No usan.	No usan.
Uso alternativo	Mejorar el ánimo de Vicente Fox.	Para castigar a los niños si se portan mal.	Somnífero.	Alusión para caso de abuso.	Para hacer más ameno el tráfico.	Para promover todos los artículos que produce el Grupo Salinas.

PERIÓDICO LA JORNADA	PERIÓDICO REFORMA	PERIÓDICO EXCELSIOR	PERIÓDICOS DE NOTA ROJA	REVISTAS	INTERNET	REVISTA PROCESO
Transcribiendo los comentarios de los perredistas que acompañaban a AMLO.	Hablando por teléfono a quien se deje.	Cambiando los nombres y titulares de las noticias de hace cuarenta años.	Acampando en las afueras del Ministerio Público.	Circulando por Mazaryk y otras zonas bonitas.	Porque a alguien se le ocurrió subirlo.	A través de Olga Wornat.
Fox miente; AMLO tiene la razón.	78 % de los mexicanos está...	Madrazo hizo/ deshizo algo.	Mueren asesinados, calcinados y torturados.	Nos revela TODOS sus secretos.	sex, sex, sex.	Gobierno de la ineptocracia.
Loa a AMLO, crítica al neoliberalismo, reporte de las actividades más recientes del EZLN y de los reclamos legítimos de los ambulantes, taxistas, cañeros y anexas.	Primera plana reservada para la indignación y demás secciones para la publicidad.	Ocho columnas favorables para el PRI.	Notas aleatorias que empiecen con asesinatos, crímenes pasionales, accidentes aparatosos y la identidad del asesino de viejitas.	Anuncio de perfumes, anuncio de ropa, anuncio de maquillaje, consejos de belleza, consejos de sexo, consejos de maquillaje, consejos de dietas.	Lo que diga Google.	Escándalo 1, Escándalo 2, Escándalo 3, Escándalo 4, Escándalo 5, sección de análisis, cartón de Naranjo y todo lo demás.
La familia presidencial y sus trapos sucios.	Encuestas de opinión de lo que sea que se pueda opinar.	Las virtudes del PRI.	Asesinatos, homicidios, robos, asaltos, delincuencia organizada, delincuencia desorganizada.	La vida íntima de algún personaje.	Escriba aquí su tema favorito. ⬜ *Search.*	El que asegure el golpe más bajo.
Todos somos AMLO.	Encuestas de ópinión...	El libelo contra Elba Esther.	El linchamiento de los linchadores (todos los detalles).	La cirugía de alguien y si se casó con un europeo con título nobiliario.	Vea su *pop up* favorito o consulte su folder de *spam filter.*	¡Muera Martha Sahagún!
Egresados del CGH de la UNAM.	Académicos con mucho tiempo libre.	Bisnietos de los fundadores (que no necesariamente saben redactar).	Exjudiciales y médicos forenses.	Alguna divorciada ociosa.	Tú, yo, nosotros, ustedes, ellos...	Perredista resentido (perdón por el pleonasmo).
AMLO.	Investigación.	PRI.	Muertos.	Armani.	*Search.*	Bribones.
Caricaturas de Fox.	Gráficas de pay, histogramas y barras.	Fotos de Madrazo.	Cadáver desfigurado.	Mujer de anatomía perfecta.	Todo	Mala foto de Martha.
La jaula de los pajaritos.	Tareas escolares de recortar y pegar.	Envoltura de objetos frágiles que han de ser transportados.	Recoger las graciosadas del perro.	Para entretener durante las visitas al dentista.	Abierto a la imaginación.	Para ayudar a los fiscales especiales en vez del Ministerio Público.

Los medios impresos se nutren de todo lo que se deje: filtraciones, filmaciones, chismes, rumores, traiciones, reconciliaciones, chicles y palomitas, entre otros. Las revistas especializadas también hacen lo suyo, demostrando la profundidad del cambio que se vive en México.

Ante la calidad irrefutable de los medios mexicanos hoy en día, queda claro que las fuentes de información más confiables son las imágenes. Porque como dice el dicho, una imagen vale más que mil palabras.

FIG. IX.5. Bernardo Gómez (vicepresidente de Televisa) agradeciendo a Martha Sahagún la eliminación del impuesto de 12.5 % a las televisoras.

Así como la imagen anterior revela lo que nadie se atreve a decir (y nosotros tampoco, por eso la pusimos), a lo largo de la historia han existido otras representaciones gráficas que hablan por sí mismas.

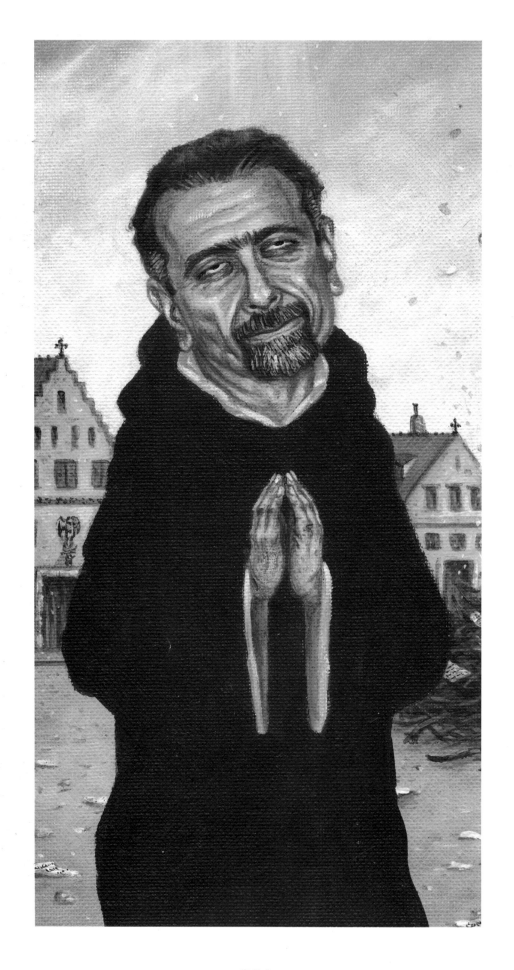

264

Ayúdalos a encontrar la verdad:

VERDAD

Cuestionario

Subraya el caso que no haya sido manipulado por los medios:

1. Caso Paco Stanley.
2. La información del FOBAPROA, la transacción Banamex–City Group.
3. Ley de Mercado de Valores.
4. Enrique Peña Nieto y los contratos con Televisa.
5. Las propiedades de Arturo Montiel.
6. La no investigación de las propiedades de Madrazo.
7. Los permisos otorgados por Gobernación para casinos.
8. La fundación Vamos México.
9. La expatriación de Keiko.
10. El movimiento de 1968.
11. El secuestro de connotada periodista.
12. El tiempo dedicado a la muerte del Papa.

Si fueras conductor de televisión y pudieras pedir un deseo, ¿cuál sería?:

1. Ir a la guerra.
2. Mejor léxico.
3. Cerebro.
4. Objetividad.
5. Ir a las catástrofes.
6. Ir a Hollywood.
7. Ir a los Óscares.
8. Ser "el gran carnalito".
9. Entrevistar al Papa.
10. Transmitir Miss Universo.
11. Cubrir las vacaciones de *spring breakers*.
12. Conducir un reality show VIP.
13. Dinero, dinero, dinero.
14. Todas las anteriores.

¿Quién decide qué se cubre en los noticieros?

Encuentra las diferencias:

¿Sabías que...

...los moños en las solapas de los conductores de arriba son parte de la campaña nacional "Por la lucha contra la verdad"?

México y el mundo:
como México no hay dos

México lindo y querido, el ombligo del mundo, el lugar con la comida más rica, el mejor clima, las playas más bonitas, las mujeres más hermosas, el pueblo más cálido, la cultura más gloriosa, la historia más grandiosa. No entendemos por qué hay alguien que viaje al extranjero. Nos queda claro por qué Andrés Manuel López Obrador no tiene pasaporte. ¿Para qué salir si este país lo tiene todo?

Bueno, hay un poco de corrupción, de contaminación y más de diez millones de mexicanos prefieren vivir en Estados Unidos. Pero como México no hay dos. De vez en cuando te asaltan y 40% de las mujeres ha sido víctima de violencia. Pero qué bonito ser del país que le dio el tequila y Luis Miguel al mundo.

A todos aquellos mexicanos que consideran la posibilidad de emigrar, les decimos: *you'll be back*.

La superioridad de México es evidente. Tenemos más figuritas prehispánicas, tipos de tamales, colores de tortillas, variedad de moles y homicidios *per cápita* que algunos países (centroamericanos, por cierto). Ha llegado el momento de cantar todos juntos "Cielito Lindo" o "México Lindo y Querido".

Y cuando terminemos de hacerlo, igual podemos:
a) Ser felices.
b) Ser más felices.
c) Interesarnos un poco en el mundo, mas esto no es obligatorio. Es posible ser mexicano y vivir aislado de lo que pasa en el mundo. Seamos honestos, ¿cuántos mexicanos leen la sección de internacionales en el periódico? Pero como ya viene el Mundial y por ahí algunos hablan de la globalización, este libro ha decidido ofrecer una pequeña guía, en orden alfabético, para entender al resto del planeta. Si quieres puedes saltarte directamente a Estados Unidos.

1. África: *hakuna matata*

Para muchos mexicanos África es el lugar donde vive el Rey León. Es ese continente o país donde hay muchos muchos muchos negros, muchos muchos pobres y muchos muchos leones. La gente que vive ahí usa aretes muy largos, tiene labios muy gruesos, tiene el pelo muy chino y entiende un lenguaje que se habla con tambores. La mayor parte de los mexicanos conoce África por las películas que ha visto. De hecho, muchos piensan que Meryl Streep es africana. Películas como *Hotel Rwanda, África Mía, En un lugar de África* han formado la imagen que tenemos en México de África (pobre, pobre, pobre).

Pocos mexicanos ubican a Egipto en África y muy pocos pueden enumerar seis países de ese continente. Aunque Andrés Manuel López Obrador nunca ha ido a África, se identifica mucho con esta región por la cantidad de oprimidos y salvadores que ha producido. (Véase el caso de Haille Selassie, Mobutu Sese Seko e Idi Amin Dada.)

Para los mexicanos, la principal desventaja de vacacionar en África es que no hay *malls*. Por eso, sólo va gente rica que quiere cazar animales exóticos, disecarlos y colocarlos encima de la chimenea en su casa de fin de semana en Valle de Bravo.

Los mexicanos nada más piensan en África en dos ocasiones: durante el Mundial y durante las olimpiadas. Durante el Mundial se cree que la vestimenta de Jorge Campos está inspirada en los uniformes de las selecciones africanas. Durante las olimpiadas normalmente se piensa en los "pinches nigerianos" que volvieron a ganar el maratón y la caminata.

Un desfile de modas en Nigeria.

Nos entristece mucho su pobreza, pero no tanto como para hacer algo al respecto.

270

Usar este linstoncito quiere decir que estamos preocupados por las personas en las que nunca pensamos.

Miles de años después, todavía no se sabe en qué está pensando la antecesora de Zedillo que aparece en la ilustración.

Éste es el hijo ilegítimo del Rey León.

Actividades

Señala cuál de estos lugares no está en África:

A   B

C   D

A) Johannesburgo B) Rabat C) Laos D) Nairobi

Respuesta correcta: C

Haz tu propio disfraz de dictador africano.

Para ello necesitarás:

- betún de chocolate;
- falda de rafia;
- collares de cuentas;
- tenazas para enchinar el cabello;
- látigo para domar leones;
- pintura de colores para decorar el cuerpo (blanco de preferencia);
- carbones calientes para los tatuajes, y
- seguir una dieta estricta durante año y medio.

Haile Selassie

271

2. Australia

Muy pocos mexicanos han ido a Australia porque está muy, muy lejos. Llegar ahí toma más de 30 horas de vuelo y cuando aterrizas descubres que hablan un inglés que casi nadie entiende. Tienen muchos canguros y koalas, lo que nos parece muy tierno. Pero Australia también nos produce cierta animadversión porque en vez de tener un glorioso pasado como el mexicano, antes fue una cárcel y además maltrataban a sus aborígenes. Nosotros, por el contrario, tuvimos antepasados indígenas heroicos a los que celebramos hoy construyéndoles estatuas.

A pesar de todo, seguimos queriendo a los australianos porque nos han dado a Nicole Kidman, Russell Crowe, Paul Hogan y, sobre todo, a Mel Gibson: ¿cómo olvidar que donó un millón de dólares para los damnificados de los huracanes o que está filmando una película en el Caribe mexicano?

Cómo se veía antes de vivir en México.

La versión australiana de Thalía.

¿Qué hubiera hecho Bejarano con una panza así?

AUSTRALIA

¿Notan el parecido con Ana Cristina Fox? (tierno, suavecito y apapachable).

¿Sabías que esta casa de ópera aún no le pertenece a Carlos Slim?

La versión australiana de Elba Esther.

La versión australiana de Jorge Kahwagi.

3. China: ¡a comer *chao mein*!

Esto es lo que saben los mexicanos de los chinos: tienen los ojos rasgados, la piel amarilla, comen arroz, son muchísimos y proveen a México de la fayuca sin la cual el país no podría vivir. China es el lugar donde está la "gran muralla", donde hablan chino y donde nació Mulán. Antes, los mexicanos sabían poco de China, pero ahora la perciben como "amenazante". Nadie sabe en realidad por qué, pero nos dicen que tiene que ver con la "competitividad". Al parecer, eso significa que hacen cosas que los mexicanos no pueden, a precios más baratos. Pero como nosotros somos súper chingones, tenemos fe, esperanza, caridad y a la Virgen™, les vamos a ganar. No importa que hoy en día ellos hagan tequila, artesanías, piñatas e imágenes en plástico de la Virgen de Guadalupe™, y que su economía haya crecido más de 10% en los últimos años. Son comunistas, hablan raro, se ven raros. Por eso les vamos a ganar. Nuestra represión estudiantil en 1968 fue más eficaz que la suya en Tiananmen. Por eso les vamos a ganar. Además, la comida china es muy grasosa y tiene que comerse con palillos. Por eso les vamos a ganar.

Encima de eso, todos son iguales y nadie se puede reconocer. Por eso les vamos a ganar. Sus osos panda se mueren constantemente en los zoológicos y no han logrado piratearse a la clase política mexicana. Allá matan a las niñas recién nacidas. En México, se esperan hasta que tengan veinte años y las matan en Ciudad Juárez, donde las autoridades no hacen nada para impedirlo. ¿Estarán conscientes los chinos de lo mucho que les falta para ser un país tan glorioso como México?

Éste es un japones, pero no importa, son iguales.

¿Qué se antoja más, eso o unos tacos al pastor?

Primer día de clases en una comunidad rural apartada en China.

274

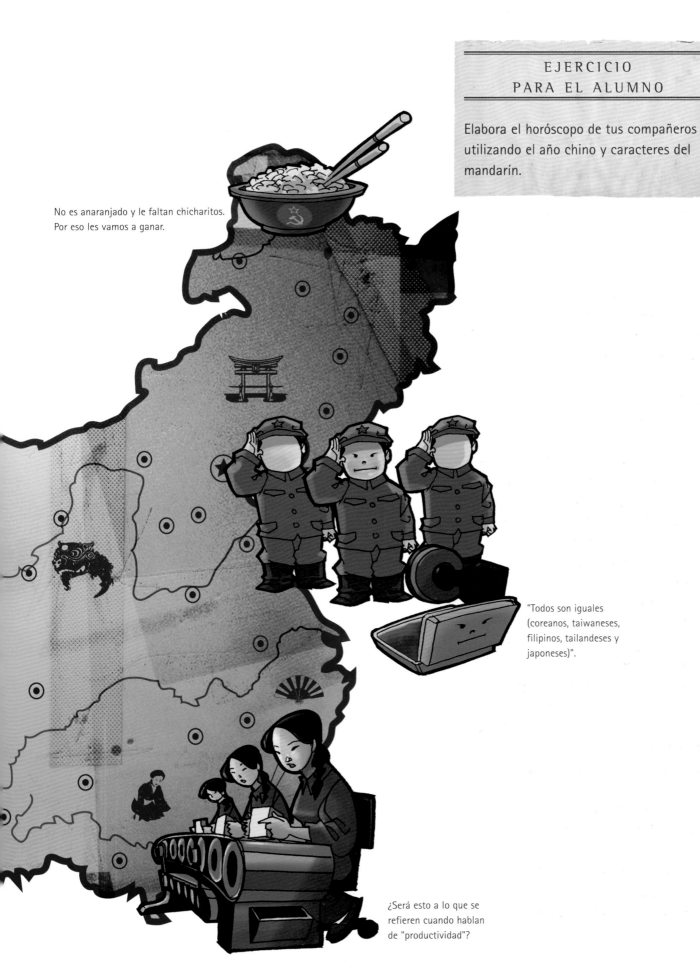

EJERCICIO
PARA EL ALUMNO

Elabora el horóscopo de tus compañeros utilizando el año chino y caracteres del mandarín.

No es anaranjado y le faltan chicharitos. Por eso les vamos a ganar.

"Todos son iguales (coreanos, taiwaneses, filipinos, tailandeses y japoneses)".

¿Será esto a lo que se refieren cuando hablan de "productividad"?

275

4. Cuba: bienvenidos a la isla de Fidel

Si eres un mexicano y conoces Cuba, es probable que seas: a) un participante del movimiento estudiantil de 1968 que se niega a aceptar que el marxismo-leninismo ya no está de moda; b) la amante de un empresario prófugo que no podía vivir sin sus salsitas picantes (cualquier parecido con Rosario Robles es pura coincidencia); un político del PRI que fue a observar el modelo de la democracia cubana, buscando inspiración; un innovador empresario que quiere hacerse rico con la producción de balsas; el gerente de un conocido hotel en Paseo de la Reforma que ahora, como castigo, tiene que vivir con los que discriminó; un expresidente calvo y orejón que fue a la isla a aprender como ser "facilitador social"; un universitario que ganó un VTP en una rifa para los damnificados de Cancún; un hombre en busca de apasionantes aventuras, aunque tenga que pagar por ellas.

Si eres mexicano y no conoces Cuba llama al 01-800-Ahumada Tours.

Si no puedes tener a Fidel, con Bobby es suficiente.

"Mi unicornio azul ayer se me perdió..."

"Row, row, row your boat."

276

CUBA

¿Pues de dónde creen que los trae Emilio Gamboa?

Su consejo para Vicente Fox: "Cuántas veces te dije que antes de hacerlo, había que pensarlo muy bien".

¿POR QUÉ LOS MEXICANOS QUIEREN A FIDEL CASTRO?

1. Porque vive lejos de Dios y lejos de Estados Unidos.
2. Porque supo cómo hacer una buena Revolución.
3. Porque en Cuba hasta los pobres tienen doctorado.
4. Porque sabe dar discursos de más de seis horas.
5. Porque conoció en persona al Che Guevara.
6. Porque resistió la "embestida imperialista" en Bahía de Cochinos.
7. Porque siempre que es necesario se presta a golpear políticamente al presidente mexicano.
8. Porque es un gran promotor de la industria del video.

277

5. La bella Europa: tierra de nuestros adorados conquistadores

Europa es el lugar que todos quieren visitar. Londres tiene esos camioncitos rojos tan bonitos, París y sus tiendas en Champs Elyseés, Madrid con sus morcillas y Venecia tan romántica.

Aunque hay 41 países en Europa, los mexicanos tienden a visitar sólo tres y tirar basura ahí o, de ser necesario, orinar en algún monumento para apagar la flama eterna. En Europa es muy común ver a mexicanos borrachos con gorra del América y playeras de la selección, entonando "Cielito Lindo" a la primera oportunidad. Europa también es el destino favorito de los legisladores. Miles de ellos han ido a analizar la reforma eléctrica a París, "La ciudad de la luz". También es el destino preferido de los diputados que quieren comprarse zapatos italianos hechos a mano. Cómo olvidar a Montiel y su apartamento en el distrito 16 de París. Para los mexicanos que quieran visitarlo, ésta es su dirección: 5 de la Place de la Porte de Passy. Como fue adquirido con recursos públicos, en realidad debe ser utilizado por todos los mexicanos y proponemos que, de ahora en adelante, sea un albergue estudiantil.

En Europa hay muchos trenes y si tomas el equivocado puedes acabar en otro país, por lo que se recomienda aprender vasco, eslovaco, flamenco, lituano y estonio antes de viajar.

El primer turibús.

¡La mota es legal!

Su linaje perdura hasta nuestros días en la Cámara de Senadores. Se llama Diego Fernández de Cevallos.

Si no te alcanza para una mascada Hermes, siempre está la módica baguette *souvenir*.

Le falta salsita pero está buena.

Sabías que esta torre todavía no le pertenece a Carlos Slim.

Esta fotografía demuestra por qué los mexicanos tuvimos tan buena suerte de ser colonizados por los españoles.

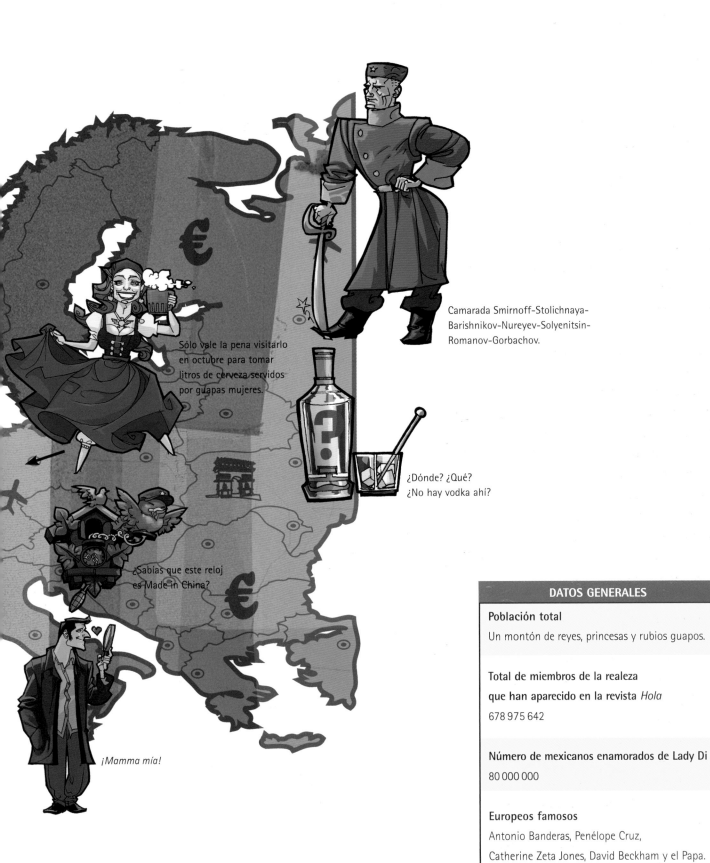

Sólo vale la pena visitarlo
en octubre para tomar
litros de cerveza servidos
por guapas mujeres.

Camarada Smirnoff-Stolichnaya-
Barishnikov-Nureyev-Solyenitsin-
Romanov-Gorbachov.

¿Dónde? ¿Qué?
¿No hay vodka ahí?

¿Sabías que este reloj
es Made in China?

¡Mamma mía!

DATOS GENERALES

Población total

Un montón de reyes, princesas y rubios guapos.

**Total de miembros de la realeza
que han aparecido en la revista _Hola_**

678 975 642

Número de mexicanos enamorados de Lady Di

80 000 000

Europeos famosos

Antonio Banderas, Penélope Cruz,
Catherine Zeta Jones, David Beckham y el Papa.

6. Japón: ¡sushi, sushi!

Bienvenidos al país donde todo termina con la palabra *san*. Arigato *san*, Sony *san*, karate *san*, samurai *san*, sushi *san*, sumo *san*, Toshiba *san*. También aquí todos tienen los ojos rasgados y la piel amarilla; de hecho no entendemos por qué se llevan tan mal con sus vecinos, los chinos. Ha de ser una rivalidad deportiva. Sabemos que aún tienen emperador porque la revista *Hola* siempre documenta la vida y tragedia de la princesa Masako y su hija. Debe ser difícil ser japonés; hay que comer pescado crudo con palillos todo el tiempo y vivir muy apretado con otros japoneses en un país muy chiquito. Lo bueno es que los japoneses tienen mucha tecnología con la cual divertirse y olvidar el hecho de que hace 60 años casi desaparecen del mapa. También para eso están las geishas, el Nintendo y los tamagotchi.

Ídolo de la niñez de Manuel Bartlett.

Martha Sahagún defendiendo a sus hijos.

El gabinete de Koizumi (el Primer Ministro, no el dueño de Sushi Itto™)

280

¡Hasta que vemos algo conocido!

Si son tan ingeniosos, ¿por qué viven amontonados?

JAPÓN

EJERCICIO PARA EL ALUMNO

1. Cuenta cuántos granos de arroz tiene el yakimeshi. Equivale al número de japoneses por centímetro cuadrado.

2. Investiga el origen de la palabra "masago". Creemos que viene del lema de las empresas japoneses en México: "Más hago".

3. Compara *Memorias de una Geisha* con cualquier biografía de Martha Sahagún. Explica cuál es más dramática y por qué.

7. Latinoamérica

¿Qué piensan los mexicanos cuando piensan en América Latina? Que están más jodidos que nosotros y que deberían estar agradecidos por haberlos recibido cuando huían de gobiernos militares. Muchos mexicanos ven a los latinoamericanos como hermanos, aunque sean más pobres, hablen chistoso y no tengan tanta historia y cultura como la civilización mexica. De todos los países en América Latina, México sabe que es el único que ha tenido su propia exposición "México, tres mil años de esplendor" en el Museo Metropolitano de Nueva York. Eso demuestra por qué México debe ser el hegemón regional. México tiene más pirámides, iglesias, talavera, mayas y huipiles que todos los demás juntos. Además, nosotros inventamos las tortillas y las telenovelas. Por eso es el deber histórico de México hablar de la unidad bolivariana pero pelearse con Brasil cada vez que se pueda, porque a fin de cuentas, ¿ellos qué pueden presumir?, ¿*caipirinhas*?, ¿carnaval?, ¿cinco mundiales ganados?, ¿54 675 765 habitantes pobres?, ¿favelas, samba y Pelé?

Los demás van por el mismo camino: Argentina sólo tiene vacas, gauchos y exfutbolistas rehabilitados. Venezuela sólo tiene petróleo, *Miss Universo* y dictadores que insultan la dignidad y el honor de los mexicanos. Perú sólo tiene una capital vieja, no muy bonita que digamos, y se salva por Machu Pichu. Y respecto a Centroamérica... bueno, no hay más que decir. Chile se salva un poco porque hay mucho orden, pero hasta los chilenos se dieron cuenta que había que firmar un Tratado de Libre Comercio con Estados Unidos, imitando a México.

La neta, somos los mejores latinoamericanos.

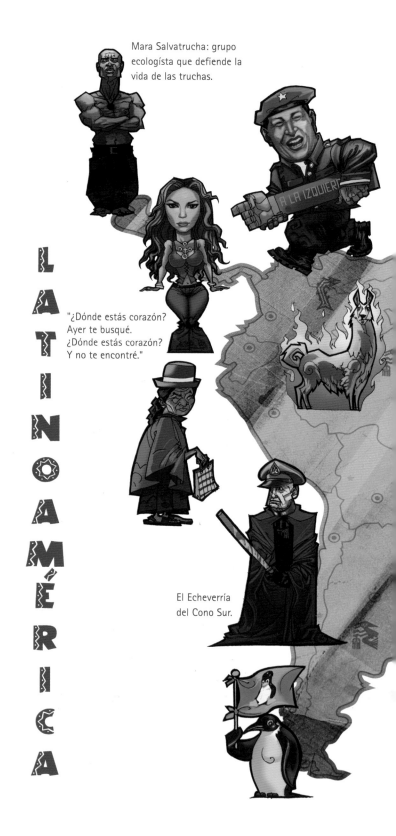

Mara Salvatrucha: grupo ecologísta que defiende la vida de las truchas.

"¿Dónde estás corazón? Ayer te busqué. ¿Dónde estás corazón? Y no te encontré."

El Echeverría del Cono Sur.

282

Para tus próximas vacaciones en América Latina toma en cuenta las siguientes sugerencias.

PAÍS	DIVERSIÓN	PELIGRO	NO OLVIDES
Argentina	☺☺☺	🚑🚑	Comprarte unas botas de piel y pedirle un autógrafo a Maradona.
Brasil	🗣	🚑🚑🚑	No olvides preservativos, Alka Seltzer y tu tanga para el carnaval de Río.
Bolivia	☺☺	☠☠☠	¿De verdad quieres ir ahí?
Chile	☺		Pedir tu solicitud de residencia.
Colombia	☺☺☺☺	☠☠☠☠	Llevar tu AK47 y tu manual de guerrilla urbana.
Ecuador	☺	☠☠☠	Que está a la mitad del continente.
Paraguay	☺	🚑🚑	Llevar tu suástica por si te encuentras algún nazi perdido.
Perú	☺	☠	Dar un paseo en llama, nadar en el lago Titicaca y masticar un poco de coca.
Uruguay	☺	🚑🚑	¿Que no era Paraguay pues?
Venezuela	☺☺	☠	Ya no deberíamos tener relaciones diplomáticas con ese pinche país, ¡no vayas!

Cada país puede ser calificado en un rango de felicidad que va de ☺ hasta un 🗣. El peligro es medido desde 🚑 hasta ☠

¿Qué más se le puede pedir a la vida? Samba y futbol.

Maradona: cincuenta millones de mexicanos piensan que es presidente de Argentina.

DATOS GENERALES
Población
Muchos dictadores, muchos narcotraficantes, muchos guerrilleros y muchos futbolistas.

7. Medio Oriente: guerras, alfombras y petróleo

En México, nadie sabe en realidad cuál es la diferencia entre Medio Oriente y Lejano Oriente. Se cree que en el primero hay petróleo y guerras y el segundo es donde vive Aladino. En ambos lugares hay mucha arena, camellos y las mujeres se cubren el rostro pero bailan semidesnudas en todas las películas de Hollywood. Además de un montón de musulmanes, también hay judíos. Sabemos que se pelean constantemente pero no nos queda muy claro por qué. Creemos que quizá sea una diferencia deportiva, aunque ellos argumentan que se trata de algo relacionado con la Biblia. Unos y otros dicen que se trata de un compló en el que Dios está involucrado. Lo que los mexicanos sí saben a ciencia cierta es que ahí nació Jesús, o al menos eso dicen las canciones de las posadas.

La diplomacia mexicana casi nunca opina sobre lo que está pasando en Medio Oriente. Esto quizá se deba a que hace algunos años Luis Echeverría declaró que el sionismo era nazismo, razón por la cual en la Ciudad de México ya no se encuentran *bagels*. A pesar de esta deficiencia dietética, a muchos inmigrantes de esa zona del mundo les ha ido muy bien en México. En Líbano, la familia de conocido magnate, cuyo nombre no podemos mencionar por temor a no ser publicados, vendía tapetes, pero ahora podría tapizar tres veces este país con la fortuna que ha hecho aquí. ¿Quién dice que en México no hay oportunidades?

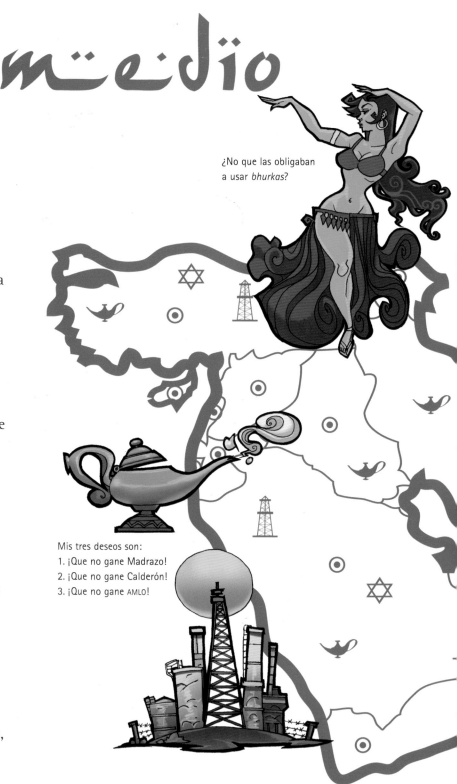

¿No que las obligaban a usar *bhurkas*?

Mis tres deseos son:
1. ¡Que no gane Madrazo!
2. ¡Que no gane Calderón!
3. ¡Que no gane AMLO!

Te va a doler, pero te va a gustar.

¿Será Bin Laden?

oriente

Actividades

1. Redacta un ensayo sobre el origen de los conflictos armados en Medio Oriente. Cualquier teoría es aceptable, incluyendo la de Mario Marín: "No es mi voz".

2. Diseña tu propia alfombra y detalla sus características especiales para hacerla digna de un cuento de las *Mil y una noches*.

3. Localiza Irak en el mapa y pinta ahí una bandera de Estados Unidos.

8. La fabulosa Norteamérica

Estados Unidos, Canadá y México forman Norteamérica, aunque México no está seguro de querer ser parte. Cada año cientos de mexicanos mueren intentando cruzar hacia Estados Unidos, pero la clase política y los medios insisten en que ese país es nuestro peor enemigo. Los mexicanos no sabemos si odiar o amar a Estados Unidos. Vivimos en la ambivalencia. Por ejemplo, nos encantan sus hamburguesas, sus estrellas de Hollywood, sus sueldos, sus modernos hospitales en Texas y sus centros comerciales, pero odiamos que nos hayan "arrebatado" la mitad del territorio nacional, incluyendo Texas. Nos gusta que sus habitantes sean ricos, güeros y hablen inglés tan bien, pero nos choca que todo el tiempo nos recuerden que somos prietos, chaparros y que hablamos en español. Por eso, aunque 45% de los mexicanos de bajos ingresos quiera irse a vivir allá, cada vez que podemos les gritamos: *"Gringo go home!"*

Muchos mexicanos emigran a Estados Unidos, donde son muy bien recibidos casi siempre con balazos, persecuciones policiacas y maltratos por parte de la migra. Hay excepciones, como la de Salma Hayek, a quien los de la migra persiguen pero por otras razones. Los que no son tan intelectualmente agraciados como ella, siguen cruzando en VTP (Viajes Todo Pollero) porque allá pueden ganar en una hora lo que en México les tomaría un mes. Llegan a California, Texas y Arizona donde seguramente ya tienen un amigo o conocido, consiguen un trabajo como jardinero o mesero y empiezan a ahorrar. Luego nos mandan sus ahorros y acá los invertimos en tarjetas de teléfono.

Los canadienses, en cambio, son los gringos[1] buenos, son mucho más tranquilos, amables, simpáticos y, por lo tanto, aburridos. Pero nunca nos han invadido y tienen los mejores *camps* de verano para niños.

Aunque tanto Canadá como Estados Unidos son nuestros socios, realmente el TLC se firmó para poder comerciar con Estados Unidos, ya que la miel de maple y los alces no son tan cotizados por acá. En cambio, la música, la ropa, la *fast food*, el entretenimiento... el *American Way of Life*, es muy valorado por los mexicanos. Es tan envidiable que hasta los canadienses la imitan y una prueba de ello es que su moneda también se llama dólar, pero obviamente vale mucho menos.

¿Sabías que...

...la ciudad de El Paso, Texas, separada de Ciudad Juárez, Chihuahua (la segunda ciudad más insegura en México), es la segunda ciudad más segura de Estados Unidos?

---

1 Gringo: como le decimos de "cariñito" a los estadounidenses.

10%   Porque está ahí.

8%   Porque puedes triunfar en la industria del cine.

6%   Porque sólo hay que recoger naranjas, no sembrarlas.

15%   Porque la mayor parte de tu familia ya está ahí.

34%   Porque el sueldo mínimo es nueve dólares la hora.

2%   Porque ahí viven Thalía y Tom Cruise.

16%   Porque ganas más cuidando perros que trabajando como profesionista en México.

5%   Porque los de la *border patrol* son rete amables.

4%   Es el único lugar donde puedes comer *chili* con carne.

5%   Por los *huiskies*.

5%   Por la miel de maple.

2%   Porque después de todo está más cerca que Australia.

11%   Para aprender inglés.

27%   Porque es como Estados Unidos pero con menos locos en la calle.

15%   Porque sus provincias tienen nombres graciosos (léase Saskachewan).

4%   Porque ahí viven los gringos buenos.

7%   Porque sus jugadores de *hockey* son más guapos que los nuestros.

9%   Por la temporada de *ski*.

15%   Porque después de cinco años de residencia te dan el pasaporte.

LOS SENTIMIENTOS ENCONTRADOS DE LOS MEXICANOS HACIA ESTADOS UNIDOS

Adoración absoluta	Odio exacerbado
Porque después de perder 150 dólares y toda la mañana en la embajada te dieron la B2 o la *green card*.	Porque después de perder 150 dólares y toda la mañana en la embajada NO te dieron la B2, mucho menos la *green card*.
Puedes ir cuando se te antoje, de preferencia cuando están las *sales* para tener un buen *shopping* y adquirir cuanto Abercrombie y GAP necesites.	Porque preferirías seguirte vistiendo de huipil, huaraches, rebozos y guayaberas hechos en México por indígenas mal pagados.
Porque antes de cumplir los veinte años estuviste de campamento, o de intercambio en alguna *high school* interesante, donde aprendiste e hiciste cosas que a tus padres jamás les contarías.	Porque la estudiante gringa de intercambio en tu preparatoria no te hizo caso.
Porque para todas las festividades encuentras todo lo que necesitas para decorar tu casa, tu comida, tus mascotas...	Porque celebran *Halloween* en vez de Día de muertos y porque todavía se acuerdan de "El Álamo" como la gran humillación nacional y se olvidan del territorio que nos arrebataron.
Por sus *highways*, *freeways* y bola de *ways* bien iluminados, bien pavimentados, bien planeados sin baches y sin basura.	Porque los ingenieros mexicanos diseñaron el segundo piso con mucho orgullo.
Porque la Coca Cola™ es el elíxir de los dioses y sirve para todo, hasta para destapar caños.	Porque la Coca Cola™ es el agua negra del imperialismo.

ESTADOS

Alaska es el lugar donde los mexicanos ricos se van de crucero.

Hawaii: ideal para la luna de miel.

Utah, la demostración de que el PAN puede volverse aún más radical.

Área de convivencia con los polacos y algún que otro italiano (alta probabilidad de encontrar mucho guanajuatense).

Nuevo México, mucho mejor que viejo México.

Territorio de Terminator.

Zona de los mejores *shopping malls* del mundo.

Zona de práctica de tiro al blanco de los rancheros.

Es Nueva York, donde absolutamente todo pasa.

Zona de ciclones, lugar idóneo para mandar urnas electorales en caso de controversia.

¡Demajiado cubano, Chico!

Migración a Estados Unidos

La verdadera historia

El siempre creciente flujo de mexicanos que radican de forma legal o ilegal en las tierras del Tío Sam, no es más que una bien pensada estratégia a largo plazo para recuperar el territorio imprudentemente vendido por ~~Santa Anna~~, durante el siglo XIX. Se calcula que la ocupación total del territorio terminará en el año 2024.

DATO CURIOSO

Las Islas Vírgenes, Puerto Rico y otras áreas no tan cercanas al territorio nacional, son destinos turísticos para los que no tienen suficiente con Cancún y/o de los millones de empresarios y políticos mexicanos que diversifican sus cuentas bancarias en paraísos fiscales.

UNIDOS

Alaska también está aquí, pero no es parte de Canadá.

Alberta: el verdadero *Jurassic Park*. La principal actividad ilegal es la venta de fósiles desconocidos como petróleo.

Redwoods, aquí es de donde son los famosos pinos canadienses, y donde vacacionan las mariposas monarca.

Las Montañas Rocosas bajan hasta Estados Unidos.

La pradera: la Texas canadiense (sin cazadores de ilegales).

Región donde están los más característicos iconos canadienses.

Vancouver: principal centro de enseñanza del idioma inglés para los mexicanos con ganas de aprenderlo.

CANADÁ

En esta zona solamente hay hielo, algunas cuantas focas y los inuits (que son nativos de la zona, no animales).

Groenlandia, que también está aquí. No aparece en el mapa de Canadá porque pertenece a Dinamarca.

Península de Labrador. ¿Quién diría que los perros tienen su propia península? Que país tan civilizado.

¡HELP!

Quebec: para aprender francés sin ir a Francia. Constantemente amenaza con volverse un país independiente.

De alguna parte de por aquí viene el bacalao que se come en Navidad (el resto proviene de Noruega).

Analiza y discute las grandes aportaciones de México al mundo y compáralas con las de los canadienses.

El Octavio Paz famoso.

"Tengo todo excepto a ti..."

¡HIP!

El único afroamericano que hay en México.

Thalía, la reina de México.

Ejemplo de empresario competitivo.

Lo que Martha le da a Vicente de cenar.

Espanglish, el nuevo idioma oficial en EU–MEX
Diccionario práctico de Espanglish:

Yonke: lugar en donde se almacena chatarra.

Pushear: empujar.

Troca: camión, camioneta.

Parquear: estacionar.

Buche: arbusto.

Vaquear: aspirar.

Groserías: no son palabrotas, sino comestibles.

Te llamo para atrás: entiéndase te llamo más tarde.

Dragear: arrastrar (se usa más en computación).

Chores: *shorts* o pantalón corto.

Marqueta: mercado.

Rufo del bilding: techo del edificio.

Taipear: escribir a máquina.

EJERCICIO PARA EL ALUMNO

Actividades

Realiza con tus compañeros una composición en Espanglish. Recuerda que la lengua consiste en utilizar palabras mezcladas en español e inglés para darle forma a la conversación. Ejemplo: vacunear la carpeta (aspirar la alfombra), deliberar groserías (entregar abarrotes).

Reconoce el siguiente texto y tradúcelo al castellano o al inglés:

"In a placete de La Mancha of wich nombre no quiero remembrearme, vivía, no so long ago, uno de esos gentleman who always tienen una lanza in the rack, una buckler antigua, a skinny caballo y un grayhound para el chase."

Trivia

1. ¿Cuál es el verdadero origen del vocablo "gringo"?
2. ¿A qué se refiere el dicho: "Pobre México, tan lejos de Dios y tan cerca de Estados Unidos"?
3. ¿Por qué los canadienses no piensan igual? ¿Crees que piensan igual?

Solicitud de Visa para ingresar a Estados Unidos

IMPORTANTE: todos los solicitantes deben leer y marcar la casilla que corresponde a cada punto.

No podrán recibir una visa las personas pertenecientes a una de las categorías específicas que por ley prohiben su entrada en los E.E.U.U. (excepto cuando se obtenga una exoneración con antelación). ¿Aplica usted a alguna de éstas categorías?

- ¿Alguna vez ha sido detenido o condenado por cualquier delito, aún cuando le hayan perdonado, le hayan concedido amnistía, o haya sido objeto de otra acción jurídica parecida? ¿Alguna vez ha distribuido o vendido ilícitamente una sustancia controlada (droga) o se ha prostituido o ha sido proxeneta?   ☐ SI   ☐ NO

Beg your perdón?

- ¿Alguna vez le han negado la entrada a los E.E.U.U., ha sido objeto de una audiencia de deportación, o ha tratado de obtener o ha ayudado a otros a obtener una visa, la entrada a los E.E.U.U. o cualquier otro beneficio de inmigración estadounidense mediante fraude o falsificación intencional u otros medios ilícitos? ¿Alguna vez ha asistido a una escuela pública estadounidense de enseñanza primaria (F), o una escuela pública de enseñanza secundaria, después del 30 de noviembre de 1996 sin rembolsar a la escuela?   ☐ SI   ☐ NO

¿Ven la relación entre la falsificación de documentos y el no pagar la escuela después de 1996?

- ¿Ha tratado de entrar a los E.E.U.U. para dedicarse a infracciones del control de exportaciones, actividades terroristas o subversivas, o con cualquier otro propósito ilícito? ¿Es usted miembro o representante de una organización terrorista según la designación actual del Secretario de Estado de los E.E.U.U.? Alguna vez ha participado en persecuciones dirigidas por el gobierno nazi de Alemania, o alguna vez ha participado en un genocidio?   ☐ SI   ☐ NO

Si fuera alemán, no estaría llenando este estúpido formulario ya que tendría green card.

- ¿Alguna vez ha infringido las condiciones de una visa estadounidense, ha estado ilícitamente en los E.E.U.U., o ha sido deportado de este país?   ☐ SI   ☐ NO

- ¿Alguna vez ha quitado la custodia de un menor de edad y ciudadano estadounidense fuera de los E.E.U.U. a una persona a la que un tribunal estadounidense le ha entregado la custodia legal, ha votado en los E.E.U.U. en contravención de cualquier ley o reglamento, o ha renunciado a la ciudadanía estadounidense con el propósito de evitar pago de impuestos?   ☐ SI   ☐ NO

Seguramente, por eso quiero regresar.

- ¿Alguna vez ha sufrido una enfermedad contagiosa de importancia para la salud pública o de un transtorno físico o mental peligroso, ha usado drogas indebidamente, o ha sido drogadicto?   ☐ SI   ☐ NO

Aunque responder "sí" no le incapacita automáticamente para obtener una visa, si ha respondido "sí" su presencia podría ser requerida para presentarse ante un Oficial Consular.

¿En serio? Si contestaste positivamente alguna de estas preguntas, mejor ni te molestes en ir a la embajada, ¡Osama!

¿Encuentras las diferencias? Revisa y compara.

ESTADOS UNIDOS

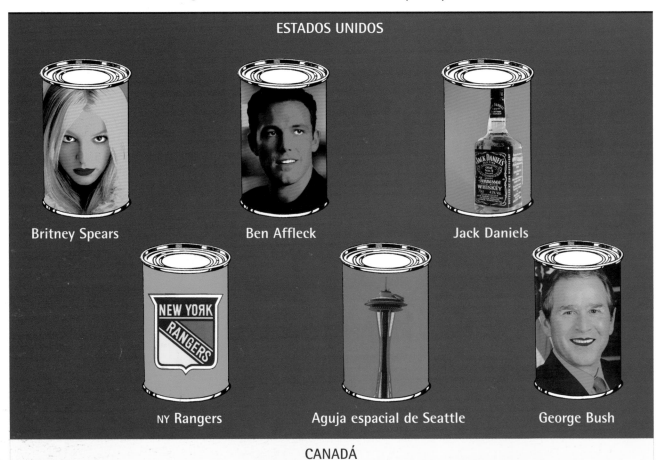

Britney Spears

Ben Affleck

Jack Daniels

NY Rangers

Aguja espacial de Seattle

George Bush

CANADÁ

Avril Lavigne

Keanu Reeves

Crown Royal

Toronto Maple Leafs

Torre de la Nación de Canadá

Stephen Harper

Planea tu viaje

Asocia la ciudad y/o la actividad con la imagen correspondiente:

1. Razones de viaje a Texas
2. Gringos en Cancún
3. Los beisbolistas canadienses más conocidos
4. Razones de visita a California
5. La ciudad de los vientos (Chicago)
6. El Paso
7. Vida en Canadá
8. Negociantes del TLC
9. Ottawa
10. Los Ángeles
11. Vancouver
12. Houston
13. Vida en Estados Unidos
14. Montreal
15. Nueva York

Respuestas

1–N, 2–F, 3–G, 4–A, 5–K, 6–M, 7–C, 8–J, 9–B, 10–O, 11–I, 12–L, 13–H, 14–E, 15–D

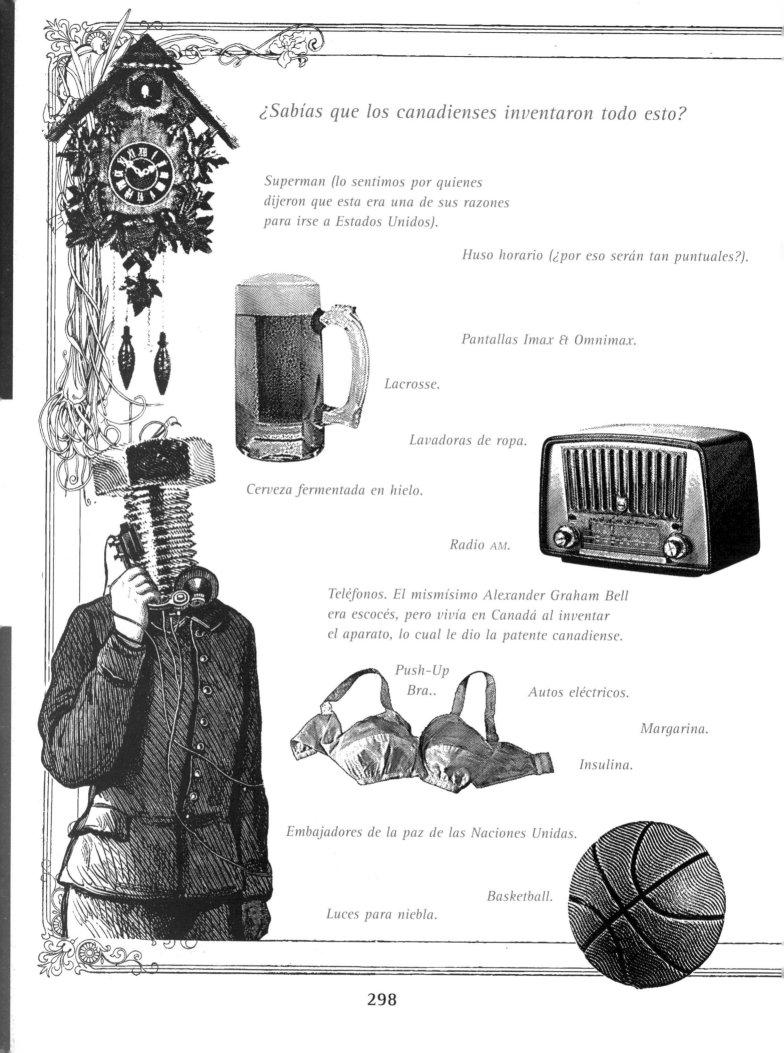

¿Sabías que los canadienses inventaron todo esto?

Superman (lo sentimos por quienes dijeron que esta era una de sus razones para irse a Estados Unidos).

Huso horario (¿por eso serán tan puntuales?).

Pantallas Imax & Omnimax.

Lacrosse.

Lavadoras de ropa.

Cerveza fermentada en hielo.

Radio AM.

Teléfonos. El mismísimo Alexander Graham Bell era escocés, pero vivía en Canadá al inventar el aparato, lo cual le dio la patente canadiense.

Push-Up Bra..

Autos eléctricos.

Margarina.

Insulina.

Embajadores de la paz de las Naciones Unidas.

Basketball.

Luces para niebla.

Reactores nucleares.

Espejos dentales.

Patines en línea.

Walkie-talkies.

Microscopio de electrones.

Vehículos A/C.

Hockey sobre hielo.

Televisión por cable.

Máscara de portero de hockey.

Plástico degradable.

Tornillos Robertson.

Pozos petroleros.

Donas.

Cajetillas de cigarros.

El abdominizador.

Liposomas.

Medidas de talla de los pies.

Cierres (zippers): su patente
está pendiente con los suecos.

Hieleras con asas.

*Por todo esto y más...
¡los queremos mucho y emigraríamos
ahí si no fuera tan frío!*

299

México: que la fuerza te acompañe.

Algunos escenarios de política ficción

Los próceres que recorren este libro no se cansan de repetir que la política es la ciencia del futuro: todo su entusiasmo está enfocado en mejorar lo que vendrá, en los momentos que nos acechan en cada esquina de la vida nacional. Los titulares de los puestos públicos, desde el más grande expresidente hasta el más humilde alcalde, incluyen en sus discursos promesas y compromisos que sólo pueden verificarse con el paso de los años. Sin embargo, esperar a que el calendario tire tantas hojas puede resultar fatigoso y aburrido. Por ello, los autores de este libro, en colaboración con los politólogos Jaime Mausán y Walter Mercado, y con la inigualable ayuda de la vidente Doña Paca, presentan en resumen y a todo color una versión del país que tendríamos con cada uno de nuestros candidatos a la presidencia dentro de un sexenio.

2006-2012

1. PAN - Felipe Calderón Hinojosa

FORMA DE GOBIERNO: TEOCRACIA

El país habrá tenido, gracias a Dios, seis años más de bendición y gracia (sobre todo esta última). Además, con el apoyo de todos los ángeles, los santos y de vosotros hermanos, al fin la educación será tan religiosa como Dios manda, los condones se habrán erradicado y las únicas pastillas de las que se hable serán las que Marcial Maciel se tome para mantenerse despierto en misa.

La gran pasión por México de Felipillo será compartida por su círculo más cercano, una selección llevada a cabo con la ayuda de *soul hunters*, esos profesionales instruidos para limpiar la dañada imagen espiritual del país:

Fig. E.1. ¿Será esta "la mano firme" de la que tanto hablan?

- Secretario de Gobernación: Cardenal Norberto Rivera
- Secretario de Educación Pública: Pbro. Carlos Abascal
- Secretario de Salud: Fray Jorge Serrano Limón
- Secretario de Relaciones Exteriores: San Juan Diego
- Secretario de la Inquisición o Dogma de la Fe: Monseñor Diego Fernández de Cevallos
- DIF (Desarrollo Inmoral de la Familia): Marcial Maciel

Felipe Calderón habrá de ser recordado por sus más grandes acciones de gobierno. Fruto de un sueño incubado en sus épocas de secretario de Estado, logrará la reforma energética, por lo que Petróleos Mexicanos y la Comisión Federal de Electricidad pasarán a manos de Carlos Slim. Asimismo, erradicará la planificación familiar y establecerá penas de cárcel por contracepción. El ecuador de su gobierno despertará la euforia nacional por lograr un tratado de libre comercio con el Estado más poderoso del mundo.

Fig. E.2. San Bush.

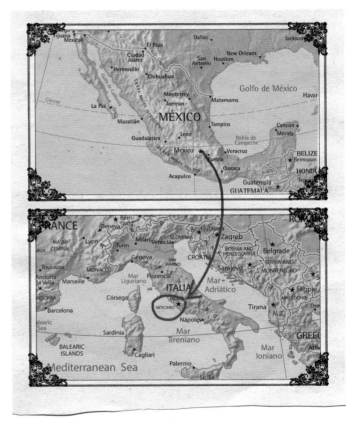

Fig. E.3. Tratado de libre comercio entre México y el Vaticano (TLCMV).

La diversificación de relaciones comerciales no afectará la más importante de todas. Felipillo, convencido de que el Tratado de Libre Comercio con Estados Unidos beneficia a México, logrará una mejora en la balanza comercial al impulsar la exportación de productos mexicanos.

Fig. E.4. Los principales productos de exportación del gobierno panista.

Los símbolos patrios de la pasión por México

La casa de gobierno

La bandera aprobada
por el pleno del Congreso

EL HIMNO NACIONAL

Te Deum laudamus:
te Dominum confitemur.
Te aeternum Patrem
omnis terra veneratur.
Tibi omnes Angeli;
tibi caeli et universae Potestates.
Tibi Cherubim et Seraphim
incessabili voce proclamant:
Sanctus, Sanctus, Sanctus, Dominus
Deus Sabaoth.
Pleni sunt caeli et terra
maiestatis gloriae tuae.

2. PRI – Roberto Madrazo Pintado

Fig. E.5. La bandera del nuevo gobierno revolucionario.

FORMA DE GOBIERNO: *VENDETTA*

El gobierno de Don Roberto se habrá dedicado a recuperar los años gloriosos de la Revolución™. En el momento de la sucesión habrá reformado el artículo 83 constitucional para llevar a cabo una especie de dedazo a la inversa: el candidato del PRI a la presidencia en 2012, gracias a un consenso nacional, será Carlos Salinas de Gortari, hasta ese momento cabeza de la SRI (Secretaría de Reelecciones Interiores).

En las elecciones intermedias del Congreso, don Roberto habrá sabido negociar con las fuerzas evidentes y ocultas del país y recuperará el carro completo. En celebración de tal logro, pasará por el quirófano y regresará con una voz nueva, más limpia y varonil, y organizará una gira de discursos para estrenarla.

Fig. E.6. Don Roberto estrenando sus cuerdas vocales.

Crónica de un sexenio

El gobierno de don Roberto se inició lleno de buenos augurios, esperándose de él que acabara con el régimen inútil de su antecesor. En un primer momento satisfizo a todos, respetando al pueblo y al Congreso al tiempo que repartía fuertes sumas entre los pretorianos y organizaba espectáculos de futbol.

Pero pronto la situación cambió cuando ordenó eliminar a algunos de sus copartidarios y subir los impuestos, ya que había dilapidado la fortuna del país. Los gastos crecieron desmesuradamente tanto por las campañas emprendidas como por las celebraciones que se realizaban a continuación.

El presidente empezaba a mostrar signos de cierto desequilibrio mental que le llevaron a exigir honores divinos y desear que su perro favorito fuera nombrado senador. El régimen de miedo impuesto por don Roberto motivó la organización de un complot en el año 2010. Los promotores fueron descubiertos y el presidente respondió acentuando la política de terror, por lo que no pudo evitar la organización de un segundo complot que ocasionó grandes problemas en su último año de gobierno.

De los apuntes del chismoso de palacio, Héctor Aguilar Camín, en su nueva novela: *La otra guerra de Galio* (Cal y Arena, México, 2014), parte de su dodecalogía sobre el poder en México.

Soy el jefe Madrazo señores,
me respetan políticos chuecos,
narcos ladinos y los más tercos
dinosaurios de los tricolores.

Todos quieren comer de mi mano
y cumplir mis antojos sociales,
aunque en pago las dé unos tamales
de Elba Esther con sabor infrahumano.

Muchos "gober" me piden favores,
consejos y también sugerencias
pa tener un sin fin de influencias
que los dejen transar sin rubores.

Soy el jefe Madrazo señores,
donde quiera me encuentran sonriendo,
con las urnas me voy divirtiendo
siempre y cuando sean míos sus favores.

Fig. E.7. El himno de homenaje a la bandera en vez de "Se levanta en el asta mi bandera".

¿Sabías que...

... pensando en que las cosas se hagan, el nuevo gobierno revolucionario llevará un ataque final en contra del EZLN? Ahí se revelará la identidad real del Subcomandante Marcos.

3. PRD – Andrés Manuel López Obrador

FORMA DE GOBIERNO: (ES)PEJISMO

México habrá logrado el milagro de tener un gobierno de izquierda al lado de los Estados Unidos. Los vecinos del norte buscarán bloquear las acciones de gobierno del presidente Peje, hasta que descubran la comodidad de suavizar las relaciones con el reparto de maletines a los miembros del gabinete. Luego disfrutarán de visitas al *resort* de las Islas Marías usando el tren bala del norte.

Fig. E.8. Bandera.

Soy Totalmente Palacio Nacional

Fig. E.9. El *slogan* del gobierno de AMLO.

DESGLOSE DE ALGUNAS ACCIONES DEL GOBIERNO DE AMLO

Primer año

Despensas para viejos, jóvenes, niños, madres solteras, madres casadas, abuelas, seniles, jubilados, prejubilados, maestros, alumnos, funcionarios públicos, funcionarios privados, policías, médicos, sindicalistas, politólogos, intelectuales, barrenderos, secretarias y secretarios, presidentes, primeras damas, diputados, senadores, alcaldes, jueces, ministros públicos...

Segundo año

Becas y útiles escolares gratis para viejos, jóvenes, niños, madres solteras, madres casadas, abuelas, seniles, jubilados, prejubilados, maestros, alumnos, funcionarios públicos, funcionarios privados, policías, médicos, sindicalistas, politólogos, intelectuales, barrenderos, secretarias y secretarios, presidentes, primeras damas, diputados, senadores, alcaldes, jueces, ministros públicos...

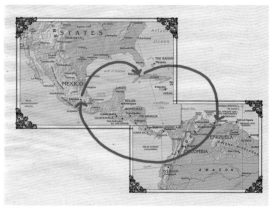

FIG. E.10. El tratado de libre comercio que AMLO negociará durante un juego de béisbol.

Tercer año

El gobierno de la izquierda mexicana se ubicará geográficamente a la derecha: primero concederá la independencia a Chiapas, nombrará a René Bejarano secretario del Tesoro y luego firmará un tratado de libre comercio con Cuba y Venezuela. Con Venezuela se intercambiará petróleo; con Cuba, saludos.

Cuarto año

Salario mínimo de 50 dólares al día.
Se realizará la reforma hacendaria que exime del pago de impuestos a toda persona que gane menos del salario mínimo.

Quinto año

Reformas a la Constitución.

> **Artículo 22.** Quedan prohibidas las penas de mutilación y de infamia, la marca, los azotes, los palos, el tormento de cualquier especie, la multa excesiva, la confiscación de bienes y la pena de muerte. Las anteriores sólo podrán imponerse al traidor a la patria en guerra extranjera, al parricida, al homicida con alevosía, premeditación o ventaja, al incendiario, al plagiario, al salteador de caminos, al pirata, a los reos de delitos graves del orden militar y a los militantes de cualquier partido que no sea el PRD.

Sexto año

Suspensión del pago de la deuda externa.

Fig. E.11. Cuauhtémoc Cárdenas celebrando su tan esperado triunfo.

4. La chiquillada

DOCTOR SIMI, VÍCTOR GONZÁLEZ TORRES

Forma de gobierno: Simisocialismo.

Con valor, arrojo y fe será como el presimidente habrá logrado que Similandia™ se salve de sus males. Con la ayuda de todos los similandeses habrá construido en apenas seis años un país donde todo sea lo mismo pero más barato.

Fig. E.12. El doctor Simi en el momento de su investidura.

Fig. E.13. *Metroboats en Xochimilco,* parte de la solución similar al tráfico del DF.

Fig. E.14. Las siminstituciones que traerán "el cambio de a de veras".

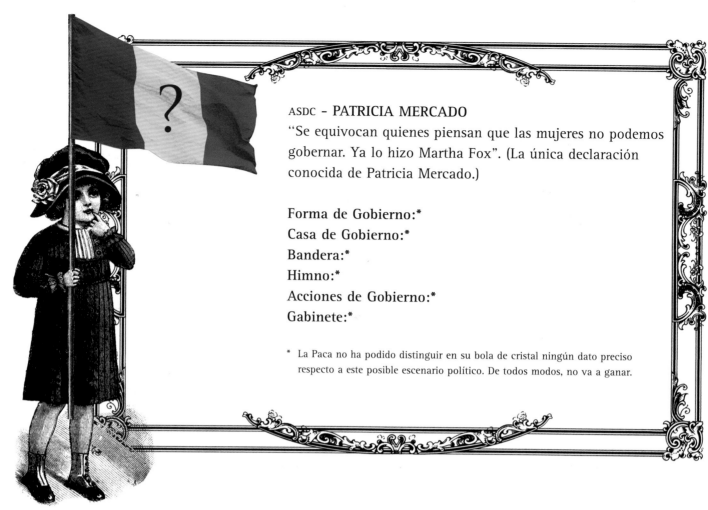

ASDC - **PATRICIA MERCADO**

"Se equivocan quienes piensan que las mujeres no podemos gobernar. Ya lo hizo Martha Fox". (La única declaración conocida de Patricia Mercado.)

Forma de Gobierno:*
Casa de Gobierno:*
Bandera:*
Himno:*
Acciones de Gobierno:*
Gabinete:*

* La Paca no ha podido distinguir en su bola de cristal ningún dato preciso respecto a este posible escenario político. De todos modos, no va a ganar.

PVEM - BERNARDO DE LA GARZA

Forma de gobierno: Orgánico.
Casa de gobierno: Bosque de Chapultepec.
Himno: Verde será, verdecerá...

308

PRESIDENTE

SECRETARIO DE GOBERNACIÓN

SECRETARIO DE COMUNICACIONES Y TRANSPORTES

SECRETARIO DE DEFENSA NACIONAL

SECRETARIO DE RELACIONES EXTERIORES

SECRETARIO DE HACIENDA

SECRETARIO DE EDUCACIÓN

SECRETARIO DEL MEDIO AMBIENTE,
RECURSOS NATURALES Y PESCA

SECRETARIO DE ENERGÍA

SECRETARIO DEL TRABAJO Y PREVISIÓN SOCIAL

SECRETARIO DE TURISMO

PRESIDENTE DEL COMITÉ OLÍMPICO MEXICANO

Fig. E.15. El gabinete de Bernardo de la Garza.

Despertar Ciudadano

Somos muchos, somos machos,
no somos mochos.
Jorge Castañeda

DESPERTAR CIUDADANO - JORGE CASTAÑEDA

Casa de gobierno: Hacienda de los Morales.

Bandera: La de Estados Unidos con una estrellita más.

Himno: *In God We Trust*.

Acciones de Gobierno: Inglés, el idioma oficial en México; anexión a Estados Unidos; genocidio de los pobres, los ignorantes y los feos; Elba Esther Gordillo, primera dama.

Gabinete:

- Secretario del Interior: Jorge Castañeda.
- Secretario del Tesoro: Jorge Castañeda.
- Secretario de Defensa: Jorge Castañeda.
- Consejero de Seguridad Nacional: Jorge Castañeda.
- Secretario del Trabajo: Jorge Castañeda.
- Secretario de Educación: Jorge Castañeda.
- Secretario de Estado: Jorge Castañeda.
- Secretario de Seguridad Interior: Jorge Castañeda.
- *Speaker*: Adela Micha.

PANAL - ROBERTO CAMPA

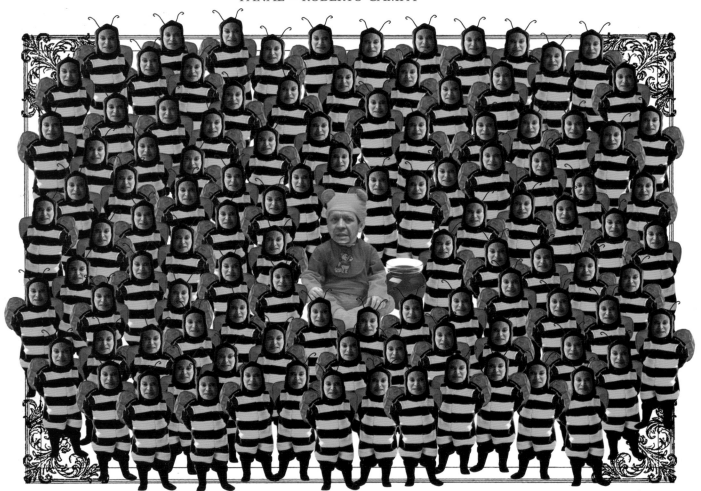

310

Estamos en el año 2584 después de la Era Matérica. El trabajo físico ha desaparecido completamente y ha sido puesto en manos de otros gestores de fuerza, anteriormente llamados robots. Los humanos viven ahora entregados a la pura actividad psíquica. Son grandes potencias reflexivas -descendientes directos de la programación de Televisa 2000-, cuya única misión es avanzar en el conocimiento virtual.

El ser humano, en la actualidad, tiene las piernas atrofiadas ya que se puede teletransportar y no necesita quemar una sola caloría. Cuenta con un estómago a prueba de cualquier tipo de comida: USBS, cables, ipods, circuitos, robots, antiguas monedas de oro, etcétera. Su cerebro fue cambiado por un *chip* mucho más funcional: *intel* de 3 000 000 mhz con traductor instantáneo, telequinesis y telepatía. Los pictogramas han sustituido en gran medida el alfabeto. Las manos ya no tienen más que dos dedos: el índice para apretar dispositivos y el pulgar para votar electrónicamente por el PRIX que se ha negado a desaparecer. En cuanto a los rasgos faciales, hoy en día se cuenta con una sonrisa permanente, con el fin de ser diplomáticos. Por la expansión del imperio mandarín en el siglo XXI, las especies del mundo tienen rasgos chinos.

FIG. E..16. Mapa de The Mexix.

FIG. E.17. Un ser humano tomando tequila (única bebida sobreviviente).

FIG. E.18. Prototipo universal.

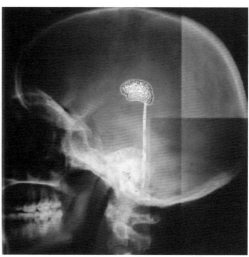

FIG. E.19. Intel 3 000 000 mz.

La Tierra es un reino sin fronteras, ya no hay visas ni pasaportes y nada paraliza, corta o congela los flujos.

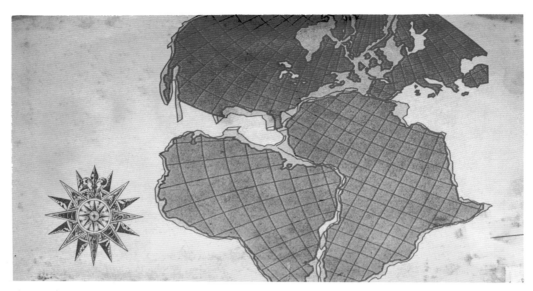

Fig. E.20. Imagen del antiguo mundo continental (el original se encuentra en el Museo de la Nostalgia).

La memoria de los seres humanos ha sido rediseñada. Los errores de la historia han quedado disponibles para los más aventurados dentro del Museo de la Vergüenza Humana. En cambio, los aciertos añorados se guardan en el mundialmente disponible Museo de la Nostalgia.

Fig. E.21. Imágenes del mundo que han sido preservadas para las futuras generaciones.

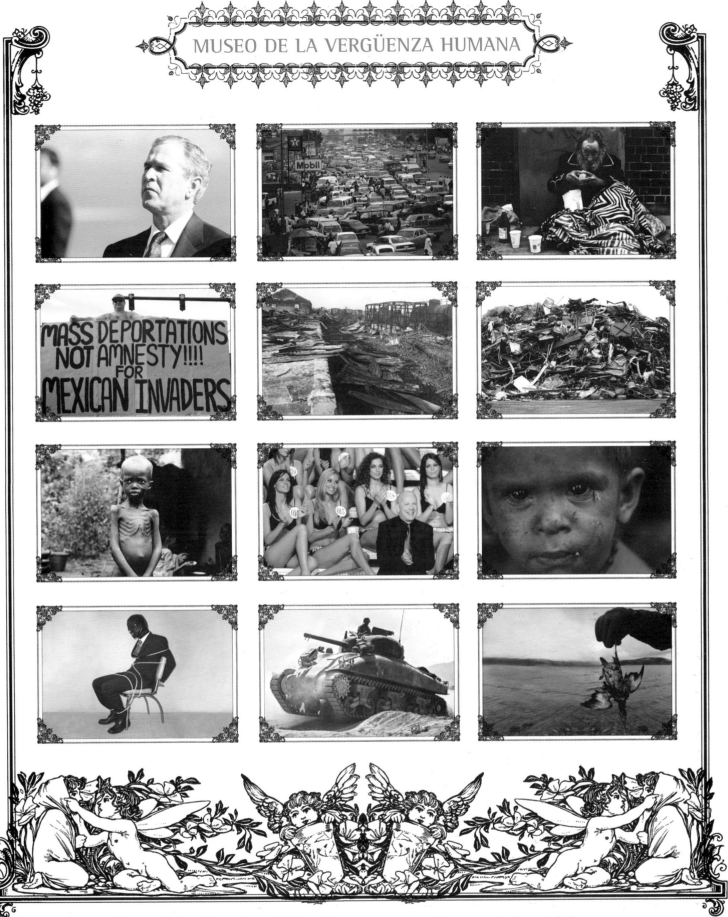

FIG. E.22. Imágenes del mundo que han sido borradas por ser una vergüenza para la humanidad.

Con la post-post-globalización en nuestros días ya no existe posibilidad de tener vida privada y ha sido prohibida la privatización. La economía de mercado ha avanzado hasta el punto de volverse un "salinismo avanzado" en donde todo es global. Ya nada puede ser exclusivo, ni siquiera las propiedades de los clones de Montiel.

Lo que en otros episodios de la historia el hombre llamaba "real", ahora no existe. En el mundo de hoy únicamente el inconsciente colectivo convive con los hologramas del Peje. Actualmente la era de los números ha remplazado a la de las imágenes de antaño.

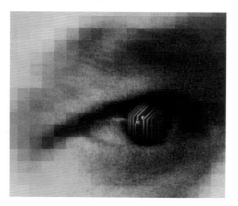

FIG. E.23. El Innombrable nos vigila.

FIG. E.24. Un iraquí. Hoy ya no existen.

El año 2860 será el escenario del verdadero "milagro mexicano". Luego de más de una centuria de propuestas y contrapropuestas, iniciativas ejecutivas y rechazos legislativos, sindicatos patrocinadores de campañas, volatilidad de precios, inyección ilegal de capitales, agendas nacionales, regionales y locales, reducción y aumento de producción de barriles, precariedad de infraestructuras, alimentación del presupuesto y toda la demás parafernalia que provoca la empresa más grande del país, al fin el pueblo, el gobierno y todas las compañías privadas que se alimentan del oro negro se pondrán de acuerdo para crear una ley que reforme PEMEX. Las circunstancias que provocarán la alianza serán irrefutables: los pozos petroleros se habrán secado. La paraestatal, orgullo nacional, no se disolverá con la desgracia.

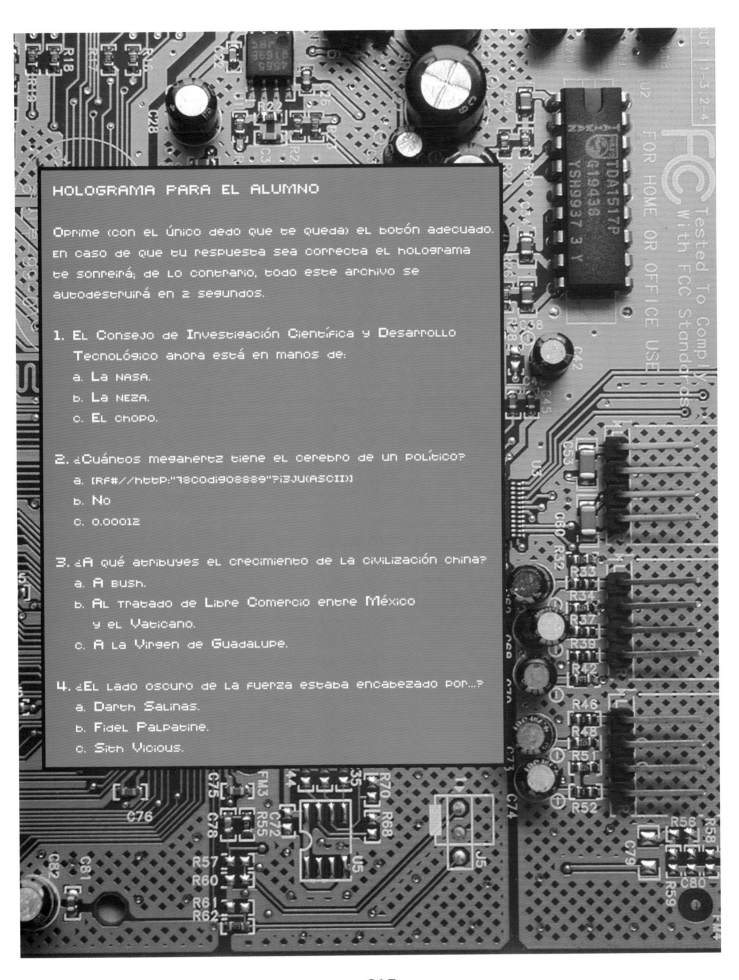

HOLOGRAMA PARA EL ALUMNO

Oprime (con el único dedo que te queda) el botón adecuado. En caso de que tu respuesta sea correcta el holograma te sonreirá; de lo contrario, todo este archivo se autodestruirá en 2 segundos.

1. El Consejo de Investigación Científica y Desarrollo Tecnológico ahora está en manos de:
   a. La NASA.
   b. La NEZA.
   c. El Chopo.

2. ¿Cuántos megahertz tiene el cerebro de un político?
   a. [RF#//http:"78Codigo8889"?i3JU(ASCII)]
   b. No
   c. 0.00012

3. ¿A qué atribuyes el crecimiento de la civilización china?
   a. A Bush.
   b. Al tratado de Libre Comercio entre México y el Vaticano.
   c. A la Virgen de Guadalupe.

4. ¿El lado oscuro de la fuerza estaba encabezado por...?
   a. Darth Salinas.
   b. Fidel Palpatine.
   c. Sith Vicious.

Los viajes al futuro, S.A.

La CASA ha desarrollado un programa de investigación de vida inteligente en otras galaxias. Para la primera misión se seleccionaron astronautas cuyas características físicas eran de las más evolucionadas. En una entrevista realizada por el periodista Zabludovskyang Ching, la princesa Bea[1] relata sus experiencias en el espacio exterior.

FIG. E.25. CASA (Chinese Aeronautics and Space Administration).

1 La princesa Bea, clon de Beatriz Paredes, dejó de usar huipil en el año 2043.

DESPUÉS DE UN EXITOSO DESPEGUE EN LAS INFÉRTILES TIERRAS DE CABO CAÑAVERAL, CHINA, NUESTRA NAVE SALIÓ DE LA ÓRBITA TERRESTRE POR UNO DE LOS 89 445 AGUJEROS QUE EXISTEN EN LA CAPA DE OZONO. INMEDIATAMENTE DESPUÉS, EN 1/3475 DE SEGUNDO, FUIMOS SUCCIONADOS POR UN HOYO NEGRO QUE NOS TRANSPORTÓ A UNA GALAXIA DESCONOCIDA (HASTA ENTONCES) Y QUE NOMBRAMOS LA TEPEPAN LÁCTICA. LOS HABITANTES DE UN PLANETA DE DICHA GALERÍA ERAN, EXTRAÑAMENTE, PUROS SIMIOS.

FIG. E.26. Lo que circula en estos tiempos en internet.

317

FIG. E.27. El planeta del ᴘʀɪɴcipito.

FIG. E.28. Mexix intenta comunicar sus avances tecnológicos a especies de otras galaxias, y mandará un cohete al espacio con el siguiente comunicado: P.r.i.i.s.t.a. e.l. q.u.e. l.o. l.e.a.

FIG. E.29. El vicepresidente Bush45 en una visita oficial al presidente de la República de China, Yiang Zeming8, en el palacio para huéspedes de Diaoyutai, en Washington, D.C., (District of China), 14.04.3054.

En lengua *Spanglish* (idioma en clave que utilizan los conspiradores que atentarán contra el gobierno de China), fue encontrado este comunicado virtual enviado por Lady Martrinity 00584 al Arcángel Obi Wan Miguel, hijo de Gloria Trevi4 y Sergio6, presidente del Estado de Mexix.

Your Honor,

In this way I ask you to accept all my disculpas for myself not having communicated the Strategic movements of our Army in this month. Chineese robots have discovered our tranzas: chamaqueados we have been.

I have finally received a Response from the Colombian Committee regarding my possible Visit to thy Galaxy with all the mercancía blanca. Unfortunately the answer concerning the maletín was negative and the Senate has decided for my stay in the Sinaloae Satelitae.

I believe your proximate future missions will direct You to the Confesionarius Nebulosee in the company of his Majesty Norbert Prince Leo, honorable warrior.

My future whereabouts are unknown yet.
In the Pinos until next warning will I be.

My regards may you receive, Majesty.
With great Respect, May the Force be with You.

PS: Checa tu mail. Te adjunto un archivo de tamales oaxaqueños.

NUESTRO VIAJE GALÁCTICO CONCLUYÓ CUANDO NUESTRA NAVE ATRAVESÓ OTRO AGUJERO NEGRO QUE NOS DEVOLVIÓ A MEXIX, PERO EN UNA ÉPOCA PREHISTÓRICA, HABITADA POR DINOSAURIOS VORACES, MUTANTES VERDES, PEJELAGARTOS PARLANTES, FANÁTICOS RELIGIOSOS Y ADORADORES DEL FUTBOL: HABÍAMOS VUELTO AL ESPERANZADOR AÑO 2006.

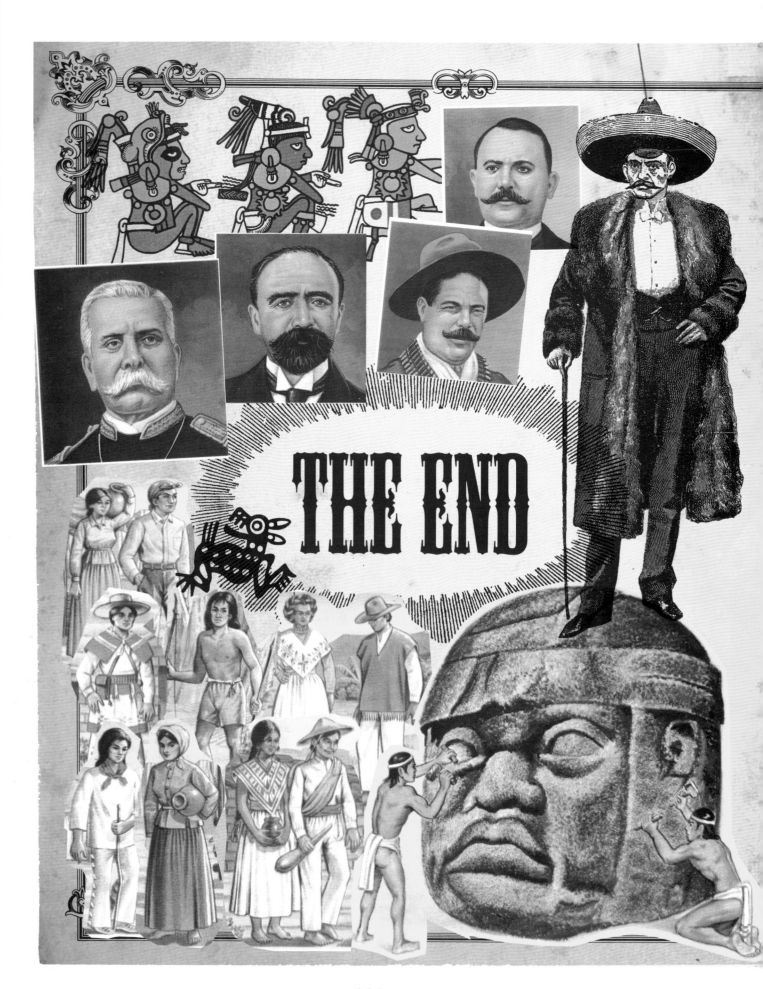

THE END

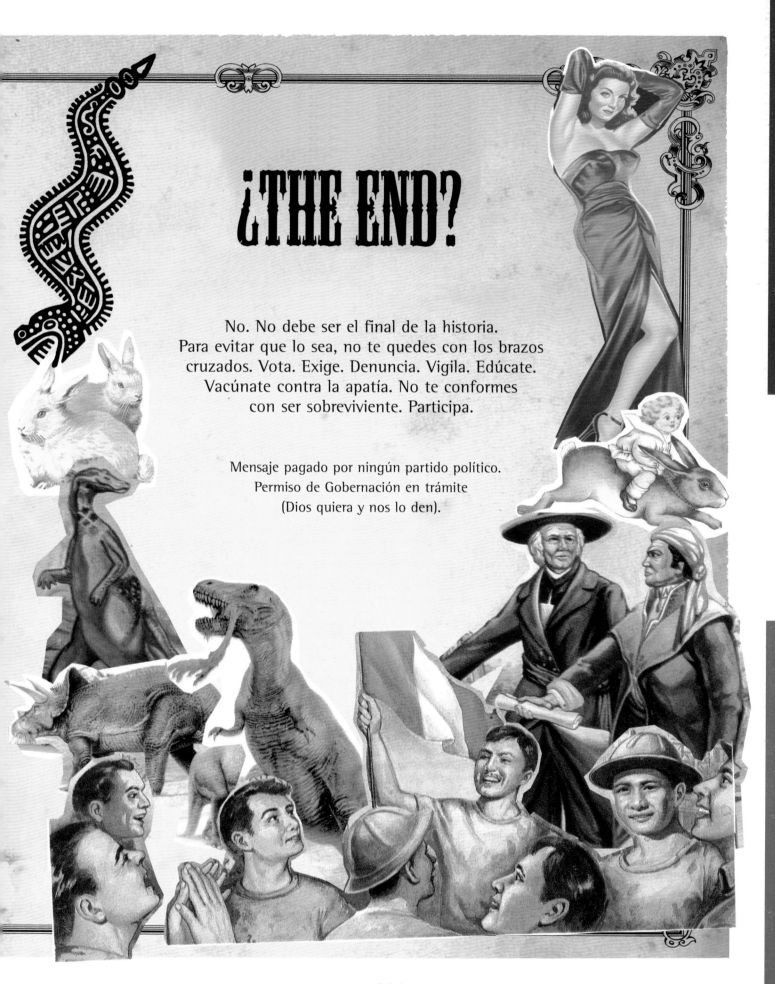

¿THE END?

No. No debe ser el final de la historia.
Para evitar que lo sea, no te quedes con los brazos
cruzados. Vota. Exige. Denuncia. Vigila. Edúcate.
Vacúnate contra la apatía. No te conformes
con ser sobreviviente. Participa.

Mensaje pagado por ningún partido político.
Permiso de Gobernación en trámite
(Dios quiera y nos lo den).

Agradecimientos

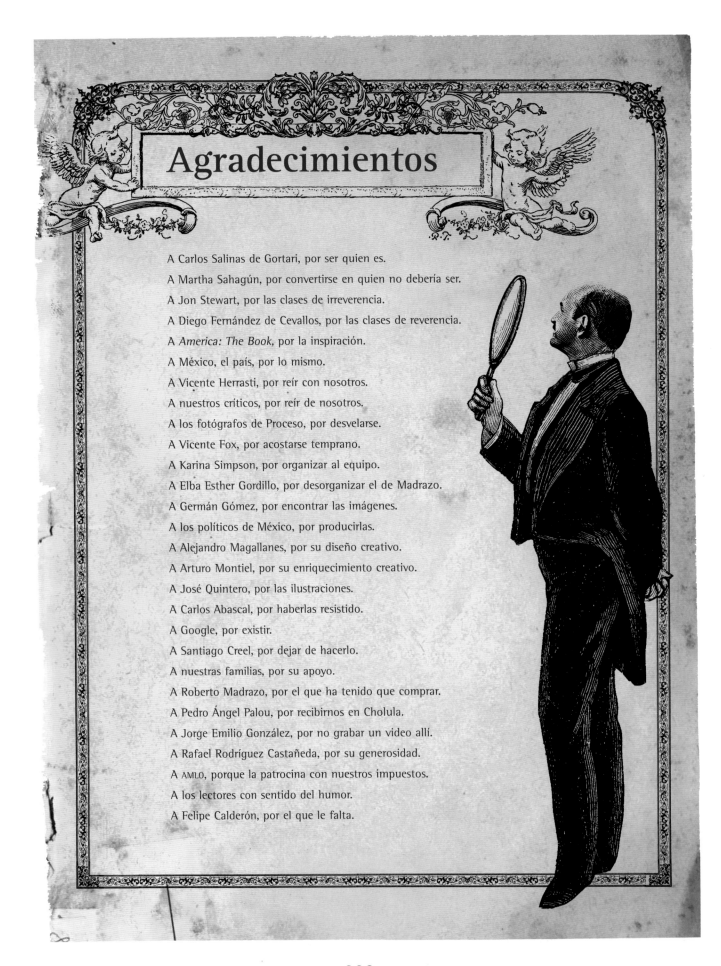

A Carlos Salinas de Gortari, por ser quien es.

A Martha Sahagún, por convertirse en quien no debería ser.

A Jon Stewart, por las clases de irreverencia.

A Diego Fernández de Cevallos, por las clases de reverencia.

A *America: The Book,* por la inspiración.

A México, el país, por lo mismo.

A Vicente Herrasti, por reír con nosotros.

A nuestros críticos, por reír de nosotros.

A los fotógrafos de Proceso, por desvelarse.

A Vicente Fox, por acostarse temprano.

A Karina Simpson, por organizar al equipo.

A Elba Esther Gordillo, por desorganizar el de Madrazo.

A Germán Gómez, por encontrar las imágenes.

A los políticos de México, por producirlas.

A Alejandro Magallanes, por su diseño creativo.

A Arturo Montiel, por su enriquecimiento creativo.

A José Quintero, por las ilustraciones.

A Carlos Abascal, por haberlas resistido.

A Google, por existir.

A Santiago Creel, por dejar de hacerlo.

A nuestras familias, por su apoyo.

A Roberto Madrazo, por el que ha tenido que comprar.

A Pedro Ángel Palou, por recibirnos en Cholula.

A Jorge Emilio González, por no grabar un video allí.

A Rafael Rodríguez Castañeda, por su generosidad.

A AMLO, porque la patrocina con nuestros impuestos.

A los lectores con sentido del humor.

A Felipe Calderón, por el que le falta.

Créditos

Director General
Armando Collazos

Director Editorial
Vicente Herrasti

Gerente Editorial
Karina Simpson

Colaboradores editoriales
César Aristides
Mario Enrique Figueroa
Rodrigo Flores
Gerardo Hernández
Esther López Portillo
Marisol Magaña
Mariana Mendía
Sara Schulz
Carlos Tejada

Diseño
La Máquina del Tiempo

Director de Arte
Alejandro Magallanes

Diseño, formación y viñetas
Maru Lucero
Jorge Garnica

Ilustración
José Quintero

Asistentes de ilustración
Miguel Galindo
Cecilia Martínez

Iconografía
Germán Gómez López

Asesoría legal
Angelina Cué

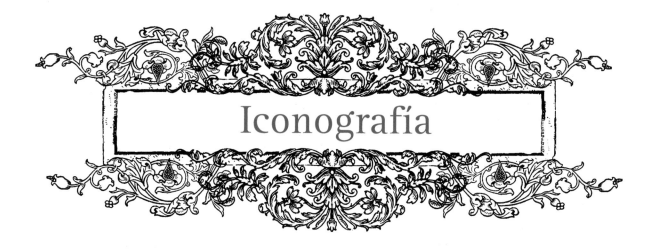

Iconografía

CAPÍTULO 2

CAPÍTULO 3

CAPÍTULO 4

CAPÍTULO 5

CAPÍTULO 6

CAPÍTULO 7

CAPÍTULO 8

CAPÍTULO 9

p. 247 c izq Andrés Oppenheimer. Ilustración José Quintero.

p. 247 c der Víctor Trujillo. Ilustración José Quintero.

p. 247 ab izq Adela Micha. Ilustración José Quintero.

p. 247 ab der Alejandro Cacho. Ilustración José Quintero.

p. 247 ab izq Enrique Krauze. Ilustración José Quintero.

p. 247 ab der Santos Mondragón. Ilustración José Quintero.

p. 249 a izq Jorge Garralda. Proceso Foto.

p. 249 a der Carlos Loret de Mola. Proceso Foto.

p. 249 c izq Lolita Ayala. Proceso Foto.

p. 249 c der Lili Téllez. Proceso Foto.

p. 249 ab izq Ramón Fragoso Ana María Lomelí. Proceso Foto.

p. 249 ab der Ciro Gómez Leyva y Víctor Trujillo. Proceso Foto.

p. 249 ab der Joaquín López Doriga. Proceso Foto.

p. 250 a izq Topogigio. Ilustración José Quintero.

p. 250 c izq Pinocho con rostro de Rubén Aguilar. Ilustración José Quintero.

p. 250 c der Cenicienta. Ilustración José Quintero.

p. 250 ab ziq Blanca Nieves. Ilustración José Quintero.

p. 250 ab izq Caperucita roja con rostro de Marta Sahagún. Ilustración José Quintero.

p. 251c izq Patito feo con rostro de Cuauhtémoc Cárdenas. Ilustración José Quintero.

p. 250 c der Aladino con rostro de Roberto Madrazo. Ilustración José Quintero.

p. 250 Gargamel con rostro de Elba Esther Gordillo. Ilustración José Quintero.

p. 253 Dr. Simio. Ilustración y composición La Máquina del Tiempo

p. 254 a Pleito entre Paty Chapoy y Juan José Origel. Ilustración José Quintero.

p. 255Fig.IX.4 Julio Scherer. Proceso Foto.

p. 256 Collage portadas de la revista Proceso. Proceso Foto. Composición La Máquina del Tiempo.

p. 262 der Portada Banalidades (La Máquina del Tiempo) con rostro de Martha Sahagún (Proceso Foto).

p. 262 izq Fig. IX.5 Bernardo Gómez besando la mano de Martha Sahagún. Archivo fotográfico del periódico *El Universal*.

p. 263 Caricatura de Carlos Salinas de Gortari. Vadinho.

p. 264 Caricatura de Carlos Abascal quemando brujas. Luis Fernando Enriquez.

p. 265 a izq Joaquín López Dóriga. Proceso Foto.

p. 265 a der Jacobo Zabludovsky. Proceso Foto.

p. 265 ab izq Adela Micha. Proceso Foto.

p. 265 ab der Javier Alatorre. Proceso Foto.

p. 267 a izq Adela Micha. Ilustración José Quintero.

p. 267a izq Carlos Loret de Mola. Ilustración José Quintero.

p. 267 a der Roberto Palazuelos. Ilustración José Quintero.

p. 267 c izq Brozo. Ilustración José Quintero.

p. 267c der Payaso. Ilustración José Quintero.

p. 267 c izq Lili Téllez. Ilustración José Quintero.

p. 267 c der Heroína. Ilustración José Quintero.

p. 267 ab izq Joaquín López Dóriga. Ilustración José Quintero.

p. 267 ab der Luis XIV. Ilustración José Quintero.

p.267 ab izq Víctor Trujillo. Ilustración José Quintero.

p. 267 ab izq Russell Crowe. Ilustración José Quintero.

p. 267 Javier Alatorre. Proceso Foto.

p. 267 Joaquín López Doriga. Proceso Foto.

CAPÍTULO 10

p. 268 Collage "¿Spik Espanich?" Foto CP. Composición de La Máquina del Tiempo.

p. 270 y 271 Mapa y elementos de África. Ilustraciones José Quintero.

p. 271 Johannesburgo. Archivo Corbis.

p. 271 Rabat. Archivo Corbis.

p. 271 Laos. Archivo Corbis.

p. 271 Nairobi. Archivo Corbis.

p. 272 y 273 Mapa y elementos de Australia. Ilustraciones José Quintero.

p. 274 y 275 Mapa y elementos de China. Ilustraciones José Quintero.

p. 276 y 277 Mapa y elementos de Cuba. Ilustraciónes José Quintero.

p. 278 y 279 Mapa y elementos de Europa. Ilustraciones José Quintero.

p. 280 y 281 Mapa y elementos de Japón. Ilustraciones José Quintero.

p. 282 y 283 Mapa y elementos de Latinoamérica. Ilustraciones José Quintero.

p. 284 y 285 Mapa y elementos de Medio Oriente. Ilustraciones José Quintero.

p. 287 Refreso Cola Loca. Ilustración La Máquina del Tiempo.

p. 287 Hamburguesa. Ilustración La Máquina del Tiempo.

p.288 y 289 Mapa y elementos de Estados Unidos. Ilustraciones José Quintero.

p. 290 y 291 Mapa y elementos de Canadá. Ilustraciones José Quintero.

p. 292 y 293 Mapa y elementos de México. Ilustraciones José Quintero.

p. 294 Hombre prehispánico. Ilustración La Máquina del Tiempo.

p. 296 (de izquierda a derecha) Britney Spears, Ben Affleck, whisky Jack Daniels, torre espacial de Seattle, emblema de New York Rangers, George Bush, Avril Lavigne, Keanu Reeves, Crown Royal, emblema de Toronto Maple Leafs, torre de la nación de Canadá, Stephen Harper. Ilustraciones La Máquina del Tiempo.

p. 297 Manos contando dólares. Archivo Santillana.

p. 297 Parlamento de Ottawa. Archivo Santillana.

p. 297 Paisaje invernal del campo canadiense. Archivo Santillana.

p. 297 Estatua de la libertad. Archivo Santillana.

p. 297 Montreal. Archivo Santillana.

p. 297 Estudiantes norteamericanos vacacionando en Cancún. Archivo Santillana.

p. 297 Braceros mexicanos. Proceso Foto.

EPÍLOGO

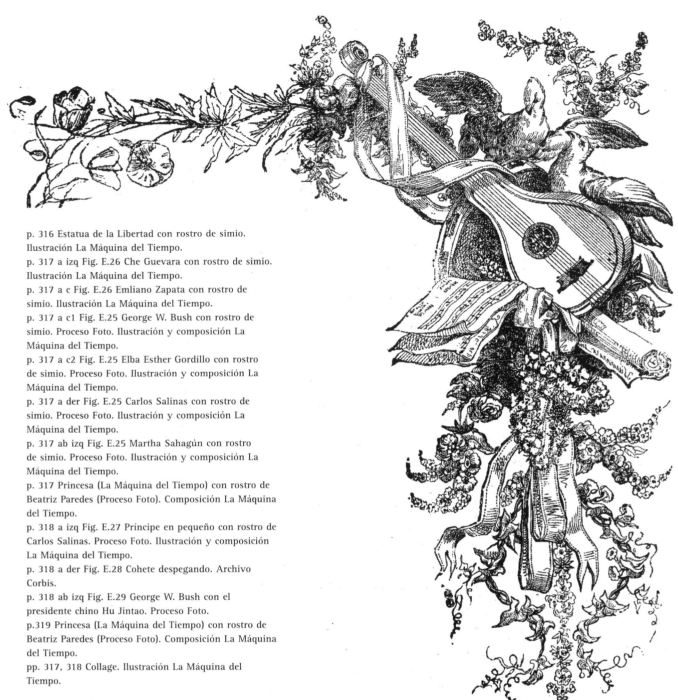

p. 316 Estatua de la Libertad con rostro de simio. Ilustración La Máquina del Tiempo.

p. 317 a izq Fig. E.26 Che Guevara con rostro de simio. Ilustración La Máquina del Tiempo.

p. 317 a c Fig. E.26 Emliano Zapata con rostro de simio. Ilustración La Máquina del Tiempo.

p. 317 a c1 Fig. E.25 George W. Bush con rostro de simio. Proceso Foto. Ilustración y composición La Máquina del Tiempo.

p. 317 a c2 Fig. E.25 Elba Esther Gordillo con rostro de simio. Proceso Foto. Ilustración y composición La Máquina del Tiempo.

p. 317 a der Fig. E.25 Carlos Salinas con rostro de simio. Proceso Foto. Ilustración y composición La Máquina del Tiempo.

p. 317 ab izq Fig. E.25 Martha Sahagún con rostro de simio. Proceso Foto. Ilustración y composición La Máquina del Tiempo.

p. 317 Princesa (La Máquina del Tiempo) con rostro de Beatriz Paredes (Proceso Foto). Composición La Máquina del Tiempo.

p. 318 a izq Fig. E.27 Príncipe en pequeño con rostro de Carlos Salinas. Proceso Foto. Ilustración y composición La Máquina del Tiempo.

p. 318 a der Fig. E.28 Cohete despegando. Archivo Corbis.

p. 318 ab izq Fig. E.29 George W. Bush con el presidente chino Hu Jintao. Proceso Foto.

p.319 Princesa (La Máquina del Tiempo) con rostro de Beatriz Paredes (Proceso Foto). Composición La Máquina del Tiempo.

pp. 317, 318 Collage. Ilustración La Máquina del Tiempo.

En todo el libro aparecen viñetas y dibujos de Ignacio Cumplido y José Guadalupe Posada. CP.

ABREVIATURAS

CP. Colección Particular.

CNCA. Consejo Nacional para la Cultura y las Artes.

BNAH. Biblioteca Nacional de Antropología e Historia.

INBA. Instituto Nacional de Bellas Artes.

INAH. Instituto Nacional de Antropología e Historia.

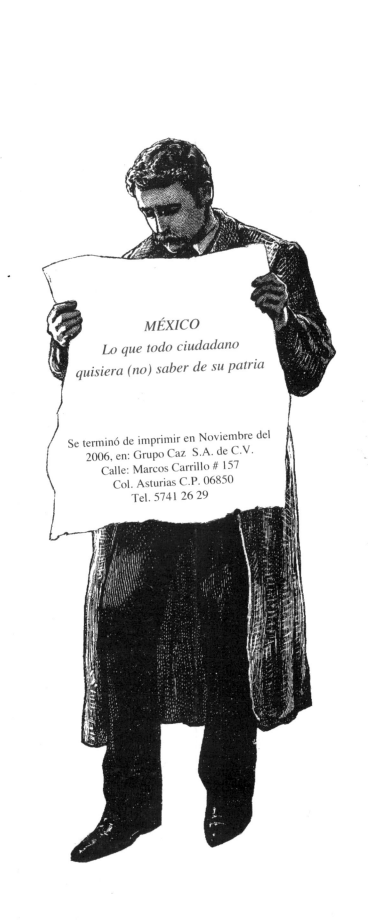

MÉXICO

Lo que todo ciudadano

quisiera (no) saber de su patria

Se terminó de imprimir en Noviembre del
2006, en: Grupo Caz S.A. de C.V.
Calle: Marcos Carrillo # 157
Col. Asturias C.P. 06850
Tel. 5741 26 29